公文高手的修炼之道

Official Documents

笔杆子的写作进阶课

第2版

胡森林 / 著

人民邮电出版社

北京

图书在版编目（ＣＩＰ）数据

公文高手的修炼之道：笔杆子的写作进阶课 / 胡森
林著. -- 2版. -- 北京 ：人民邮电出版社，2023.11
ISBN 978-7-115-62545-8

Ⅰ．①公… Ⅱ．①胡… Ⅲ．①公文－写作 Ⅳ.
①H152.3

中国国家版本馆CIP数据核字(2023)第161274号

◆ 著　　　 胡森林
责任编辑　王法文
责任印制　李 东　胡 南

◆ 人民邮电出版社出版发行　　北京市丰台区成寿寺路 11 号
邮编 100164　 电子邮件 315@ptpress.com.cn
网址 https://www.ptpress.com.cn
北京天宇星印刷厂印刷

◆ 开本：720×960　1/16
印张：20.75　　　　　　　2023 年 11 月第 2 版
字数：278 千字　　　　　 2024 年 12 月北京第 5 次印刷

定价：79.80 元

读者服务热线：(010) 81055256　印装质量热线：(010) 81055316
反盗版热线：(010) 81055315
广告经营许可证：京东市监广登字 20170147 号

序言

让天下没有难写的公文

从事公文写作的人成千上万，但把公文写好并不是一件容易的事。

原因有很多。有些人畏难，虽然干着这项工作，但始终不自信，觉得干不好，没有真正沉下心来琢磨和钻研，身在曹营心在汉，这山望着那山高，心浮气躁，自然在业务上不会持续提高。

有些人虽然想把工作干好，想在业务上不断提升，但受眼界所限，得不到及时的指点，掌握不了正确的方法，所以虽然花了很大力气，却始终原地踏步。

有些人凭着一点灵气，一开始还能应付裕如，但随着工作要求提高，自己却没有及时学习总结，补充养料，于是出现"江郎才尽"、才思枯竭的情况，最终半途而废。

还有些人一开始就基础不牢，"马步不稳"，又缺乏足够的训练，用心不够，每次任务开始都东拼西凑，把公文写成面目可憎的"八股"，在工作中始终无法独当一面。

所以经常听到有人说："公文写作为什么这么难？"

俗话说："难者不会，会者不难。"那么，如何才能实现从难者到会者的跨越呢？

第一，要有信念，有恒心，有毅力。彭端淑在《为学一首示子侄》中有句名言：“天下事有难易乎？为之，则难者亦易矣；不为，则易者亦难矣。”要树立目标，并且下功夫真正践行，这只能靠自己。

第二，要有方法，通过发现事物的规律和背后的原则，找到重要的“临界知识”，缩短在迷茫中摸索的时间，实现从“难”到“会”的突破。

古人讲的“格物致知”，穷其事理，用以指导实践，方法对了，做事情就事半功倍。公文写作也是这个道理。

这个过程，可以靠自己摸索，也可以从他人身上学习借鉴。山羊胡作为在文字工作中闯荡多年的“过来人”，推出“公文高手的修炼之道”系列书籍，其目的就是“让天下没有难写的公文”。

这一系列图书共三本，依次为《公文高手的修炼之道　笔杆子的写作必修课（第2版）》，讲述公文写作的基础必备知识；《公文高手的修炼之道　笔杆子的写作进阶课（第2版）》，上篇讲解八种常见公文的写作方法，下篇是相应的公文选粹；《公文高手的修炼之道　笔杆子的写作精品课（第2版）》，上篇列出公文写作中的八种常见问题，分析原因，探讨如何修改，下篇针对一些典型问题进行答疑。

这三本书内容各有侧重，既有正面引导，也有“负面清单”。读者可以取其所需，全部浏览则更有收效。

既然叫“公文课堂”，故内容均设置为课堂情境，写法上也加以创新，特别是《公文高手的修炼之道　笔杆子的写作进阶课（第2版）》《公文高手的修炼之道　笔杆子的写作精品课（第2版）》，皆用山羊胡作为主角，或讲授，或说故事，或答疑，或改稿。这样就避免了公文书常见的呆板、生硬的通病。

在本系列图书的构思方法和写作形式上，我们学习借鉴了夏丏尊、叶圣陶先生的《文心》和王鼎钧先生的《作文四书》。尽管所见略同，但有大家的珠玉在前，也不必讳言有所借鉴。

这本《公文高手的修炼之道　笔杆子的写作进阶课（第2版）》，以山羊胡与小文、小昇、姜总之间发生的故事为情节主线，将八种常见公文的写作置于其中，包括会议纪要、信息简报、计划方案、工作总结、经验材料、工作报告、领导讲话和调研报告。掌握了这几种主要的文体，在日常工作中基本就够用了。

在故事中，山羊胡是主要讲授者，小文和小昇是接受者，但他们也有着自己的思考和心得，因而使整个故事成了一个教学相长的"翻转课堂"。这一形式，让读者在掌握公文写作方法的同时，还能别有一番感受。

这本书内容的来源，是对一些课程讲稿的重新整理，并且进行了故事化的编写。这本书中的案例，有些是根据需要重新编写的，有些是作者的现成案例。不管是哪种案例，所有内容均来自可以公开查阅的资料，但进行了必要的技术处理。还有少量案例是从公开媒体上找来的，由于时间关系，来不及一一找到原作者，特在此致以谢意。

阅读指南

_____

人物设定

1. 山羊胡。文字团队负责人，经验丰富，功底深厚，"十八般武艺"样样精通，有很多独门绝技；更重要的是古道热肠，特别愿意帮助和启发后来者，总是在他们遇到困难的时候出现，将经验心得倾囊相授，为他们指点迷津。

2. 姜总。单位领导，专业素质和领导水平很高，对文字工作要求也很高，对文字团队的同志在工作上既严格要求，又热情关心，还会给予鼓励和支持。

3. 小文。曾有新闻工作经历，被领导选拔来从事公文写作，常常被委以重任，小文勤学善思、踏实肯干、谦虚敦厚、悟性很强，依靠自己的努力和前辈的指点，不负厚望，从不熟悉公文写作到渐入佳境，再到能挑起大梁。

4. 小异。小文的同事和"诤友"，能力强、情商高，乐于与小文进行分享交流，也喜欢提出自己的意见。两人在业务上既相互切磋，又相互较劲。

Contents 目录

上 篇

Lesson One

公文进阶

第一课

会议纪要　要言不烦

　　春节刚过，北京这座城市的大街小巷上还弥漫着节日的气息。但一家大型国企的办公室里，却早已呈现紧张的工作状态，大伙儿都坐在工位上，有条不紊地干着自己手头的工作。办公室内时不时传来阵阵急促的电话铃声和噼里啪啦的键盘敲击声。

　　这时，办公室主任一脸笑容地从大门口走了进来，他身后跟着一个戴眼镜、长相颇为斯文的年轻人。"大家都在么，给大伙儿隆重介绍一位新人……"他浑厚的声音像给安静的湖面上扔进了一块石头，大伙儿不由自主都站了起来。

　　"这位是我们新招来的员工小文，名牌大学新闻系研究生毕业，文字功底不错。以后他就和大家并肩战斗了。我们掌声欢迎！"大伙儿都热烈地鼓起了掌，有的同志还大老远地朝小文招手示意。

　　小文一边腼腆地笑着，一边鞠躬说道："初来乍到，向大家多学习，请大家今后多指导多批评。"

　　简单寒暄过后，主任带着小文穿过了这个办公室，来到另一个单独的房间，一位身材瘦削、留着短发、服装整洁的中年人正坐在办公桌前，面对着计算机运键如飞，在写着什么。

　　主任向中年人介绍了一下小文的情况，又对小文说："这位是山羊胡同志，是我们公司有名的'大笔杆子'，也是公文写作方面的高手，十八般武艺样样精通。以后他就是你的直接领导，要多多学习请教哦。"

　　小文赶紧向前几步，与山羊胡握了握手："请您多多指教。我在公文写作方面没有什么经验，请您多多包涵，但我保证一定努力干好。"

山羊胡爽朗地笑了："谢谢主任给我们找到这么优秀的人才，欢迎小文加盟，你来得太及时了，我们正需要人呢。我看过你的简历，非常优秀，工作的跨度肯定会有，但以你的素质，我相信是没有问题的。希望你尽快适应这儿的工作。"

主任有事先走了，山羊胡又给小文简明扼要地介绍了相关的工作职责和主要工作内容，包括公司一些重要文件和领导的一些重要文稿起草、信息编报、重要会议纪要、开展的调查研究等。山羊胡又拿起电话，叫来另一个同事。

一会儿，一个肤色白皙、头发微卷，穿着一身整洁西装的年轻人进来了，山羊胡对小文说："这是小异，干过几年公文写作工作了，比较有经验，以后你们多交流，共同学习进步，精诚合作，把工作干好。"

小文谦虚地说："我还要多学习。"心里暗暗给自己打气：从现在开始，我就是这个团队的一员了，一定要干出个样儿来。

▍课前预习 纪要与记录的区别

一周时间过去了，小文逐步进入了工作状态。

这一天，山羊胡叫小文过去，拿了一张会议通知给他："小文，明天下午有一个公司主要领导姜总主持的办公会，你跟会，主要负责做会议记录和写会议纪要吧。"

小文连忙答应，这可是他接到的第一个工作任务，他心里有点犯嘀咕："会议记录和会议纪要有啥区别呢？"

小文不好意思多问，告辞了山羊胡，回到工位上，悄悄问旁边的小异："小异，领导给我布置了一个写办公会会议记录和会议纪要的活儿，以前没怎么干过，明天参会需要注意哪些方面的事项呢？"

小异捋了捋那微卷的头发，慢条斯理地说："这个办公会在咱们单位是最常见的，定期有领导办公例会，主要领导会不定期召开办公会。你要完成

3

好明天的工作，首先要把会议记录和会议纪要搞明白呀。"

"咱们单位领导对文字要求很严格。姜总曾经专门对会议纪要和会议记录的区别做过阐述。我给你找来看看。"小异一边说着一边转身打开了计算机，点开了一份文件说："你看，姜总曾经在一个会议上专门讲过：原则上讲，公司所有会议都要有会议记录，会议记录要尊重真实性和原始性。对会议议定的主要事项，需要周知大家，要求相关单位和部门执行的，可以印发会议纪要。会议纪要与会议记录都是追溯的凭证，会议纪要来源于会议记录，对会议记录从文字和逻辑上进行处理。"

"可见，会议记录是原原本本地记录会议上讲话，但会议纪要需要进一步加工整理，是会议记录的升华。严格意义上说，会议记录和会议纪要的内容差异体现在两个方面：一是性质不同，会议记录是讨论发言的实录，属事务文书。会议纪要只记要点，是法定行政公文。二是功能不同，会议记录一般不公开，无须传达或传阅，只作资料存档；会议纪要通常要在一定范围内传达或传阅，要求贯彻执行。"小异说。

"那为什么我们不直接写会议纪要呢？干嘛还要做会议记录？"小文问道。

"那肯定不行！会议记录的工作也非常重要，尤其是党委会、董事会这样的重要会议，要进行重大事项决策，每个代表的参会意见都非常重要，必须要记录在案，以待将来查证。"小异说。

看到小文脸上还有点不解，小异进而说道："实际上这两份材料是密不可分的。告诉你一个小窍门，你到时候带着录音笔过去，先把会议讨论情况，尤其是主要领导发言大致记录下来，之后在这个记录的基础上进行整理。因为会议纪要往往要得比较急，你先把会议纪要整理出来给领导审阅，然后慢慢整理会议记录。"

第二天下午，姜总带着山羊胡和小文参会了。会议讨论非常热烈，接近傍晚才结束。回到办公室后，小文简单吃了晚饭，加了会儿班，一鼓作气把会议纪要的初稿写了出来，毕竟是来这儿接的第一项工作任务嘛。

画重点　会议纪要写作的几个注意事项

第二天一早，小文就把初稿送到了山羊胡桌上。

过了小半晌，山羊胡过来了，手里拿着改得满篇通红的会议纪要。"好家伙，改动这么多。"小文心里嘀咕着。

山羊胡看小文的脸上有点不自在，就语气温和地说："我觉得这篇会议纪要总体上还是不错的，框架和结构都没有问题。一般来说，会议纪要包括开头、主体和结尾三部分。开头部分主要指会议概况，包括会议时间、地点、名称、主持人、与会人员、基本议程等，结尾则主要是对会议的总结、主持人的要求或发出的号召、提出的要求等，根据需要而写。我觉得这份会议纪要的开头部分基本没有问题，结束语根据这个会的情况也不用写，我修改比较多的主要是主体部分。"

他接着说道："会议纪要是公文文种中很常见的一类，也是大部分人从事公文工作最初接触的文种，它对布置、推动下一步工作起到很大作用，相关责任主体往往需要根据会议纪要对下一步工作做出安排。所以，会议纪要的最基本要求是突出内容的纪实性，如实地反映会议内容，而不能离开会议实际搞再创作，不能人为地拔高、深化和填平补齐。否则就会失去其内容的客观真实性，违反纪实的要求。"

他伸手指了指稿件中一段删掉的话说："我印象中在会上姜总没有说这段话，是你自己添上去的吧？"

小文不好意思地说："是啊，我觉得这部分内容有点少，与其他段落不均衡，所以我从会议材料里面找了几句话给补上了。"

"那不行，没有就没有，我们不能想当然地加上。对会议纪要我们只能在表述、修辞等方面进行美化和完善，不能根据自己的主观臆断来增减内容。"山羊胡语气非常坚定。

他接着说："从行文用语看，你写的这篇会议纪要，我觉得有几个方面需要注意改正。一是要避免过于'口语化'。会议纪要总体上要与领导风格相适应，需要保留一些领导发言的风格和亮点，但一些过于口语化的内容要适当修正。因为讨论过程中大家发言比较热烈，难免有些即兴发挥的内容，而且主要领导最后总结时也会有一些比较口语化的讲话，这些口语化的内容要换成比较正式、规范的语句。二是语言要平实。会议纪要与新闻通讯或者消息不同，尽量少用一些带有感情色彩以及夸张的形容词，'而且、不但、因此'等过渡的虚词也尽量少用，使文字更紧凑。三是用词要把握好分寸，领导对成绩的肯定、对问题的分析以及对一些意见的态度，都要根据实际情况酌情用词，不能过于夸大。同时还要注意会议纪要的表述方式，由于会议纪要反映的是与会人员的集体意志和意向，一般采用第三人称的写法，一般以会议作为表述主体，如使用'会议认为''会议指出''会议决定''会议要求''会议强调'等称谓。"

山羊胡继续说："我们还要注意表达的要点性。会议纪要是依据会议情况综合而成的，要围绕会议主旨和主要成果来整理、提炼和概括，重点应放在介绍会议成果上，而不是叙述会议的过程，不能变成记流水账。"

小文插问了一句："我注意到，参加会议和发言的人员很多，他们的讨论意见，是不是都要体现在会议纪要中？"

山羊胡回答说："会议纪要要全面准确表达会议内容，特别是不能落下核心观点。每个发言人的观点都有价值，但并不是都要同等对待，一一写到会议纪要当中。这里也有个'二八法则'，就是重点把握会议主持人，一般也是总结人的观点。为什么呢？一方面，会议主持人是会议当中位阶最高的领导，他的职位带来的视野、他掌握的信息、他承担的决策责任，都决定了他的意见是最重要的，是对工作最具有指导意义的。另一方面，会议主持人一般要在最后总结，他们总结时往往会注意吸收前面会议发言人的观点，对他认为的重点工作进行再次强调和布置。姜总的总结归纳能力比较强，总结讲话时往往已经有了清晰的逻辑，内容框架非常明确，一些提法也很精练，在写会议纪要的时候可以直接用。"

山羊胡想了想，又特别强调说："在听和写的过程中，要特别注意捕捉一些核心的概念和提法，不能遗漏和缺失，涉及上级精神、工作目标、重要数据、责任分工、费用进度等信息时，都要确保准确，不能想当然，不能马虎和含糊。例如，谈到规划目标时，'要争当××××的主力军'，'2025年要实现××目标'，坚持'质量第一、效益优先、以人为本、合作协同'，'再增加预算支出××亿元'，'××工作由××部门负责，要加强与××省的沟通协调'，'××工作要确保专人负责，必要时由人事部门研究增加编制'等，这些都是领导经过深思熟虑之后提出的战略、目标、策略和条件保障，都是非常核心的内容，一定要完整地加以反映。在布置具体工作时，提到某项业务今后交由某个单位全权负责，某项业务投资比例不得少于××%，到2025年的销售额要达到××亿元，这些非常明确的工作安排也不能落下，有了这些，相关的单位和部门才知道怎么开展具体工作。"

山羊胡这一番话，说得小文豁然开朗，小文连连点头，认识到自己写的会议纪要确实有许多方面需要改进。

经过山羊胡斧正，办公会纪要改成了这样。

- ● ● ● ●

办公会纪要

时　间：×××

地　点：×××

主持人：×××

参加人：×××、×××、×××、×××

会议重点讨论了落实国家××战略相关事项，姜总对工作的开展提出了明确要求。会议主要议决事项纪要如下。

一、××战略是我国重要的国家战略。公司作为×××的主力军，是国家××战略的重要实施者之一。公司将站在国家战略的高度，将推进××战略的实施作为一项重要任务。

二、会议决定成立"实施××战略发展规划领导小组"，负责组织研究制订落实这一战略的专项规划，并负责规划的实施。由姜总担任领导小组组长，×××、×××、×××为领导小组成员。

领导小组下设办公室，主要职责是协调内外部资源，落实领导小组交办的各项工作，及时向领导小组汇报工作进展。办公室工作由×××部门具体负责，具体成员包括×××、×××、×××等，由×××负责总协调。

三、规划包括以下几个方面的主要内容。

1.在总体要求上，坚持"质量第一、效益优先、以人为本、合作协同"等理念和原则。

2.在××省的投资规划和产量计划，2025年要实现××目标。

3.重大装备投资建设规划，再增加预算支出××亿元。

4.选择以×××为依托，与地方人民政府合作开展项目建设和规划编制。由××部门负责，加强与××省的沟通协调，确保规划落地。

为突出规划的前瞻性和战略性，规划应考虑未来10～15年的发展，并细化到逐年的计划。

以上各项工作要确保由专人负责，必要时由人事部门研究增加编制。

四、主要工作分工如下。

×××作为投资主体，承担×××业务的规划制定，投资比例不得少于××％，2025年的销售额要达到××亿元。

总部负责政策、信息化、人力资源、后勤等支持工作。

××部门负责资金落实。

××部门负责内部沟通协调，督促规划的制定。

五、下一季度办公会将讨论规划初稿，请相关责任部门和单位做好准备。

- ● ● ●

修改后的会议纪要上报姜总审阅，顺利通过。

吸取了这次教训，小文长进了不少，很快他又接到一个跟会的任务，这次小文按照山羊胡教的方法，认真演练了一番。这次写完的会议纪要，基本上没做太多改动就印发了。具体内容可扫二维码查看。

办公会纪要

课堂讨论　如何"快、狠、准"地写好会议纪要？

小文经过两次历练，的确上路了不少，接下来几周，小文又旁听了公司召开的各类会议，基本上熟悉了会议纪要写作的内容要求及大致流程。

但每次开会，小文都没有一点轻松的感觉，总觉得会议纪要是一个不可掉以轻心的文种。例如，办公例会纪要往往在会开完几个小时之内，就要写好报送领导审阅，宛如打一场"突击战"；有的讨论会参会代表七嘴八舌，讨论意见不易集中，如何把各方意见整理归纳好也不是一件容易的事情。此外，小文觉得写得再好的一份会议纪要，稍不小心也有可能被领导改成"大花脸"，而且在这种快节奏的工作中，还容易出差错，一个错别字就把几天的辛苦工作抹杀了。所以一想到纪要写作，小文总觉得战战兢兢，"压力山大"。

这一天，小文进了山羊胡的办公室，汇报完工作，顺便提到了上述困惑。山羊胡放下手头工作，闲聊中透着关心和安慰："经过这段时间的工作磨练，你已经进步了很多，总体上能够把会议纪要写作的任务扛起来了，我们对你的工作是满意的。文字工作要求高效，要做到快、狠、准，争取在较短的时间内拿出质量不错的作品，减少领导修改的负担，也能较快地把领导的要求传达下去。"

山羊胡继续说："业务精进是永无止境的，很重要的一点就是要加强总结提炼，找出规律和成熟范式，这样工作就能驾轻就熟，保持在一个比较稳定的水平线上，之后你再进一步精益求精。"

小文一听很有兴趣："我参加了这么多次会议，觉得会议的种类不一样，开法也不一样，按道理会议纪要的写法也应该不一样，但我自己还没理出个头绪来。您能给我讲讲吗？"

山羊胡点点头说："根据这些年的工作经验，我认为，会议纪要根据适用范围、内容和作用，主要分为三种类型。第一种是办公会议纪要，也可以叫作日常行政工作类会议纪要，主要用于单位开会讨论研究问题，商定决议事项，安排布置工作，为开展工作提供指导和依据。例如，我们这里的领导例会纪要、领导办公会纪要。第二种是专项会议纪要，或者叫协商交流性会议纪要，主要用于各类交流会、研讨会、座谈会等，目的是听取情况、传递信息、研讨问题、启发工作等。例如，开了一个学术研讨会，形成一个研讨会会议纪要。第三种是代表会议纪要，也叫作程序类会议纪要，它侧重于记录会议议程和通过的决议，以及今后工作的建议，如党代会会议纪要、职工代表大会会议纪要等。"

看到小文听得津津有味，山羊胡继续说道："根据会议性质、规模、议题不同，正文部分大致可以有以下几种写法：一是集中概述法，也叫综合式。这种写法是把会议的基本情况，讨论研究的主要问题，与会人员的认识、议定的有关事项，包括解决问题的措施、办法和要求等，用概括叙述的方法，进行整体阐述和说明。这种写法多用于小型会议，而且讨论的问题比较集中单一，意见比较统一，容易贯彻操作。利用该方法所写成的会议纪要篇幅相对短小，如果会议的议题较多，可分条列述。

二是分项叙述法，也叫条项式。大中型会议或议题较多的会议的会议纪要，一般要采取分项叙述的办法，即把会议的主要内容分成几个部分，然后分项来写。这种写法侧重于横向分析阐述，内容相对全面，问题也说得比较细，常常包括对目的、意义、现状的分析，以及目标、任务、政策措施等的阐述。这种纪要一般用于需要基层全面领会、深入贯彻的会议。

三是发言提要法，也叫摘录式。这种写法是把会上具有典型性、代表性的发言加以整理，提炼内容要点和精神实质，然后按照发言顺序或不同内容，分别加以阐述说明。这种写法能如实地反映与会人员的意见。某些根据上级机关布置，需要了解与会人员不同意见的会议纪要，可采用这种写法。"

小文一听，高兴地说："太好了，记住了这几种方法，就有了模板，就可以做到兵来将挡、水来土掩了。"

山羊胡满意地点点头，然后话锋一转："当然，模板也不是万能的，有了模板有时候也不一定能写好，这其中的关键在于我们个人素质的提升，所谓'功夫在诗外'。很多会议讨论的都是专业内容，需要我们理解消化。我们还要从管理和领导艺术的角度理解领导讲的内容。现在中央推进全面从严治党，会议上讨论党建的内容也越来越多，这方面更不能出错。因此我们除了掌握基本套路，更要多学习，包括对业务知识的学习、管理知识的学习和党建知识的学习。"

山羊胡继续往下讲："首先就是文字功底要扎实。其次是对单位情况和涉及行业的情况要了解，你有时间要钻研一下业务，对很多行业知识和专有名词要做到心中有数，不能闹笑话，还要专门加强党建方面知识的学习。最后是做好案头工作。每个会议召开之前都需要不少的材料，我们要早作准备，在会前尽量熟悉会议内容，这样在会上接收的信息就会更多一些，思考也会更深一些。虽然在会上我们不发言，但是我们在精神层面要能跟得上领导之间的交流和对话。"

小文连连点头称是。山羊胡也越说越来劲："我个人理解，会议纪要的写作有时候像翻译工作，只不过是从口语到规范化公文语言的翻译。严复曾经提出'信、达、雅'的翻译标准，其中'信'指内容要准确无误，'达'是指译文要通顺畅达，'雅'是指文字要优美。会议纪要的写作实际上也是一个'翻译'的过程，同样可以将'信、达、雅'作为工作的标准，尤其是'信'和'达'。"

"公文写作和翻译肯定有许多不同的地方，我举翻译这个例子，想表达的意思是，我们在公文写作中要做到触类旁通，不要就公文写作谈公文写作，而要善于从文学、历史等其他学科中汲取智慧，这样才能把工作做得更好。"说完这些话，山羊胡转身从书柜里抽出一本淡黄色的书籍。小文抬眼一看，上面赫然写着六个大字——《李宗仁回忆录》。

"这不是历史学家唐德刚先生写的口述史著作吗？难道它也与会议纪要写作有关？"小文疑惑地问道。

山羊胡脸上流露出一丝笑容，缓缓说道："在我看来确实有相通之处。唐德刚写《李宗仁回忆录》的严谨敬业精神值得我们学习。国外学者曾将这部著作评价为'一个历史制造者与一个历史学家合作的产物'。实际上，就像会议纪要写作一样，口述历史绝不是一个人讲、一个人记录下来那样简单，而是要经过考订、补充和大量的研究工作。根据唐德刚自己的回忆，《李宗仁回忆录》中真正由李氏口述的内容只占全书的15%，但全书的语言表达、口气习惯都采用李宗仁的桂林官话，记叙得栩栩如生。"他一边说一边摩挲着这本书。

小文深有感触，但也有些不解地问："一些学者评价《李宗仁回忆录》是口述史领域的扛鼎之作，为口述历史树立了活的范例。我们写的会议纪要与它相比太简单了。"

山羊胡肃然道："历史就是由一件件事累积而成的。我几年前参与一本单位史志书籍写作时，曾经专门到档案室里查阅了大量的原始资料，其中很多就是企业的会议纪要、请示、报告等各类公文材料，至今读来仍然栩栩如生、记忆犹新。当时我就有很深的感触，今天的公文实际上就是明天的史料，我们现在撰写的这些会议纪要，以后就存在档案室里面供后人查阅。从这个意义上说，我们不能妄自菲薄，要知道这项工作的严肃性，多一些敬畏感。"

山羊胡话语和缓，眼睛炯炯有神，闪透着光芒。小文不停地点头，若有所悟地陷入沉思。听到最后，小文说："是啊，唐德刚先生在历史研究中的严谨敬业，很值得我们学习。我今后在会议纪要写作中，特别是一些专业类会议纪要写作中，要多做一些细致的案头工作，碰到自己不懂的专业术语和有待确认的数据，一定逐一查证校验，确保万无一失。"

山羊胡看着他，脸上露出了赞赏的神情。

▌课堂作业　改写一篇会议纪要

经过了多次实战演练，又从山羊胡那儿取了不少"真经"，小文并没有满足，而是自我加压，希望给自己多一些练习的机会。

他想起自己曾经参加过公务员考试，试题中就有关于会议纪要写作的题目，不妨找来练练。很快，他就从网上下载了一份真题。

—————————————————————— • • •

××省直机关公务员遴选笔试真题（公文写作题）

1月8日，在省交通系统安全生产暨春运工作和集中治理百日行动电视电话会议后，江海市交通局立即召开交通春运工作会议，××局长对我市交通系统春运安全工作进行了全面部署，他指出：全系统要进一步增强安全发展意识，以更大的决心，更加有力的措施和更加务实的作风，抓好各项安全生产工作，夯实交通安全发展的基础，为实现交通工作的开门红提供坚实的保障。

他指出，要清醒地认识到，交通运输行业安全生产形势依然十分严峻，安全生产任务非常艰巨，安全生产及基础还十分薄弱，稍有不慎，随时都可能发生重大事故。安全生产的隐患，还不知道有多少。不懂安全生产、安全操作技能的从业人员还大量存在。要进一步增强做好安全生产工作的责任感和紧迫感。全系统一定要牢固树立"安全发展"的理念和政治责任意识，自觉地把思想和行动统一到市委、市政府和局党组对安全工作的决策部署上来，做到肩负使命、守土有责，确保全市交通系统安全生产形势的持续稳定好转。

他强调，要求真务实，更加扎实有效地抓好交通运输行业的安全生产和稳定工作。一是集中力量、全力以赴抓好安全生产集中治理百日行动，确保"春节""两会"期间平安。要明晰工作责任，深入安全生产工作一线和重点领域，要坚决做到"什么地方不放心，就排查什么地方""什么问题突出，就解决什么问题"。二是明确工作职责，全面发挥行业安全监管职能，扎实有效开展工作，确保今年安全生产形势稳定好转。要完全发挥政府赋予我们行业的安全监管职能，严格执法，形成安全生产的高压态势。负责安全生产工作的同志，必须具备良好的专业能力、职业道德和责任心，切实做到安全工作时时有人抓、事事有人管、件件有着落。三是全力以赴抓好今年的春运工作。春运工作是我们系统运输能力、组织协调、综合服务、快速输运、安全到达能力的体现，各级交通部门的领导在春运期间，要减少与春运无关的外出，要亲临一线、掌握情况、解决问题。确保能够满足人民群众的出行需求，确保人民群众度过一个欢乐、祥和、安宁的节日。四是加大矛盾纠纷排查和解决力度。严格落实信访稳定工作的"属地管理"制度和一把手责任制，把问题化解在当地、化解在基层，坚决杜绝随意推脱责任和简单应付，把矛盾上交到上级部门。市局将把信访稳定的工作考核，纳入交通工作的目标考核体系。没有稳定就没有发展。

他强调，要增强责任意识，狠抓责任落实，为确保实现全年安全生产形势持续好转提供有力保证。一是必须把安全工作放在首位，当作头等大事。各单位、各部门一把手是安全生产的第一责任人，要严格落实"一岗双责"，切实做到安全责任明晰、责任落实，责任督查和责任追究到位。对安全生产管理失职、渎职、工作不力而导致发生责任事故的，要按照"四不放过"原则，依法依规严厉追究责任。二是各级交通部门的领导同志要深入运输和建设生产第一线，做到组织靠前、指挥靠前、监督靠前。三是要加强安全生产宣传教育，提高全行业的安全意识和守法意识，形成全社会广泛参与的安全舆论氛围。四是要加强沟通，加强信息报告。要按照《交通运输行业突发事件报告制度》的要求，在发生事故和突发事件、重要情况后，所在地所在单位在初步核实情况后，必须在第一时间上报同级政府，同时立即上报市局，并按管理权限做好应急救援处置工作。对出现信息迟报、瞒报和漏报发生严重后果的，要严肃追究相关责任人的责任。

根据上述材料，写一份会议纪要。写作必须符合公文格式规范，语言简明流畅、条理清楚，正文字数不超过500字。

・・・

看完素材，审完题后，小文自己分析了一番。该份材料是关于某市交通春运工作会议的素材，内容较为丰富，但逻辑不太清晰，重点也不突出，冗余信息多，且用语不够规范。但会议属于单一议题的会议，且主要涉及主要领导的意见，比较统一，适用于集中概述式的写法。思考后，小文开始写作，不一会儿就写出了一份会议纪要，如下。

交通春运工作会议纪要

1月8日，江海市交通局召开交通春运工作会议，对交通系统春运安全工作进行了全面部署，强调要进一步增强安全发展意识，抓好各项安全生产工作任务，实现开门红，××局长做了会议总结并提出明确要求。纪要如下。

会议认为，当前交通运输行业仍然存在一些安全生产隐患。要进一步增强做好安全生产工作的责任感和紧迫感，牢固树立"安全发展"的理念和政治责任意识，更加扎实有效地抓好安全生产和稳定工作。

会议指出，要切实发挥好安全监管职能，深入安全生产工作一线和重点领域，严格执法，全力以赴抓好今年春运安全工作。

会议强调，各单位、各部门一把手是安全生产的第一责任人，要把安全工作当作头等大事。对发生安全责任事故的，要按照"四不放过"原则，依法依规严厉追究责任。各级交通部门的领导在春运期间，要亲临一线、掌握情况、解决问题。一旦发生事故和突发事件、重要情况，必须第一时间上报同级政府和市局，并按管理权限做好应急救援处置工作。

会议要求，要集中力量抓好安全生产集中治理百日行动；加大矛盾纠纷排查和解决力度，强化信访稳定的工作考核；加强安全生产宣传教育，营造良好氛围。

　　小文觉得，改后的会议纪要做到了重点突出，逻辑严密，层次清楚，主次分明，语言简洁，如果这是一次真正的遴选试题，其得分应该不会低。

　　为了巩固所学知识，小文又找了一些资料阅读，对会议纪要的特点和写法了解得更深入了，心里也更有底了，相关内容如下。

会议纪要的总体要求　要言不烦

　　会议纪要的关键是真实、准确、明白，如实反映会议基本情况，传达议定事项和形成的决议。用简短的语言概括会议纪要的要求，就是四个字：要言不烦。

　　会议纪要是开会讨论事情之后形成的，要议决事项，拿出措施，推行政策，所以应该追求简约清晰，因为推行好政策、提出好思路，越清楚明白越好，这样执行的人才好理解。这是会议纪要的文体特点和功能内在决定的，也是当前追求短、实、新文风的现实要求。具体来说，会议纪要的内容要真实可信，准确无误，不能含糊不清，更不允许出现错误。会议纪要的语言要准确简要、表述明白、界定清晰、不留死角、便于执行。

会议纪要的基本特点

　　一是真实准确。会议纪要，重在纪实，必须真实准确地反映会议的情况和精神，既不能随意增减，也不能擅自篡改，这是会议纪要写作的第一要求，也是最基本的要求。会议纪要的内容必须真实，是会上产生的，不能是凭空想像、无中生有的，也不能是从别处移植来的。要特别注意的是，不能根据个人意图进行"演绎式""推理式""编造式"纪要，凡是会议没有涉及的内容，不能写入会议纪要。我们更不能随意改动会议上达成的共识和形成的决定，也不能对会议内容进行评论，掺杂个人见解，把个人观点强加于人。

不真实的情况之所以出现，可能是因为内容未加核实，也可能是因为记录不完整导致记忆混淆，或者是理解偏差、或者是表述不当，因此我们要加强业务能力，端正工作态度，克服这些问题。

二是精炼概括。会议纪要是经过提炼、整理而形成的公文，它集中地反映会议的要点和精神实质，具有高度的概括性。精炼概括与详尽细致，是会议纪要与会议记录最重要的区别。

具体来说，应从三个方面加以注意：在文字上简练准确、朴实无华、通俗明白，认识性文字力求简略，结论性文字力求明确，防止产生歧义和前后矛盾，注意把口头语转化为书面语；在内容上要点突出，抓中心、抓要点，择其要而记之，切忌面面俱到，堆砌材料；在逻辑上条理清楚，层次清晰，使同一层级的内容逻辑匹配，不要大小失当。

三是清楚明白。会议纪要必须要有明确的结论，以便执行，是还是否，办还是不办，什么时候办、怎么办都要言之凿凿，不得含糊。特别是涉及责任划分、经费额度、完成时限等敏感信息时，更要确保全面、准确、清晰记录。如果笼统、含糊、缺漏，就可能造成会后相关方不好操作，无法准确执行，甚至相互推诿扯皮。

在会议上对某些问题进行讨论时，意见会有分歧，甚至截然相反。因此，起草会议纪要应根据会议确定的宗旨，对各种观点进行恰当的取舍，善于正确集中会议讨论的意见。一般采用以下方法：凡符合会议宗旨的多数人的一致意见，会议纪要都应集中反映；对少数人的意见，如果是正确的，也要予以反映；如果讨论时意见确有分歧，难以取得统一，一般不应写入会议纪要，但研讨性会议纪要除外。要特别留意会议主持人发表的意见，特别是总结性发言和结论性意见，并在会议纪要中充分体现出来。总之，公文写作人员要经过一番去伪存真、去粗取精、由此及彼、由表及里的加工提炼。

四是法定约束。会议纪要写完后，经主管领导过目同意签发后，形成文件。会议纪要一经下发，便要求与会单位和有关人员遵守、执行，具有一定的强制力和约束性。

会议纪要起草的方法和诀窍

会议纪要属于记录性文体，本身的写作要求并不高。写作的挑战主要在于对会议讨论议题的了解和熟悉，以及对会议讨论中芜杂意见的准确理解和概括能力。

一次会议下来，我们有时感觉脉络清晰，有时感觉很混沌，抓不住要点。这时可以运用"二八法则"，这体现在以下几个方面。

首先，从程序上，一般是介绍工作情况、讨论、领导总结等。这里面可能介绍的时间长，也可能讨论、领导总结的时间长，但总体上说，讨论部分和领导总结部分更重要，会议的主要观点和意见都集中在这两部分。

其次，在议题上，每个会议都有中心议题和主要任务，但有时会夹杂其他议题，此时我们应把握中心议题和主要任务。

最后，在人员上，重要的是把握在场的位阶最高的领导的主要观点和意见，这是话语权和决策权分配的自然结果。毕竟领导掌握的信息更多，承担的责任更大，他综合各方面的意见提出的观点和要求，更具权威性和指导性。

还有以下几点要注意。

一要学会"听"。把握话外之音，所谓听弦歌而知雅意。对某些事情，领导其实是有态度的，但出于各方面原因，没有当面表态。此时我们要学会听懂领导话语背后的含义，这就需要我们对所在单位情况、领导风格、思路和以往决策进行全面了解。

二要学会"转"。就是转换和补充，包括把口语转化为书面语；领导说得简略的，要把握完整意思，补充完整；把过于生僻的专业术语适当转化为通俗的语言。

三要学会"借"。在使用资料上要敢借、会借。一般来说，对于顺利通过的议题，会议材料的请示事项就可以借用为会议纪要的决定事项，领导讲话的主要提纲可以借用为会议纪要的强调内容。

四要学会"报"。所谓改，就是对部分材料进行再加工，这就需要会议纪要撰写人员不断提高理论水平和文字水平。

五要学会"报"。会议纪要初稿写成后，对于不能确定或者存疑的地方，为了避免出现方向性错误，应该向事项汇报部门、涉及部门征求意见。完成这些基础工作后，再逐级上报领导审批。

六要学会"用"。会议纪要批准后，要特别注意发挥其作用。要正确确定报送范围，对参会人员和单位都要报送，再视会议内容，报送有关部门阅知或在一定范围内公开。

▌会议纪要的写作步骤和要点

一是认真做好会议记录。做好会议记录是写好会议纪要的基础，会议纪要是在会议记录的基础上加工提炼而来的。会前，我们要认真阅读议题，查阅相关背景资料，把握会议主旨。会中，我们要专心做好会议记录，做到文字准确，段落清楚，记录全面，会议的决定和主持人的总结及结论性意见要记录清楚。会后，我们要整理会议记录，吃透会议精神，尽快起草会议纪要。

二是围绕主题选择布局。就是根据会议的特点、性质和目的，选择合适的写法，量体裁衣。总的来说，会议需要解决的主要问题，就是会议纪要的中心。单一议题的会议，一般采用概括式的布局，将会议内容、观点和成果归纳成几个方面。多议题的会议，常见于单位领导班子研究一系列问题、部署一揽子工作的会议，一般采用条款式的布局，分别围绕各个议题进行，做到条理分明。

三是正确处理层级结构。会议纪要的正文一般由前言、主体和结尾三个部分组成。主体部分是核心内容，主体部分按照逻辑关系可以分成三个方面，一是会议精神，一般由"会议认为"等导语开头，写明工作的总体情况分析、工作的重要意义和主要原则等，既要详尽细致又要提炼概括，做到简洁明快、详略得当；二是会议成果，一般由"会议明确""会议决定""会议指出"等开头，写明会议总体决策和部署；三是会议要求，一般由"会议要求""会议强调"等导语开头，写明具体的工作安排和各部门要承担的具体任务等。这三个方面要分层次叙述，做到逻辑分明、条理清晰。

几个小锦囊

1. 为了更好更快地记录，纪要人最好有自己的速记方法，如一些自己习惯的符号、记号、简写等，以提高记录的准确性和速度。随着技术的快速发展，已经出现了一些快速语言转换的软件和工具，在确保符合保密要求的情况下，也可以加以使用，以提高记录速度。

2. 纪要人必须在会议现场，如果出现需要代拟会议纪要的情况，需向在场人员了解核实情况，或者听录音回放。

3. 会议纪要要与督办工作做好衔接，由相关人员将纪要中有关任务梳理成待办事项进行督办。

4. 纪要人要做好会议纪要的存档工作，便于日后查阅。需要注意的是，会议纪要在报送的过程中可能会由相关部门、领导进行多次修改，因此纪要人一定要存档领导签字确认的最终版本。

5. 纪要人要充分利用信息化手段提高流转效率，在网络上发布会议纪要的同时，也要注意保密，准确界定不同会议纪要的发送方式和范围。

看完上述这些资料，小文感觉收获满满，心想，有了这些知识和方法，会议纪要就难不倒我了。

第二课

信息简报　简约不简单

　　这一天，山羊胡给小文安排了一个新的任务，撰写一条上报的信息。党和国家对国有企业深化改革非常重视，上级部门要求及时报送改革的工作思路和动态，单位近期也有不少改革的举措，所以领导要求把重要改革的进展形成信息，向上级部门报送。

　　小文看到小异经常撰写信息，但自己还没有亲手写过。小文心想，自己是来写大文章的，信息只能算小文章，而且自己学的是新闻，信息和新闻差不多，当然不在话下。他嘴上应承着，脸上露出的表情却似乎在告诉别人：这有何难？

　　山羊胡察觉到了，不动声色地说："《论语》中有句话：'虽小道，必有可观者焉'，用来描述信息也很合适。别看信息篇幅短小，对文字能力的要求没那么高，算不上什么大稿子，但也不能轻视，我认为，信息虽小，写好也难。可用一句流行语来评价它：简约不简单。"

　　山羊胡接着说："这个不简单，一是体现在信息的作用上。我举个例子来说吧。高考是1977年恢复的，恢复高考改变了很多人的命运。但很多人或许并不清楚几十年前的情形：1977年8月7日的一份《科教工作座谈会简报》成为无数人心目中珍贵的文件，甚至成为全国思想解放的先导。当时国家组织召开了科教工作座谈会，来自武汉大学的查全性副教授在发言中指出了当时的考试和大学生选拔制度对于教育、对于人才培养、对于青年人成长存在的种种弊端，建议尽快恢复高考制度。1977年年底，国家决定恢复高考。这一消息很快传遍了全国。"

　　"这个例子充分说明信息简报这种文体的作用，它在一些关键时刻甚至成为一个时代的声音，所以不可轻视。信息简报是机关单位上传下达的重要载体之一，是各级领导掌握了解情况、沟通汇报工作的重要手段。对领导们来说，听汇报不一定有时间，报纸电视可能有空才会看，但信息简报却是一定要看的。所以，你说它重要不重要？"

课前预习　信息与新闻的异同

小文一边听一边点头，山羊胡也越说越来劲："不简单还体现在信息简报的写作上。信息简报难在写出新意，难在被上级采纳。一般把信息简报定义为公文，但其实，信息简报离公文更远，离新闻更近。信息简报与情报、新闻是兄弟。所以，新闻五要素、倒金字塔结构对信息简报基本也是适用的，新闻价值规律、新闻真实性等要求对信息简报也是大体适用的。例如，信息要体现价值，核心是要有信息含量，最好能提供信息增量，即别人不知道的东西。这和新闻价值有异曲同工之妙，就是俗称的'狗咬人不是新闻，人咬狗才是新闻'。"

小文这下有点兴奋了，抢着说："我是新闻系学生，按您的说法，我写信息太容易了，按照新闻的写法来写就是了。"

山羊胡微微一笑："我还没有说完呢。信息毕竟不是新闻，二者还是有区别的。第一，受众不同。信息面向党政机关、企事业单位，看的人主要是各级领导和决策者。新闻是面向公众发表的，看的人是广大社会公众。

第二，写法不同。信息要求开门见山，平铺直叙，不要套话、空话，尽量不要用修饰语和修辞手法，避免出现歧义，语言要求简洁易懂，力求以最少的文字表达最大的信息量。而新闻特别是通讯、特写可以用修饰语和拟人、比喻、对偶等修辞手法，语言要尽量生动活泼、有血有肉，能够引起读者共鸣。

第三，格式不同。信息的格式相对固定规范，一般条分缕析，一一道来，让人一目了然。而新闻比较活泼，没有固定格式。

第四，内容不同。新闻以事实为主，观点隐藏在背后，或者体现在对事实的选择和剪裁中，讲究用事实说话。信息既可以是客观事实，也可以是观点。

第五，标题不同。信息的标题一般都只有一句话，人们通过标题就可以大致了解该信息的主要内容。而新闻的标题则没有固定模式，更灵活多样一些。"

小文听后感慨："不听不知道，一听才知道有这么多门道啊。我大概能理解您说的这些，要是能举个例子说明就更清楚了。"

山羊胡顺手从桌上拿起一份报纸，说："你先看看这篇新闻。"小文拿过来看到如下报道。具体内容可扫二维码查看。

让老百姓房子
暖暖的，
吃上热乎饭

小文看完后说："这是一篇不错的新闻，内容翔实，结构清晰，新闻点抓得很好，而且用事实说话，说服力强，也吸引人。"

山羊胡点头说："说得很到位。但你有没有想过，基于该题材如何写信息？"

小文俏皮地说："这个我不知道，但我知道，肯定不能写成新闻。"

山羊胡哈哈笑了，然后说："那我们就来看一份信息简报吧。"他递给小文一份关于天然气冬季保供的信息。内容如下。

— · · ·

××××公司多措并举缓解北方地区"气荒"

正值冬季，我国天然气供应形势异常严峻，北方地区出现气荒。

××××公司积极发挥协同作用，全力提升供应保障能力，保民生、保大局，切实担起了政治责任和社会责任。

一、充分发挥LNG（液化天然气）保供优势。作为国内进口LNG最大供应商，公司通过系统化全盘运作，积极发挥沿海各LNG接收站资源在采暖季调峰过程中的作用，通过"南气北输、气液并举"等保供措施，全力保障国内天然气市场稳定。

二、有效推进管网互联互通。目前，公司每天为京津冀地区增加×××万立方米管道天然气供应。自12月初，新增×××万立方米天然气进入广东省天然气管网。12月16日，又新增供应×××万立方米/日，将通过广东省管网反输至西气东输二线管线。

三、海上应急储罐提升供应能力。首次采用海上应急储罐方式提高天然气应急供应能力，租赁2艘装满LNG的船舶，在近海漂航待命，相当于增加×亿立方米的"移动式"天然气储库，并可在短时间内靠泊沿海LNG接收站应急补充天然气供应。

四、积极谋划推动重点天然气项目。为进一步做好保供工作，公司有序推进与保供相关的重点项目，为持续稳定供气打下基础。

小文看完，不禁感叹："同样的事情，写成两种不同的文体，您说的五个不同在这里都有体现。看来，我还得转变思维才行。"

▌知识点　信息、简报的基本特征与类别

小文对信息和新闻的异同已经很清楚了，他接着问："那简报和信息又有什么不同呢？在写法上有什么特征呢？"

山羊胡说："简报与信息类似，是各单位、各级行政机关用来下情上报、上情下达和互通情况、交流信息的一个常用文种，如会议简报、工作简报，广义上也属于信息。"

他继续说："信息和简报的区别，有人是这样认为的：在性质上，简报是正式文件，信息不是；在内容上，简报可长可短，信息一般是简短的；在形式上，简报更条理化，信息则把情况说明即可；在写法上，简报需要对信息进行集中归纳和分析，信息只要客观地反映事实、反映情况即可。这样看来，也可以理解为简报是信息的集中，是更全面、更条理化的信息。在很多时候，信息和简报是相通的，一些以简报为名的文件，本质上就是信息。我个人在实践中的体会是，信息是从内容的范畴来说的，即所反映的内容具有信息的属性，而简报是从形式的范畴来说的，即以简报的形式特征予以呈现。也就是说，简报所登载的内容大部分属于信息，而信息常常以简报的形式呈现。"

小文点点头："我大概明白了，那信息和简报的写法要注意什么呢？"

山羊胡说："写好信息和简报的要点是，第一要抓住它的突出特点，短平快，直接、精准、简练，直陈其事，要点凝练，把主要情况说清楚。第二要注意时效性。'天下武功，唯快不破'。信息报送得越快越好。我们要敏锐地捕捉信息采编的契机，迅速将正在进行的工作、发展的情况等转化为信息素材，抓住关键节点整理报送。如果节奏慢了半拍，就要另寻角度，在新意上面做文章。"

他进一步说："总结来说，真实、准确、及时、有效、简明是信息和简报的主要特征。真实，就是要求信息必须来自客观事实，必须是实实在在发生的情况，没有主观臆造。准确，就是要求信息必须准确反映客观情况，确保完整无误，特别是涉及时间、数据等关键信息时，不能出现任何差错。及时，一是要新，突出新情况、新角度、新成效；二是要快，快速收集、快速加工、快速提炼、快速报送，这是信息区别于其他文体的一个显著特点。有效，要求信息必须针对性强，紧紧围绕中心工作，切中主线、重点、难点和热点问题编写。简明，即要求结构紧凑，条理清晰，文字精练、短小精悍，意思显豁，前后逻辑一致，不能搞'穿鞋戴帽'，空话、套话更不能要。"

小文还有一些不解："平时见大家都在写信息，这些信息之间有什么不一样吗？是怎么分类的？"

山羊胡循循善诱："信息从内容上来分，大体可以分为动态类、经验类、问题类、建议类、决策落实类等几大类。动态类信息主要交代时间、地点、任务、事件等要素，反映某一方面的动态，说明一个新情况，可以是工作中取得的业绩，可以是某项工作的进展，也可以是一个亮点，内容单一简要，高度概括，结构简明，篇幅较短，这也是实际工作中最常见的一类信息。"

山羊胡从桌上的一堆书刊中抽出一份信息刊物，翻开并指出其中的一篇递给小文，说："这篇就是，你看看。"小文接过看起来。

××××积极保障金砖峰会期间油气市场供应

厦门金砖峰会将至，××××采取积极措施做好油气生产及调运工作，保障会议期间油气供应。

在保障成品油市场供应方面，××××预计向市场保供成品油×××万吨。一是提前做好加油站汽油资源储备。在闽加油站提前做好汽油储备，全天候保证油品供应。二是统筹安排好计划和调运相关工作。提前落实好9月份的销售计划和调运工作，资源优先确保会议期间油品供应。

在保障天然气供应方面，预计向市场供应LNG×××万吨，其中城市燃气××万吨，电厂××万吨，LNG××万吨。采取的主要措施有：一是制定峰会天然气保供方案，做好与下游用户的沟通，合理安排保供计划。二是开展安全生产督导和"拉网式"排查，对已投入运营的加气站、气化站及LNG槽车展开安全生产督查工作，对存在安全隐患的设备进行现场督促整改，确保气源调供。三是完善应急保供机制，建立健全峰会期间领导干部和关键岗位骨干人员24小时值班值守制度，开展各类应急演练，优化气源调度，保障安全稳定供气。

━━━━━━━━━━━━━━━━━━━━━━━━━━━ • • • •

　　小文看完说："您说的这几类信息中，我感觉动态类信息还是最好写的，只要把事情说清楚就行。经验类、问题类、建议类的信息写作难度肯定更大，对吧？"

　　山羊胡点头说："确实是这样。经验类信息，反映情况比较全面和完整，还要有成绩总结，有经验分析，篇幅也可以写得长一些。写作时要简单交代背景，介绍主要做法和成效。例如这篇。"山羊胡把手头正在审改的一篇信息推给小文，让小文拿去看。具体内容可扫二维码查看。

××公司
加强民族品牌
建设的主要
做法和经验

　　小文看完后说："这篇信息不长，但事实清楚，观点清晰，有工作动态，也有经验提炼，三个小标题就是对主要经验的提炼。我觉得它介于动态类信息与经验类信息之间，如果作为经验类信息，它略显单薄，只有观点没有具体描述，更多的是介绍成效，这样别人就没法借鉴学习了。"

　　山羊胡说："你的眼光不错。这篇信息基础不错，但确实存在这个问题，所以我正在修改，提出意见让作者再加工。我们接着讲问题类信息，这是最为难写的一种，要指出问题，分析原因，还要分析趋势或者提出对策。但提对策不能勉强，如果能提出好问题，本身就有极大的价值，不要为了提对策而提对策。"

小文追问说："那建议类的信息，就是直接提对策的吧？"

山羊胡说："是啊，建议类信息，是为领导提供决策服务的信息。它一般包括提出问题、分析问题、解决问题三个部分。提出的问题不宜太大，应当是比较具体的问题；分析问题要力求条理清楚，理由充足，切中要害，为提出建议做好铺垫；解决问题要提出具有可操作性的建议，力戒笼统。还有一种决策落实类信息，或者叫跟踪反馈类信息，包括贯彻落实上级重要精神的信息。它要交代清楚贯彻落实什么精神，针对上级要求需要解决的主要问题，把本单位的安排部署逐一交代清楚就可以了。"

说到这儿，他又重点强调了一下："这些类型的信息也不是完全独立的，有时候会有交叉，但不管哪种类型，特别要注意的是，信息只能一文一事，不要一文多事。对了，只讲理论，你的感受也许没那么深，这样，我让你看两份信息，你来说说它们属于哪一类。"于是山羊胡打印了下面两份材料交给小文看。

• • • •

材料1:

××公司借助信息化手段推动党建工作责任制落实

针对党建工作责任制落实中存在的问题，××公司党委积极创新思维，将电子化、信息化手段引入党建工作责任制落实过程，建立了基层党组织工作考核系统及相应工作机制，并将该考核系统作为党务公开平台核心功能上线运行，取得良好效果，主要做法如下。

一是同步进行分散区域统一考核。依托三级党务公开网络，××公司全部一线单位均可同步填报党建工作考核目标完成情况，分散于各地的党组织可同步接受考核、同步查看考核结果。党委随时在内部局域网查看基层党组织工作目标完成情况，改变了以往排队看阵地、查台账、听汇报的传统模式，使党建工作考核的效率大幅提升。

二是动态进行目标管理。根据实际需要动态设定党建工作考核目标，随时将临时性、阶段性工作纳入考核范围，对同一考核目标可设若干子目标，并根据需要动态增加考核子目标，实现精细化考核。在相关考核目标经系统设定后，必须按照规定时间完成考核，保证考核的严肃性。

三是一体化进行考核交流。将党建工作考核与党组织工作交流相挂钩，将考核目标完成情况上传至工作交流栏目并作为考核依据，各基层党组织之间考核目标完成情况相互公开，使考核评价与工作交流融为一体，拓宽了党建工作交流的平台，实现了考核与交流两促进。

四是实时进行跟踪检查。依托基层党建工作在线考核系统，党委可实时掌握基层党组织工作进展及成效，进而采取激励或督促、改进等有针对性的措施。同时，系统根据各党组织总分变化实时更新考核得分排名，并自动授予排名靠前的若干党组织电子"流动红旗"，实现了考核与激励功能的结合。

材料2：

关于大力发展天然气产业的思考与建议

当前，坚持绿色发展理念已成为共识，推进能源生产和消费革命，构建清洁低碳、安全高效的能源体系，是绿色发展的重要内容。天然气作为绿色高效的清洁能源，具有十分广阔的发展前景，天然气更加广泛的开发利用将成为我国能源转型的必由之路。然而，我国天然气产业发展仍面临一些挑战和问题，主要表现在以下几个方面。

一是天然气基础设施建设不足。现有天然气管网尚未完全实现互联互通，制约了供气企业相互之间的应急保供以及储气调峰协调能力、供应设施利用效率的发挥。二是价格体系仍待进一步理顺和完善，部分价格政策尚未落地。天然气发电上网价格尚未充分体现天然气发电的调峰及环保价值；储气调峰价格机制仍有待完善。三是中间环节多，导致终端用气成本居高不下。目前中间环节市场主体较多，且配气环节存在垄断，较高的管输费、配气费导致终端用户用气成本难以下降，影响天然气对其他能源品种的竞争力。

实现我国天然气产业快速健康发展的目标，需继续加大政策支持力度，建议：

一是继续鼓励天然气基础设施的建设，加快天然气管线的互联互通建设。为加快天然气行业发展速度，建议尽快实施跨省天然气管线及重点区域管网的互联互通，提升天然气供应保障能力。

二是加大对天然气利用的政策支持力度。加大对天然气热电联产、分布式能源项目支持力度，提升分布式能源利用规模；大力推广天然气在交通领域的应用，给予合理的财政支持；大力发展天然气直供和液态销售，降低天然气利用的中间成本。

三是提升大气污染物排放标准，确保大气污染治理防治方案的落地与实施。严格燃煤企业排放标准，在城市及周边区域现有禁燃区的基础上进一步扩大范围；进一步严格港口及内河排放标准。

———————————————————————— • • •

小文看完后想了想说："第一篇信息属于经验类的，第二篇信息既指出了问题，也提出了建议，但指出问题是为提建议做铺垫的，总体上还是应该算建议类的。"

看到山羊胡点头赞同，小文接着说："您再说说简报的分类吧。我感觉在工作中遇到的简报还挺多的，它们有什么不一样呢？"

山羊胡说："简单来说，简报可分为三种类型：工作情况简报，主要用于反映工作中的动态和工作进展情况；信息交流简报，专门用来简要介绍一些工作经验或者分享一些信息；会议简报是在会议召开期间，为交流代表观点、反映会议动态而缩写的简报。例如，我上周参加了一个专业会，回来后写了一个会议简报，该简报属于信息交流简报，你看看吧。"

小文看到的简报如下。

关于"中日石油市场研究成果交流会"
的情况简报

×月×日上午，受部门委派，我在北京参加了"中日石油市场研究成果交流会"，有关情况简要报告如下。

本届交流会聚焦世界和亚洲能源供需、国际石油市场、中国石油和天然气市场等问题，发表中日专家在相关领域的最新研究成果，专家们就世界和亚洲能源供需展望、国际石油市场特征和趋势、中国气代煤发展趋势、中国炼油工业发展展望等议题做了专题报告。专家们的主要观点如下。

一是关于世界和亚洲能源供需。预计到2040年，全球和亚洲主要能源消费分别增长1.4倍和1.6倍。亚洲的能源需求扩大，能源自给率持续下降，这也将给环境造成更大影响，导致全球二氧化碳排放量增加。解决这一问题的关键在于节能和低碳发展。

二是关于国际石油市场发展趋势。世界石油市场处在再平衡过程中，世界石油需求新增长点缺失，增长疲软。欧佩克与非欧佩克之间对抗加剧，市场份额之争越演越烈。生产西移、消费东移，"两带三中心"格局形成，中国在石油贸易中的地位更加凸显。

三是关于中国天然气代煤发展前景。中国天然气市场仍具有较大的增长潜力，替代煤炭仍将是主要发展方向。政府应在完善天然气价格机制、积极倡导气代煤发展路线、征收能源生态补偿成本、促进产业合作发展等方面发挥更大作用。

　　四是关于中国炼油工业发展前景。中国目前已成为仅次于美国的全球第二大炼油国，产能规模和技术都有了长足发展，但存在产能过剩严重等问题，结构调整和转型升级的任务艰巨，绿色低碳发展、转型升级做强做大将是我国炼油工业发展的主旋律。原油进口权放开后，市场主体多元化程度将进一步上升，市场竞争趋于激烈，产品结构将进一步优化，环保压力加大将使节能减排工作更加深入，深加工能力进一步提高。

　　包括来自政府部门、能源公司、协会、研究机构和新闻媒体近100位国内外代表参加了会议。

- ● ● ●

　　小文看完佩服地说："您对行业也很有研究。"

　　山羊胡说："我说过，写好公文需要各方面的知识，加强对行业知识的学习也是必不可少的，阅读专业资料、参加专业会议都是学习的途径，今后你有时间也应该多多参会。"

▎画重点　信息的写作原则和要领

　　小文听完这些，兴冲冲地说："那我去写了，保证完成任务。"

　　山羊胡说："心急吃不了热豆腐。我再给你讲讲写作信息的要领吧，心中有数再下笔，这样不容易返工，而且你以后再写别的信息也可以遵循，我多讲点，你慢慢消化，这里面的学问大着呢。"

　　小文坐下来。山羊胡滔滔不绝地讲起来："信息简报的写作要遵循几条原则：求真、求准、求深、求快、求新。求真、求快、求新前面都说过，求准，就是要从全局出发，站在领导的角度，准确把握工作思路，确定信息的重点和内容。求深，就是要从大量信息中筛选有用信息，从每一条信息中挖掘有用的部分，提高参考价值和内容深度。

从写作要领上说，要注意以下几个方面：一是选题。选对了选题，写作信息便成功了一半。我们要善于抓选题，以小见大，以点带面。二是素材，确保有'干货'。三是标题。一篇好的信息，应当通过标题很好地传达内容，做到题文一致、一语破的、简洁明快。四是结构。信息要简短，篇幅尽量短小；要严谨，观点和材料一致，上下文联系紧密；要清晰，层次分明，主次有序，脉络清晰流畅；要灵活，既可以任选一种适合表达的逻辑结构或形式结构，也可以不依定规，有所创新。

在结构规范上，一篇信息主要由标题、导语、主体等几个部分组成。标题要引人注目，导语要直接入题，主体要有血有肉,主体部分的要素就是'两个五'。一是'五W'要齐全，即何人（Who）、何事（What）、何地（Where）、何时（When）、何故（Why），缺一不可，而且要准确具体。有了这'五W'，就能使人看出事情的来龙去脉、前因后果，给人留下清晰的印象。否则，就会使人感到语焉不详，看不明白。二是要'五有'，即有观点、有情况、有分析、有措施、有结果。一篇好的信息不但要有筋骨，还要有血肉，这样才能内容丰满。观点、措施、结果构成筋骨，情况和分析构成血肉。

如何安排信息的结构也很有讲究，总的来说，要以有利于表达信息内容为根本原则。主要有几种结构安排方法：一是金字塔结构，就是完全按照事实的自然规律，以其发生、发展到得出结果的时间顺序来安排材料。动态类信息常采用这种结构，优点是层次清晰、情节完整，不足之处是读者不能迅速抓取信息的重要部分，必须将全文读完。

二是倒金字塔结构，按信息的重要性安排材料的先后顺序，把最重要、最精彩或最有吸引力的事实放在文章的开头，然后再按先主后次、先重后轻的顺序来叙述或发表议论。这种结构的最大特点是开门见山，让读者刚开始阅读时就对事件的梗概一目了然，便于对信息的价值迅速做出判断。

三是并列式结构。指信息各部分内容同等重要，按并行形式安排材料，常以一、二、三、四或部门、地域等名称进行分列。这一结构形式条理清晰，多适用于经验类信息等的写作。

四是自由式结构。既可以综合运用上述几种结构形式，也可以完全避开上述几种，结构形式或纵横交错，或边议边叙等，不一而足。"

小文一边听一边记，记了好几页后才心满意足地离开山羊胡的办公室，回到自己的座位上开始工作。

他把山羊胡讲的内容梳理了一下，结合自己这次要写的信息，思考了一番。"这份信息要反映的是一家下属企业通过对外合作引进先进技术和资金建设重大项目，带动产业发展，事情很重要，也很具有示范意义，写好了对提升公司的形象很有帮助。一定要写得精彩。"小文暗想。

他心想，信息写作要经过确定选题、搜集素材、明确结构、组织内容、提炼标题等步骤，作为命题作文，这次的选题是没得挑了，其他的步骤在构思上，可以试着按照"三定"的思路来进行。

一是定架构。要确定什么结构是最合适的，关键还是看内容，结构是容器，内容决定了什么样的容器最适合。根据山羊胡列举的几种结构，结合这次具体的题材，选择并列式结构是最恰当的。

二是定标题。信息的标题是这则信息的"门面"，确定信息标题的原则说来说去就八个字：鲜明、准确、醒目、简练。标题一定起好，以便激起读者的阅读欲望。小文想来想去，决定从"四个点"出发来确定标题：上级部门关注的"重点"、具有单位特色的"亮点"、社会关注的"热点"、工作落实过程中的"难点"。

三是定内容。有了结构和标题，确定内容就是水到渠成的事了。小文想了想，内容无非来自日常的积累、素材的收集和综合的提炼，自己平时很注意素材的搜集，掌握了一些科学方法，如综合法、归类法、追踪法、会议收集法、领导讲话录音法等，所以素材是不缺的，在此基础上要进行综合提炼，对这些素材进行整理加工，综合运用，取之有用、弃其无用，结合文章的结构和标题，加以提炼，然后用自己的语言表述出来。

思路明确了，写起来就容易了。小文下起笔来胸有成竹，一气呵成。第二天，小文一上班就把自己写好的信息拿给山羊胡看。题目是《发挥"榕树效应"，走出改革新路》，具体内容可扫二维码查看。

▌思考题　如何提高信息的质量？

山羊胡一边看一边频频点头，说："第一次能写成这样，不容易。标题不错，结构也清晰，内容也很饱满，能说明观点，还是拿得出手的。不过你也不要骄傲，写信息不难，难的是写出高质量的信息，质量是信息的生命，提高信息质量是我们工作的追求。就这篇信息来说，因为比较重要，完全可以再加工一下，进一步提高质量。"

小文一听，赶紧问："怎样提高信息质量呢？"

山羊胡慢悠悠地说："我觉得一篇好的信息应达到以下标准。一是立意高。做到身在兵位、胸有帅谋。二是根基稳。紧密结合上级精神、本单位实情和社会与群众关切点。三是定位准。客观准确，既不危言耸听，也不文过饰非。四是逻辑严。确保题文相符，描述和判断相符，不自相矛盾。五是形式新。不拘泥于固定模式，少用官话、套话，多用一些平实的语言，言简意赅。"

小文接着问："这些标准是好，具体怎么写作才能达到呢？"

山羊胡说："结合这些标准，撰写信息时善于在'提、思、研'三个字上狠下功夫，就能使信息质量更上一层楼"。

他娓娓道来："一是在'提'字上下功夫。就是总结提高，提炼归纳。提炼做法和经验，看一看有什么新特点、新经验、新成果，这样写出来的信息就有概括性、全面性、综合性，别人或我们自己看了以后，就会有所启发。

二是在'思'字上下功夫。苹果落地这种司空见惯的现象人人都能看到，但发明万有引力定律的只有牛顿一人；泡澡人人都体验过，但发现浮力定律的只有阿基米德一人。这些科学家之所以能从司空见惯的现象中发现定律，就是因为他们十分注重研究和思考。写信息同样离不开思考。我们要经常思考领导和读者关心的问题是什么，他们的需求是什么，围绕领导应知、欲知、未知的事项布局谋篇，跳出信息看信息，才能找准切入点。

三是在'研'字上下功夫。即通过调查研究发现问题，获取素材，验证观点，这样写出的信息才会是真实的、鲜活的，才会有深度和广度，思想认识才能升华。"

小文听了这番话，感觉很受益，感叹道："其实不光是写信息，写很多文章都需要利用这样的方法，看来写信息也不是一项多么神秘的工作，关键还是要多思考，像古人说的那样，袖手于前，始能疾笔于后。"

山羊胡赞许地说："信息写作也有技巧，有人说过，信息的写作技巧不在'技'，而在'巧'。信息质量不高，往往不是因为我们技不如人，而是'巧'得不够，所以我们要在'巧'上下功夫。总结起来，就是巧借、巧改、巧用、巧报。"

小文一听来了兴趣："您快说说，这四个巧是什么意思？"

山羊胡一一说来："巧借，就是你在素材不多无从下手时，借蛋孵鸡，看看本单位有哪些素材与当前的热点或者上级关心的问题有关，借势发力。巧改，可以理解为把别人的改为自己的。例如，别人写'加减乘除促农民增收'，你就可以写'加减乘除推进改革'。巧用，即每个单位都有自己的工作优势和特点，可以不断深化和挖掘，有时我们对一项工作可以从不同的角度加以阐发，形成多条信息，一鱼多吃。巧报，即针对上级部门和领导需要了解的情况，提炼综合信息，对号入座。这几个'巧'，其实都是角度的巧，所以我们要善于变换角度看问题，善于创新思路，做到人无我有、人有我快、人快我新、人新我特。今天就说这么多，你先回去，我把你写的信息改一改，到时你再看一看。"

小文意犹未尽地回到自己的座位上，一直在想如果是自己，该怎么改这篇信息。过了两个小时，邮箱里传来了山羊胡改后的稿子，小文打开一看，题目是《发挥"榕树效应"，走出改革新路》，小文心里一喜，题目没变，接着往下看。

今年×月×日，××××和荷兰××公司（以下简称××）正式达成协议，各出资50%建设和运营××××项目，加上10年前合资组建的一期化工项目，共形成×××万吨/年的乙烯产能，成为国内规模最大的乙烯生产基地。该项目已被列入"中央企业在重大项目中引进社会资本示范项目"。从积极吸引外资到外资主动寻求合作，从外方引领合作到我方主导项目，××××依托对外合作持续做强做优做大主业，走出了一条深化改革发展的新路径。现将有关情况报告如下。

一、主要特点

（1）在对外合作中实现了主导地位的转变。不同于一期化工项目建设采取项目管理承包商（PMC）管理模式，项目设计、施工与运营均由××主导，二期化工项目实现了××××在对外合作地位上的转变，由其主导统一规划、统一建设，在项目建设期以其为主导进行管理，项目投产运营后再转入合资公司。而且此次合作后，取消了董事长与总裁（总经理）由双方交叉委任的限制，改为董事长与总裁（总经理）均由××××派出，并获得重要岗位长期委派权和其余职位的优先选择权，××××对合资公司的管控力进一步增强。

（2）通过有效谈判为中方争取最大利益。双方于2013年年底启动二期化工项目合作谈判工作，重点引进××OMEGA专利技术替代SD技术生产环氧乙烷和乙二醇（EO/EG），并新增苯乙烯和环氧丙烷/聚醚多元醇（SMPO/POD）项目。在合作谈判过程中，由于谈判组织得力，

××专利许可费比最初报价降幅达××，因购买催化剂而发生的每年经营成本支出比预期至少降低××亿元人民币，最大限度为我方争取了利益。

（3）进一步实现了双方合作共赢。××××独资建设的××炼厂是目前国内单系列最大的炼油厂。目前××公司与炼厂厂区仅一墙之隔，但只有石脑油等11项物料实现互供。二期项目建设之初，双方就着眼于最大化分享整合价值，实现原油结构、产品结构、装置结构互补和炼油化工一体化、公用工程一体化。二期项目投产后，"隔墙供应"的物料将达40多项，从而大幅降低物料采购、物流成本和运输、仓储风险。而且，二期项目产品不再由××××单独运营，而是统一纳入营销体系，既避免了与一期产品的竞争，也能利用成熟的销售网络和团队，共享原料采购、销售网络、技术服务等方面的优势，提高整体市场竞争力。

二、主要成效

（1）有效放大国有资本功能，提高项目经营效益。此次直接引进外资××亿元，带动项目总投资××亿元，有效放大了国有资本功能，分散了投资风险，提高了国有资本利用效率。经测算，项目混改后投资回报率大幅提升，我方可研测算SMPO项目年收益率为××；××方测算项目净现值NPV从××提升至×××，化工一期及二期的年营运成本节省××。

（2）引进先进技术，有力助推炼化产业升级。按照合作协议，二期化工项目的EO/EG装置将采用××先进的OMEGA专利技术，同时引进SMPO/POD技术装置替代原先停建的一套聚丙烯（PP）技术装置。××OMEGA和SMPO/POD技术属于业界领先技术，××只将其专利技术用于独资或合资工厂，独有且不转让。这是××OMEGA和多元醇技术在中国的首次应用，将推动项目产品品质实现质的飞跃，提升我国化工产业的技术水平。

（3）释放中高端产能，缓解我国石化行业结构性短缺。二期项目建设增加了××万吨乙烯产能，将进一步降低我国对乙烯的对外依存度。通过技术升级，优化产品结构，每年新增约××万吨高品质、多元化的石化产品，将提升公司化工产品的价值和整体效益，也将缓解我国石化行业结构性矛盾，推进炼化产业结构调整与转型升级。

三、主要经验

10多年来，公司顺应规模化、一体化、基地化的炼化产业发展趋势，坚持双赢互利的合作理念，加快推进大型炼油化工基地的建设和发展，构建了以重点项目为龙头、一体化基地为支撑，带动×××石化区产业集群快速有效发展的良好局面，形成了令人关注的"榕树效应"。

建设运营好精品项目，是"榕树效应"落地生根的重要基础。公司炼化产业尽管起步较晚，但一直坚持高起点高标准，努力打造精品工程。一期项目曾经摘取有项目管理"奥斯卡"之誉的"IPMA国际项目管理金奖"，是全球首个获得此项大奖的炼油项目，其建设高标准、投产高水平和运行高效益得到业界高度赞誉。××公司具备多项世界领先技术，在原料多样化、技术先进性、产品差异化等方面走在国内石化行业前列，也以其可靠的安全表现和优良的经营业绩，成为××全球化工业务中的标杆企业。这两个精品项目的建设运营，发挥了良好的示范和带动作用，也奠定了××炼化基地产业发展的高起点。

与世界领先的大型跨国企业强强联合，是放大"榕树效应"的重要途径。××公司是世界领先的跨国石油巨头，双方在国内外多个领域建立了较密切的合作关系，在长期合作中，××对公司的管理能力愈益信任，公司也认可××的技术优势和管理理念，双方各自的优势为二期化工项目深化合作创造了条件。近几年，××为应对国际油价低迷带来的行业"寒冬"，在全球削减了多项大型化工投资，但依然十分看好该二期化工项目，这也是××在化工领域最大的投资项目之一。××对合作表现出的信心，将进一步转化为可观的产业集聚和拉动效应。

坚持互利共赢的合作文化，是"榕树效应"具有生命力的重要内涵。公司是在对外合作、互利互惠中发展起来的，坚持互利共赢的合作文化成为发展的固有理念。双方的合作项目在这一文化引领下，通过自身发展有效带动了周边地区和相关产业共同发展。在两大龙头项目的影响下，×××石化区呈现产业集群发展态势。目前已吸引来自美国、日本、荷兰等20多个国家和地区的石化企业投资××宗项目，总投资达××××亿元。×××石化区也因此成为中国石油和化学工业示范园区，并正崛起为世界级的石化工业园区。该二期项目的建设运营，将进一步拓宽×××石化区下游延伸项目的发展空间，形成新的投资和经济增长点，促进石化产业转型升级，带动石化产业高水平、高端化发展，进一步扩大"榕树效应"的影响力和覆盖面。

看完之后，小文不禁在心里暗暗地竖起大拇指，不比不知道，经过山羊胡改后的稿子，与原稿相比，好了不止一点点。小文要学习的东西还有很多。

课堂讨论　信息选题从哪儿来

小文连忙跑到山羊胡办公室，谈起自己的感受："我太受启发了，您改的这篇稿子，除了题目和布局没有大的改动外，在内容表述的角度、背景知识的广度、行业知识和趋势把握的深度、与中央精神相结合的高度、观点提炼的精度，以及内容处理方面藏底露锋的尺度上，都有大幅的提升。这样我就知道改进的方向了。"

山羊胡说："在这么短的时间内，你能看完，还能总结出这些内容，也很不错。这次的信息可以上报了，以后你还要继续关注，寻找选题，写作好的信息。"

小文挠了挠头说："这次的选题是您布置给我的，现在让我自己找选题，我有点不知道如何下手。"

山羊胡理解地点点头，说："确定选题是信息写作的第一个步骤，来源可以是通过调查研究获取，参加会议、阅读文件得到，通过来信、来访以及来电了解，进而综合分析提炼得到等，你要做个有心人，从日常工作中寻找好的选题。我教你一个方法，叫作'四个盯住'。"

小文听后赶紧问："哪'四个盯住'？愿闻其详。"

山羊胡娓娓道来："一是盯住会议，确保常态信息不漏网。会议是信息的'风向标'。会议传递大量的信息，你可以从会议的贯彻落实情况、贯彻落实过程中的典型经验及亮点，以及贯彻落实过程中出现的新情况、新问题和即将发生的一些问题等方面入手，充分结合实际，采写一些具有特色的信息。

二是盯住时事，确保时事信息不落下。信息要体现鲜明的时代性，就必须盯住时事不放。但是，信息的选题和新闻又有所不同。判断新闻价值的标准是它对公众是否有新鲜性，而判断信息价值的标准是为各级领导提供参谋、决策依据的有用性。诸如'某地发现了一棵千年古树''出土了一座汉代古墓'之类的，由于对领导决策没有多大价值，就只能算新闻，而不叫信息。

三是盯住文件，确保工作信息不掉队。抓住对上级发布的文件政策的部署落实情况、落实过程中出现的新问题两个层面，可以采写大量信息。

四是盯住基层，确保原创信息有深度。基层是信息的第一源泉，时常盯住基层，可以创作出许多有价值的信息。"

山羊胡顿了顿说："这次是个很好的起步，今后再接再厉，做好这'四个盯住'。领导对信息很重视，把信息工作作为塑造单位形象的重要手段，对我们提了很多要求。我们要多写多报，还要发动信息员多采集素材，给我们提供'炮弹'，我们要多编发信息，争取多被采用。"

知识点 信息编报的方法与技巧

小文有点怯怯地问，"在多写多编发方面我可以努力，但能不能被采用不是我能决定的。"

山羊胡说："事在人为，只要掌握方法并付出努力，结果就不会差。信息编报也是有方法可循的，一条不起眼的信息，经过巧手编写，可以成为引人关注的上乘之作。我给你讲讲要诀。"

接着，他从四个方面一一道来："一是角度要'另辟蹊径'。照相时为求最佳效果，要选择合适的角度。编写信息也一样，角度选择至关重要。从根本上讲，信息编写的最佳角度是将上情与下情相结合。我们要善于抓住重点、难点、热点、亮点。老生常谈、人人皆知的信息写得再好，也不能称为高质量的信息。

二是综合要'厚积薄发'。除了编报一些'短平快'的信息，我们还要围绕领导决策和相关工作，编写一些叫得响、有深度、影响大的拳头信息，包括重头信息、超前性信息、高层次信息。这些高质量信息都得益于综合处理。信息员提供的素材有时显得零散，但包含有价值的元素，对这些素材，我们不能搞信息贩运，而应以此为线索，进行深入挖掘、扩充、综合、加工，形成更具参考价值的信息。对平时积累储存的一些零散的信息，我们每隔一段时间就要回顾整理一次，并放到大背景下去衡量、对比、分析、鉴别，再次进行筛选，从中找出新意。

三是内容要'真材实料'。信息内容的真实、准确是决定信息质量的前提，是信息的生命。在编发信息时，凡情况不明、问题不清的，都要认真核实。特别是时间、地点、人物和重要情节，一定要搞清楚，一时搞不清楚的宁可缓报，也不能草率上报。特别紧急的，可先报一个大致情况，但要尽快把详细情况搞清楚，及时续报。虚假的、不准确的信息不但没有质量可言，而且很可能产生负面效应，甚至导致领导决策失误，造成重大损失。

四是表述要'以短见长'。我们每天向机关和领导报送的信息量很大，因此编写信息时要力求简洁、言简意赅，做到开门见山、落笔入题、一目了然，防止面面俱到、空话套话。我们要用最少的文字表达最多的信息量，做到句中无余字，篇内无剩语。特别是动态性的信息，一定要简洁明了，要素齐全。语言要朴实无华。"

小文又有问题了："写作有技巧，那么报送有没有？"

山羊胡肯定地说："报送当然也有技巧。首先，要做到实事求是，正所谓报喜容易报忧难，我们在需要报忧时怎么办？不放大，不缩小，客观陈述，多方核实综合报，问题与成效一起报。其次，要突出单位特色，增强代表性、针对性，努力创品牌、接地气。最后，要把握信息上报规律：长期工作定期反映，阶段工作集中反映，临时工作突出反映。"

小文听了这番话，不由感慨："真是实践出真知啊。感谢您倾囊相授，我一定按照您说的这些去做，为单位的信息工作多做贡献。"

山羊胡满意地点点头，心想："孺子可教。"

第三课

计划方案　正确地指导工作

　　临近年中，工作繁忙起来，各种会议、活动、部署、项目纷至沓来，办公室的气氛也骤然紧张了些。这天上午，山羊胡召集大家开了个会，布置了近期的几项工作，有迎接上级检查的，有筹备重要活动的，有开展基层调研的……大家领到任务后各自忙碌起来。

　　小异接到的工作是起草一份关于加强公司企业文化建设的指导意见。这是大事，怠慢不得，小异一脸凝重。小文也接到一项工作。公司下个月要组织一个重要的行业会议，邀请了很多重量级嘉宾参加，公司领导将会出席并讲话，山羊胡让小文负责写方案，讨论后交领导审议。

　　小文一听傻眼了，才刚刚弄明白会议纪要和信息简报的写法，现在又要写方案，看来办公室的人真是"万金油"啊。可方案怎么写？他抓破脑袋也想不出来。

　　小文心想：不能什么事都依赖山羊胡，自己要发挥主观能动性，而且经过之前的磨练，现在也有了信心，只要自己多学习借鉴，多用心琢磨，就一定能够找到办法。恰好前两天部门给每个人发了最新版的《党政机关公文处理工作条例》。小文将其从书架上拿下来，准备从中找个模板，依葫芦画瓢。

　　可是《党政机关公文处理工作条例》中所列的15种公文类别中，居然没有方案。小文找来找去，发现似乎只有"意见"这个文种与方案有点像，可一看"意见"的解释："适用于对重要问题提出见解和处理办法"，似乎也不太对。这是怎么回事，难道常用的方案居然不是公文？

　　看着小文一脸懵的样子，旁边正埋头思考的小异笑了，说："小文，在这本书里是找不到方案的。正好我以前做过类似的方案，我发一个给你参考吧。"小文还没来得及道谢，山羊胡正好过来，看到这一情景，心中明白了八九分。他说："正好有时间，我向你们讲一下方案怎么写吧。"

听到这话，小异和小文都凑了过来。

课前预习 先做几个分类

山羊胡等他们都坐好了，开口说："意见、办法、方案，包括规划、计划、工作要点等，其实可算作一个大类，它们有些共同的特点，在构思和写作上有共同的规律。"

小异听后一脸纳闷的样子。山羊胡已经注意到了，不动声色地继续说："你们可能觉得，这些文种各不相同，怎么会是同一类呢？其实，它们有一个共同的目的，就是正确地指导工作。指导工作似乎很'高大上'，好像是领导的专利，其实大家在实际工作中，通过一些方式和公文的载体，对今后的工作做出设想、提出思路、进行安排，都是在指导工作。所以，写好这类公文，不仅是文字表达的事，还涉及对工作的了解与认识，以及对具体工作的组织和安排，需要有清晰的思路和实践经验。"

看着大家似懂非懂的样子，山羊胡抿了一口茶："为便于理解，我们先做几个方面的分类。第一个分类，是法定公文与事务性公文。法定公文是指党政机关公文处理条例中规定的文种，它们具有行政法律效力，也更加重视格式的统一规范，如意见就属于法定公文。事务性公文是指党政机关和企事业单位处理日常事务时用来沟通信息、总结经验、安排工作、研究问题的实用文体，是应用写作的重要组成部分。我们在工作中用到的实施办法、实施细则、工作要点等都属于事务性公文。"

听到这里，小文有些明白刚才为什么在那本书里找不到自己想要的东西了。

"第二个分类，总结性公文与展望性公文。顾名思义，总结性公文主要以对过去情况进行总结回顾为主，指向的是过去，如总结报告、经验交流材料等；展望性公文以对今后工作进行思考、安排、部署、要求为主，指向的是未来，也可以叫计划性公文。我们这次讲的意见、办法、方案都可以归属于展望性公文，因为它们主要关注的是未来的事情，虽然离不开对过去事情的思考和判断，但以关于未来工作的探讨和安排为重点。有些公文是两种类型的合体，如工作报告，其中既有过去的内容，也有今后的内容。"山羊胡说。

思路一展开，山羊胡就话语滔滔："第三个分类是宏观性公文、中观性公文与微观性公文。虽然同为展望性公文，但它们关注的层面是不一样的，相对来说，意见是宏观层面的，是对某项工作的原则性要求和总体性部署，如加快天然气利用的指导意见，某企业关于加快智慧企业建设的意见等，都属于这一类；办法是中观层面的，会具体涉及工作怎么做、重点是什么、有哪些主要措施等，如教育部关于加强职业技术培训的办法、某市制定的招商引资工作办法、某地出台的未成年人道德教育实施办法等；细则是微观层面的，是一项具体工作的方法、流程、具体要求等，如某县的村村通工程实施细则，税务部门下发的规范增值税征收细则，某企业组织部门下发的规范发展党员的细则等。"

他接着说："同样地，规划纲要、工作要点、工作方案的层面也不一样，规划纲要是宏观的，讲一个单位、一个部门总体或者某个方面几年的思路和规划，如'十四五'规划、人才发展规划、党建工作纲要等；工作要点是中观的，一般是对一年或半年的某个专门领域的工作安排，如年度改革工作要点、下半年信息工作要点等；工作方案更具体，只是针对某项具体工作或者会议、活动的计划，如制定一个'七一'表彰大会工作方案、技术比武大赛方案，设计一个开展基层调研的工作方案等。"

小文和小异一边听一边频频点头，真没想到这看似简单的事情中还有这么多门道。山羊胡意犹未尽："第四个分类是议论性公文与叙述性公文，或者叫观点性公文与言事性公文。这两类公文在写作方法上，一般来说以议论为主，其次是叙述，极少用到描写和抒情，大部分公文都是夹叙夹议，或者以议带叙的。具体到我们今天要讲的这些公文中，大致可以这样对应，越是宏观的，议论所占的成分就越多，越是微观的，叙述所占的成分就越多。”

小文听后觉得收获很多，但心里也有些打鼓，这些理论性的东西，对自己写好方案究竟能有什么帮助呢？正在想的时候，又听到山羊胡说：“大家不要小看了分类，做很多事情首先要分类，分类是事物逻辑的反映和特征的体现。我刚才做的分类并没有出处，是我自己划分的，也不一定十分严谨，因为任何分类都不是绝对的，只是为了便于理解，让大家对这些有更清晰的认识。”

知识点　展望性公文的特征

午休的时候，小文一直在想山羊胡的话。下午一上班，他就对小异说："你写意见，我写方案，它俩是近亲，要不我们讨论讨论再动笔吧。"小异很爽快地答应了。

小文说："你在这方面经验丰富一些，我想先问一些问题，把思路捋一下。"小异笑着说："你问吧。"

"按照领导的说法，我们要写的意见、方案，都属于展望性公文。我想问，展望性公文能起到什么作用？"

小异想了想说："展望性公文，我觉得就是瞄准未来目标，对工作做出谋划构想的一种计划性文书。我想，它至少有这几个方面的作用：一是统一思想，凝聚共识。即针对某项工作，集中大家的智慧，表达集体的意志，形成共识，从而能使大家在理解的基础上更好地执行。二是明确规范、引导方向。对于工作的思路、目标、任务、措施等给出方向、构想、要求，从而使工作的开展不偏向，不越轨。三是有章可循、有据可依，便于操作。对工作做出明确安排，让人可以照章操作，有明确的指南针、路线图、时间表和工具箱。"

小文连连颔首，"我觉得你总结得很到位。古人说得好，人无远虑，必有近忧。凡事预则立，不预则废。只有谋划好了，计划到位了，事情才能办好。我觉得，展望性公文是面向未来的，内容指向今后，目的是指导和规范未来的工作，结果和成果也要在今后才能体现，所以天然具有开放性。除了这些，它还具有什么特点呢？"

小异说："我再说一点吧。从内容上说，它是众人之事，往往是集体讨论的产物，不能是闭门造车的结果，集体性既是它的特点，也是它的要求，这种集体性体现为起草时要集思广益，深入调查研究，广泛听取群众意见、博采众长，也体现为文本内容要便于大多数人理解和操作。这和有的文种如讲话不一样，讲话可以代表个人的意志，而计划一定是代表一个集体、一个团队、一个组织的。"

小文接过话头："我也想到几点。在时态上，因为是关于今后的事情，所以主要是未来时，包括未来进行时、未来完成时。在风格上，具有严肃性，写作时要严肃，贯彻执行好党和国家的有关方针政策和上级的指示精神，有大局意识，避免本位主义；实事求是，切合实际。此外，在执行上也要有严肃性和约束力，发布后要求大家遵照实施，是可测量、可检查、可评估的，要有相应的部署、督导、检查甚至追责机制，不是闹着玩的。"

小异也不甘示弱地侃侃而谈："我觉得最重要的是，在要求上，这类公文讲究思路清晰、内容具体、重点突出、职责明确、风险可控等，其中最关键的是合理可行，就是要从实际情况出发定目标、定任务、定标准，既不要因循守旧，也不要盲目冒进。这表现在几个方面：首先，目标要现实合理，既不能太容易，也不能太难，更不能吹嘘浮夸、好高骛远。其次，工作要求要具体可行，时间、步骤、进度、质量等方面的具体要求和衡量指标要尽可能量化，不能量化的也要描述清楚，这样更能明确要求，更容易实现。最后，措施要切实可行，要针对实际，具有可操作性；要对各项任务进行分解落实，明确责任单位和责任人，并明确工作进度和工作结果的评价标准。"

51

说到这里，他顿了一顿，然后说："如果一个展望性公文的可行性不高，那就没有任何价值，更不用谈思想性、理论性了，肯定是失败的。"

▍画重点　展望性公文要做到"五个统一"

两人正讨论得火热，山羊胡走过来，看到这个场景，感到很满意："小伙子们探讨业务的气氛很好啊。"小异弱弱地说："我们讨论的只是些皮毛，还没有进入正题呢。这类公文究竟怎样写，您给我们传授点'真经'吧。"

山羊胡看了看表说："趁现在还有点时间，我给你们讲讲。主要看两个方面，一是总体要求，二是要素结构。"

他打开话匣子往下讲："从总体上说，展望类公文要做到五个统一。一是刚性与弹性的统一。你们刚才提到这类公文有它的严肃性，这是刚性的一面，但在具体事项上，因为我们知道它是面向未来的，而未来是有不确定性的，所以这类公文有一定的弹性，为实施过程中可能发生的偏差和可能出现的故障留出必要的空间，有进行调整的机制和安排。

"二是过去与未来的统一。我们讲这类公文是面向未来的，但并不是说过去的事情是毫无意义的，完全可以置之不理，我们说，未来是脱胎于过去的，只有基于对过去情况的了解、分析、判断，才能对未来的工作做出周到、准确的安排。所以在构思这类公文时，了解已有的情况是谋划今后工作的前提，这是思考的逻辑，而呈现出来的只是对未来情况的描述，是将来时，这是文本逻辑，二者并不矛盾。我想起唐代诗人王湾有一句很形象也很有哲理的诗：'海日生残夜，江春入旧年'。海上的朝日是从残夜中生出来的，江边的春色延伸到了旧年时光中。新与旧，过去与未来就这样水乳交融在一起。

"三是理论与实践的统一。这类公文主要是用来操作和执行的，所以是要重实践的，是接地气的，而不是理论派、学院派，它们站位很高、理论很丰厚，但不具可操作性，不解决实际问题。但另一方面，理论不是没有价值的，其作用是很大的。如果我们只是就事论事，而缺乏理论上的认识，那写出来的东西也是没有根基的大厦，建得再高也经不起风雨。例如，你制定一个规划，虽然讲的都是具体事，但你必须对宏观环境、形势趋势、行业动向、前沿理论等有比较深入透彻的理解才行，否则你制定的规划肯定是不值钱的。我们要做到理论与实践的完美结合，寓理论于实践当中，用实践来呈现理论的威力。

"四是重点与一般的统一。这类公文有一个要求和特点，是周到、全面，但也不能完全不分主次，面面俱到，眉毛胡子一把抓，还是要分清轻重缓急，突出重点，以点带面，在全面内容中突出重点内容，用重点内容带动全面工作，处理好重点和一般的关系。这里既有抓重点的思路问题，也有注重统筹、系统谋划的方法问题。例如，你写作一个关于加强保密工作的指导意见，肯定会涉及很多方面的内容，如软件硬件、制度机制、落实责任、组织人员等，但同时要根据自己单位和地区的实际情况，突出重点，即突出哪些是最紧要的、要重点关注的，而不是平均用力，用重点突破推进全面提升，同时使各项工作有机统筹、相互促进。

"五是定性与定量的统一。这个好理解，这类公文既有定性的内容，也会有定量的内容，如目标、标准、任务等，很多都要用数据来显示，定性的能够涵盖更广、容量更大，定量的更精准、更有说服力，二者是统一的，要合理运用，定性要尽量客观，定量要准确、合理，一般来说，能定量的尽可能定量。"

两人听得一脸仰慕，小异恭维说："您真是太厉害了，这些都是您多年的心血和经验的结晶啊。"山羊胡张嘴一笑："我还没说完呢。"

"在具体的写法上，要关注要素结构。意见、规划、方案等，在组成要素上会有一些差异，但总体上大同小异，如指导思想、具体原则、工作目标、重点任务、组织机构、实施步骤、保障措施、责任分工等，有时还有制定依据、适用范围等内容。根据不同文种或者不同的内容、功能等，组成要素有所不同。它们可以是动态的，融合在一个文稿中，也可以是静态模块化的，是可以拆卸组装的，我们可以像搭积木一样选择不同的要素进行组合，根据具体的语境和实际要求进行内容的调整。每一个文种的具体格式和要素我就不讲了，你们找一下例文，就能看得很清楚。

在结构上，也是大同小异的，我们可以把这些要素的组合，类比为政策法规中的总则、分则、附则。指导思想、原则、目标之类是总则，工作内容、具体任务、方法步骤等是分则，一些辅助性的内容是附则。所以在结构上，总体上是总分式，或总分总式。而在主体正文部分，可以按照并列式或者递进式结构进行展示和罗列。一般我们按条款式写作，在工作方案、规划中，还可用图表、表格等形式。"

经过这么一点拨，两人都收获颇丰，思路更清晰了，于是分别投入工作。

课堂作业　指导意见与方案写作

小异找出自己曾经写过的方案给小文参考，这是一个关于创新大会的方案，具体内容可扫二维码查看。

小文一看，这个方案果然写得思路清晰，内容齐全，充满了创新意识，也考虑周全，提供了两个备选方案供领导选择，是一个好的范例。

小文心里暗暗较着劲，下午一鼓作气，完成了方案，然后以电子邮件方式发给山羊胡，抄送给了小异。

第×届能源行业青年论坛实施方案

一、论坛目标

通过举办青年论坛，吸引、鼓励和帮助能源行业青年，勇于表达自己的观点、创新理念以及对职业与人生规划的思考，并提供与能源专家、企业高管面对面交流的机会，促进人才梯队的建设，推动能源行业可持续发展。

二、论坛内容

本论坛拟以"创新与传承"为主题，邀请国内外知名专家、行业精英等介绍前沿理论和技术，畅谈人生经历与体会，激发青年积极投身能源行业，为他们的成长提供指导。分以下三个内容板块。

1. 科学魅力：邀请行业专家介绍各学科领域的前沿理论和技术，青年参与提问互动交流。

2. 榜样力量：通过单位推荐和组委会特邀等方式，邀请老、中、青各年龄段，国内外精英畅谈体验与感受，为青年的成长提供活生生的榜样，鼓舞带动他们积极投身实践锻炼成才。

3. 思想火花：围绕青年关心关注的话题，邀请专家、行业高管、老师等与青年代表现场交流，为青年的成长成才提供指导。话题包括：始终保持创造力、如何写好论文、如何让自己脱颖而出、如何规划职业与未来等。

三、运行机制

1. 主办单位

本论坛由×××委员会主办，每两年举行一次。本届论坛由×××组织承办。

2. 参会人员

本论坛主要面向国内能源行业青年人，年龄40周岁以下，专业背景不限；报名方式可以是个人自愿报名或由单位推荐参加。

同时邀请一些国外公司和高校的青年参与，以促进国际合作和交流。邀请上一届青年论坛优秀论文获奖作者参与本论坛。

3. 特邀嘉宾

本论坛将邀请国内外行业专家、企业高管、青年精英参加。邀请途径包括：（1）组委会筛选专家和企业家名单，然后以×××委员会的名义邀请。（2）由×××委员会各成员单位推荐本单位的优秀青年精英参加论坛，交流体会。（3）本届论坛优秀论文获奖作者参会。

4. 活动经费

初步预算活动经费需××万元，包括场地布景、活动宣传、资料印刷、嘉宾食宿等。嘉宾交通费和参会人员食宿费自理。

四、工作安排

总体工作分前期筹备和论坛组织两个阶段。

1. 前期筹备包括建立论坛组织架构、确定运行机制、筹集运行资金、开展前期宣传等工作。

2. 论坛组织包括论坛各个环节（启动、报名、参会、论坛等）的组织实施。

目前只是初步安排，具体计划安排待进一步细化。

×××年×月×日

第二天一早，小文也收到了小昇的邮件，打开后发现是小昇写好的指导意见初稿。

××公司关于加强企业文化建设的指导意见

一、总体目标

建立并完善与公司战略目标相匹配的企业文化与价值理念体系，实现企业发展战略与企业愿景有机结合，企业理念与员工观念高度和谐，员工内心世界与外部环境同步改善，企业的凝聚力进一步提升。企业文化成为公司重要的核心竞争力，员工高度认同、社会广泛认可，成为推动公司安全、高效、可持续发展的内在力量。

二、重点工作任务

（一）积极践行社会主义核心价值观，大力宣传贯彻国务院国资委发布的《关于加强中央企业文化建设的指导意见》（以下简称《指导意见》）。国务院国资委颁布的《指导意见》是推进中央企业文化建设的重要举措，公司要对学习宣贯工作做出进一步的安排部署，持续宣传推广公司核心价值理念，加强全员培训，增进广大员工对公司企业文化的认知认同，广泛宣传公司履行的经济责任、政治责任、社会责任，不断提升公司的知名度、美誉度和忠诚度。

（二）立足提升公司的执行力、竞争力和凝聚力，不断推进公司核心价值理念的丰富和发展。公司要以"实践"为重点，将核心价值观教育贯穿于公司生产经营的全过程，在落细、落小、落实上下功夫。围绕安全、质量、法治、环保、廉洁等重点工作，总结提炼文化新理念，赋予新内涵。公司要使"安全第一"的安全文化理念，"质量为本、效益优先"的质量效益文化理念，"客户至上、服务为先"的市场理念，"以人为本、关爱员工"的管理理念，"依法合规"的制度文化理念，"互利共赢"的合作文化理念，以及"开发中保护、保护中开发"的环保文化理念，"正德、崇廉、律己"的廉洁文化理念等专项文化理念，成为公司价值理念体系的生动体现和有机组成，并融入公司的经营管理，指导各项实际工作。

（三）立足提高全员认知度、参与性和创新力，不断拓展文化载体与阵地。选准用好文化载体，建立全方位和立体化的传播与学习渠道，广泛传播公司核心价值理念。发挥工会、共青团等群众组织优势，利用多种途径开展文化建设活动，进一步展示公司发展的魅力。公司要以创建学习型企业为目标，加强学习型企业建设。

（四）立足培养员工良好的行为习惯，持续推进行为文化建设。干部员工要严格遵守《员工守则》，落实《员工违纪处分规定》，将核心价值理念内化为干部员工的精神追求，外化为自觉行动，成为日常工作生活的基本遵循。推进以"先进、引领、影响"为标准的典型文化建设，充分发挥先进典型的示范和导向作用。公司要多开展文化仪式活动，突出文化的导向性和感染力；公司要倡导组织小型多样的文体活动，增强团队协作能力，提高员工凝聚力；公司要坚持开展爱岗敬业、团结协作的职业精神和职业道德培养，增强员工的职业光荣感，促进良好的职业习惯养成。

（五）立足提升干部员工遵法规、守制度、严执行的意识，推进制度文化建设。加强合规文化建设，修订完善各专业领域业务流程和制度，建立全面覆盖、运转高效的制度体系，牢固树立"有岗必有责、履职必尽责"的理念，完善落实岗位责任制，确保事事有人管、岗位有标准、奖惩有规定，切实增强责任心，提高执行力，推进从严管理常态化，形成按制度执行、依规矩办事、照流程操作的良好局面。

（六）立足于树立公司好形象、增强公司美誉度，加强公司品牌文化建设。制定实施《企业文化视觉识别手册》，规范使用集团公司形象标识，逐步杜绝使用不规范、不标准现象，切实维护集团公司品牌形象。坚持开展"开门、开放办企业"活动，建立公司与用户、公司与政府、公司与社会、公司与媒体等的沟通机制，通过发布《社会责任报告》，创作编写类型多样、喜闻乐见的优秀文化作品，广泛传播公司文化理念和品牌形象。

（七）立足打造具有自身特色的文化软实力，提高基层文化建设的操作性和实践性。突出"严、细、实"导向，丰富基层文化内涵，激发基层文化活力，激发基层创造活力。推动基层文化发展，坚持以人为本，开展丰富的文化活动，增强员工的归属感。

（八）立足推进幸福企业建设，注重人文关怀，加强EAP工作。积极推广实施员工帮助计划（EAP），坚持为员工办实事、办好事，持续推进"职工之家""职工书屋"和"幸福企业"创建工作。服务员工成长成才，畅通经营管理、专业技术和技能操作三支人才队伍建设成长通道，营造积极向上、尊重知识、尊重人才的氛围，促进员工成长成才。

三、组织领导

各单位要加强组织领导，健全组织机构，加强机制保障，加强学习培训，注重典型引导。

公司成立企业文化建设领导小组，由×××担任组长。

党委宣传部是公司企业文化建设的综合协调部门，在领导小组之下，负责制定总体工作规划和编制具体实施计划，督促有关职能部门和单位按照职责分工抓好工作落实。

四、保障措施

1. 提高认识，落实责任。各部门各单位要高度重视企业文化建设工作，建立健全企业文化建设领导团队和执行机构，确保"一把手"为第一责任人，并设立企业文化建设经费预算，提供必要的物质保障。

2. 建立机制，加强考核。强化企业文化建设考核体系，以定期检查和不定期抽查相结合的方式督导各单位的企业文化建设工作，了解企业文化建设进度。根据实际情况，及时调整企业文化建设的工作任务，不断对企业文化建设实施意见进行完善。

3. 培树典型，加强宣传。充分运用报纸、网站及微信等媒体平台，结合实际工作大力宣传企业文化建设的重要意义，努力在工作态度、工作方法和工作目标上形成统一的文化认知，营造和谐的企业发展氛围。

一会儿，山羊胡把小异和小文叫过去，对两人的工作成果表示总体满意。他说："我给你们讲了那么多，看来没白费，两个材料的基础不错，我再稍微修改一下，就可以呈交了。"

看着两人脸上不由自主露出的得意神情，山羊胡眼珠一转说："给你俩布置一个额外任务，结合这次起草过程，在我们内部做一次业务交流分享，巩固这一次的成果。"

小文还没说话，小异已经叫起来："我们已经忙得不可开交了，哪还有时间准备分享材料呀。"

山羊胡嘿嘿笑着说："要知道，磨刀不误砍柴工，让你们分享一次，肯定是有好处的。"

两人半喜半忧地回到座位上。想了好一阵子，两人觉得光讲自己起草的稿件价值也不大，不如找些范文，再做些理论提炼，讲得深入透彻一点，这样既能对别人有启发，对自己也是一次学习提升，可以达到"以教促学"的效果。

小文提了个建议："不如我们把展望性公文进行分类，将指导意见、实施办法、实施细则分为一类，这是从空间角度来分的；将规划纲要、工作要点、工作方案分为一类，这是从时间角度来分的。我们俩分别分析这两类文体的异同，你说怎么样？"小异一听满心赞同。

▌课堂分享　指导意见、实施办法、实施细则的异同

一周后，业务交流分享会召开。在山羊胡简要开场后，分享就开始了。小异先说，讲解指导意见、实施办法、实施细则的异同，显得胸有成竹。

小异先对三种文体分别进行阐述："'意见'是法定公文的一种，从定义上说，指党政机关为贯彻落实上级有关文件精神，对某一时期的某项重要工作或重大活动阐明指导思想、明确目标任务、提出措施办法、做出具体安排，要求下级结合实际贯彻执行的文种。例如，加强普法工作的意见，深化国有企业改革的意见，强化巡视工作的意见，加强国际化人才队伍建设的意见等，其内容都是比较重大的，也是很严肃的，需要给出方向、提出要求，提供思想指导和工作指引。但意见往往有务虚性、抽象性，需要结合实际来执行。"

小异说着，展示了一个经国务院同意后由国务院办公厅下发的《国务院办公厅关于推动外贸稳规模优结构的意见》提纲，一看就更清楚了。

— · · ·

国务院办公厅关于推动外贸稳规模优结构的意见

各省、自治区、直辖市人民政府，国务院各部委、各直属机构：

外贸是国民经济的重要组成部分，推动外贸稳规模优结构，对稳增长稳就业、构建新发展格局、推动高质量发展具有重要支撑作用。为全面贯彻落实党的二十大精神，更大力度推动外贸稳规模优结构，确保实现进出口促稳提质目标任务，经国务院同意，现提出以下意见：

一、强化贸易促进拓展市场

（一）优化重点展会供采对接。

（二）便利跨境商务人员往来。

（三）加强拓市场服务保障。

二、稳定和扩大重点产品进出口规模

（四）培育汽车出口优势。

（五）提升大型成套设备企业的国际合作水平。

（六）扩大先进技术设备进口。

三、加大财政金融支持力度

（七）用足用好中央财政资金政策。

（八）加大进出口信贷支持。

（九）更好地发挥出口信用保险作用。

（十）优化跨境结算服务。

四、加快对外贸易创新发展

（十一）稳定和提升加工贸易。

（十二）完善边境贸易支持政策。

（十三）推进贸易数字化。

（十四）发展绿色贸易。

（十五）推动跨境电商健康持续创新发展。

五、优化外贸发展环境

（十六）妥善应对国外不合理贸易限制措施。

（十七）提升贸易便利化水平。

（十八）更好地发挥自由贸易协定效能。

六、加强组织实施

各地方、各相关部门和单位要以习近平新时代中国特色社会主义思想为指导，全面贯彻党的二十大精神，坚决落实党中央决策部署，高度重视、切实做好推动外贸稳规模优结构工作，全力实现进出口促稳提质目标任务。鼓励各地方因地制宜出台配套支持政策，增强政策协同效应。商务部要会同各相关部门和单位密切跟踪外贸运行情况，分析形势变化，针对不同领域实际问题，不断充实、调整和完善相关政策，加强协作配合和政策指导，实施好稳外贸政策组合拳，帮助企业稳订单拓市场。

国务院办公厅

2023年4月11日

　　这时山羊胡插话说："小异说得很对，我提醒一下，在事务性公文层面，也有一种指导意见，就是在某项具体工作中，就每个阶段的要求给出指导意见，指导下级单位和基层更有效地开展工作，或者贯彻上级要求，或者推广基层成功经验，在行文上也更灵活，只是告知大家怎么做，明确注意事项和具体要求，严格说这是一种实用文体，而不是法定的意见。"

　　这么一说，大家就更清楚了。小异继续说："办法，是法定公文中的一种，一般是由国务院各部委下发，指导和规范全国开展某项工作的，它的地位比意见还要高。我这里说的不是这一种，而是实用公文中用来具体明确某项工作如何开展的制度，它具有指导性、规定性和可操作性，如××市规范公务车管理的实施办法，××公司推进规范董事会建设的实施办法，关于大力推进年轻干部选拔培养的实施办法等。这些办法，应该有精神，有原则，有目标，有任务，有措施，有要求，可以使我们照章操作，但也有一定的结合实际的空间和余地，不能完全放之四海而皆准。"

　　小异说着也展示了一个事例，并介绍说："这是我以前按领导要求组织部门青年学习小组活动时拟订的一个办法。"内容如下。

- ●　●　●　●

青年学习小组活动管理办法（试行）

第一章　总则

　　第一条　为实现"利用三年到五年时间把青年学习小组打造成中央企业青年工作的典型"的目标，推动青年学习小组活动规范化、持久化，增强和巩固青年学习小组组织建设，特制定《青年学习小组活动管理办法（试行）》。

第二章　指导思想和宗旨

第二条　指导思想。以服务公司发展和服务青年成长成才为目标，充分发挥党政联系青年的桥梁和纽带作用，切实通过创新团青组织建设，把引导青年、教育青年、服务青年、维护青年权益等各项工作职责落到实处，为公司改革、发展和稳定发挥青年生力军和突击队作用。

第三条　宗旨。秉持"爱国、创新、求知、奉献"的精神，着力打造"理想崇实、素质扎实、团队务实、活动充实、成果丰实"的"五实小组"，创造价值，不断进步。

第三章　组织机构

第四条　青年学习小组的成员为40岁以下的青年员工。加入青年学习小组本着完全自愿、相互学习和共同进步的原则。

第五条　组织机构。设置顾问、组长、副组长，并设立秘书处，负责青年学习小组的日常活动，商讨青年学习小组重大决定。

第六条　组织性质。青年学习小组是在党支部、行政部门领导下的群众组织，是团组织工作的拓展和延伸，与团支部实行"一个机构、双重职能"，要做到平台共用、资源共享、相互融入、互为补充。

第四章　活动安排

第七条　青年学习小组日常活动。定期召开青年学习小组会议，认真贯彻集团公司的青年培养方针，探索建立适应青年发展的运行机制和工作方法。

第八条　经常性开展适合本部门青年特点的团队活动，塑造愉悦、轻松的学习氛围。

第九条　充分发挥院内资源优势，与学术沙龙、能源经济名家讲堂相结合，与公司内外部的专家学者进行广泛交流。

第十条　积极参加公司层面及外部有关青年工作的会议和活动，与公司内外部的广大青年进行广泛交流，邀请优秀青年分享他们的经验。

第十一条　每次小组活动都须作详尽的记录并制作纪要存档，并向与会人员派发书面纪要以资备忘。

第五章　组织职责

第十二条　加强对青年的思想道德教育和形势任务教育，全面掌握青年的思想动态，有针对性地做好青年思想政治工作；引导青年积极参与公司的改革和发展。

第十三条　围绕公司发展中面临的问题和困境，组织青年员工开展课题研究活动，对公司发展提供有参考、有价值的建议或意见。

第十四条　收集掌握青年员工反映的热点问题，积极反映青年的正当要求，帮助青年解决实际困难，维护青年的合法权益。

第十五条　为青年成长成才营造良好环境，并积极向有关部门推荐优秀青年人才。

第六章　附则

第十六条　本办法由党支部负责制定并解释。

第十七条　本办法自发文之日起施行。

青年学习小组

小文一看，赞叹地说："真不错。"

小异听了很高兴，接着说："细则，顾名思义，是更细的规则、条则，是根据相关规定或工作需要，为了贯彻执行某项制度规定中的部分条文、个别要求，结合实际情况，制定的具体的实施办法和操作要求，或做出补充、辅助说明的文件。细则是对某一制度规定和工作要求全部或部分内容的具体化。它具有以下特点：依附性，必须依附于更高阶的制度规定，一般不是独立存在的；具体性，具体、周密，切忌笼统、抽象和遗漏；明确性，用语要肯定，不能含糊其辞。例如，你起草了一个关于加强保密工作的意见，提了总体要求，又制定了一个关于加强保密设备管理的实施办法，明确了更具体的任务和措施，现在具体到保密计算机如何定期检查。要使这项工作制度化、规范化，你可能就要制定一个关于定期检查保密计算机的细则，对这项工作的目标、范围、职责分工、时间安排、实施步骤、工作流程等做出具体的规定。"

小异也举了一个例子来说明。这是一则《公文质量评价细则》，由于原文较长，小异从中截取一部分内容展示如下。

五、评价指标及扣分标准

（一）行文规则指标

指标1：行文确有必要、注重效用

指标说明：确定行文时，要明确行文的目的和作用，有的放矢；同时要注意纠正"发文越多、文件的规格越高，对工作越重视"的误区，根据实际需要确定是否行文。例如，制发请示性公文，你要研究请示事项是否属于上级单位的职责范围，同时还要研究解决该问题的可行性。

扣分方法：违反上述原则的文件，出现一次扣0.25分，出现两次扣0.5分，扣分上限为0.5分，不再累积扣分。

指标2：不越级行文

指标说明：根据隶属关系和职权范围行文，一般不得越级行文。不得以部门文件形式直接向国家部委报送"请示""报告"等。

扣分方法：越级行文，出现一次扣0.25分，出现两次扣0.5分，扣分上限为0.5分，不再累积扣分。

指标3：主抄送单位准确

指标说明：行文应明确主抄送单位，并使用全称、规范简称或统称。请示应当一文一事并主送一个单位，需要其他单位阅知的应当用抄送形式，但不得抄送下级单位。公文一般不直接上报领导同志个人（除上级单位领导直接交办的事项）。

扣分方法：在上述方面出现问题的文件，出现一次扣0.1分，扣分上限为0.5分，扣完为止。

指标4：引文规范

指标说明：公文中引用上级单位文件，要"先引文件标题后引发文字号"，引用内容要完整、明确，防止断章取义，格式要规范。领导同志未公开的内部讲话和批示不得直接引用。

扣分方法：在上述方面出现问题的文件，出现一次扣0.1分，扣分上限为0.5分，扣完为止。

指标5：附件规范

指标说明：附件顺序号和附件标题应当与正文中附件说明的表述一致，所附附件完整、规范、准确。

扣分方法：在上述方面出现问题的文件，出现一次扣0.1分，扣分上限为0.5分，扣完为止（有特殊要求的附件除外）。

小文调侃说："小异，你的例子真多啊。"小异笑着说："还有呢。"他意犹未尽，又接着举例说："例如，我们单位要加强党建工作，发布了几个文件，一个是关于新形势下加强党建工作的指导意见，这是宏观的；另一个是建设'六有'服务性党组织的实施办法，这就更具体了，是关于基层组织建设的具体内容。'六有'服务性党组织建设工作如何开展的文件里，肯定涉及'六有'服务性党组织的总体要求、工作机制、建设步骤、评价标准等，让人看了就知道怎么去做。实施方案要把某项工作的工作内容、目标要求、实施的方法步骤以及领导保证、督促检查等各个环节都要做出具体明确的安排，落实到工作分几个阶段、什么时间开展、什么人来负责、领导及监督如何保障等，都做出具体明确的安排；再往下，为了指导大家达到'六有'党组织要求的具有功能实用的服务场所这个目标，我们又制定了一个关于党支部服务场所建设的细则，包括制度依据、时间进度、责任落实、经费使用、建设标准、工作流程等，相当于一个手册，谁拿了都可以照做，也可以拿着这个来检查验收。所以，不同层级的文件的功能是不一样的，但相互补充，形成一个体系，是配套的。"

小异的结尾也很精彩："我们可以这样形象地说，意见是指南针，告诉你往哪个方向走；办法是路线图，让你按图索骥，知道要经过哪些站点，坐什么交通工具；细则是工具箱，给你提供具体操作的工具和方法。我就讲到这里。"话音刚落，山羊胡和小文都朝他举起了大拇指。

▍课堂分享　规划纲要、工作要点、工作计划的异同

接着到小文了，这还是来新部门以后，他第一次在别人面前这么正式地长篇大论。他上来先谦虚一番："在小异后面讲，我的压力很大。我主要说一说规划纲要、工作要点、工作计划的异同。从历时性角度来说，这三者是时间从长到短，从更远的未来到更近，是依次缩小的关系。可以从以下几个方面来看。

从时间跨度看，规划一般为三年以上，工作要点一般为一年，工作计划多则一年少则一月或一周，方案是针对一个具体事情，可长可短。从详略程度看，工作规划、工作要点、工作计划之间是依次细化的关系。工作规划的内容最为概括、宏观，是战略性的。工作要点主要就干什么事情、达到什么目标、做怎样的措施安排加以部署，相对规划要具体一些。工作计划则十分具体细致。例如，同样是对会议的安排，要点中只要说明在什么时候召开什

么会议、达到什么目的即可，会议计划则要拟定会议的名称、内容、地点、日程、议程、人员、住宿、交通、座次、材料准备和经费开支等。"

看到山羊胡和小异在聚精会神地听，小文的信心更足了："从衔接关系看，工作规划、工作要点、工作计划之间是依次承接的。工作规划的层次最高，涉及的多是战略方针、战略任务、战略布局、战略措施和重大政策等宏观问题。工作要点的层次次之，涉及的多是工作的总体思路与各项主要工作、重要活动的大致安排等中观问题。工作计划的层次最低，涉及的多是具体工作的内容、步骤、程序、要求等微观问题。工作规划依赖工作要点去部署，工作要点依赖工作计划去细化并落实。例如，一个单位的五年规划，就应该是制订五年内各个年度工作部署与安排即工作要点的指南，工作要点制订之后还要制订许许多多的具体工作的计划。

从可操作性看，工作规划、工作要点、工作计划之间是依次增强的。工作规划是对未来工作的目标性安排，是将来要实现的蓝图，缺乏可操作性。工作要点是对年度主要工作的安排，即对将要进行的工作的安排，略具可操作性。工作计划是对当前工作与活动的安排，是立即要付诸行动的，最具可操作性。"小文笑着说，"我没有小异那么多例子，就找了一个规划纲要的提纲和一个工作要点来说明。"

小文找的规划纲要是《中央党内法规制定工作规划纲要（2023—2027年）》，内容提纲如下。

全面建设社会主义现代化国家、全面推进中华民族伟大复兴，关键在党；完善党的领导制度体系、健全全面从严治党体系，基础在规。推进依规治党、加强党内法规制度建设，事关党长期执政和国家长治久安，事关事业兴旺发达和人民幸福安康。迈上新征程，党内法规制度建设进入高质量发展新阶段，依规治党面临巩固拓展提高新任务。为深入贯彻落实党的二十大重大决策部署，完善党内法规制度体系，增强党内法规权威性和执行力，进一步发挥依规治党的政治保障作用，现制定本规划纲要。

一、坚持以完善"两个维护"制度保证全党团结统一、行动一致

（一）健全用习近平新时代中国特色社会主义思想武装全党、教育人民的制度。

（二）健全党中央对重大工作的领导体制。

（三）健全党中央领导各级各类组织的制度。

（四）完善党中央重大决策部署落实机制。

（五）健全保证全党同党中央保持高度一致的制度。

（六）健全党员干部政治能力建设制度。

二、坚持以完善党的领导法规制度有力保证党总揽全局、协调各方

（七）完善党在各种组织中发挥领导作用的制度。

（八）完善党领导各项事业的制度。

（九）完善把党的领导贯彻到党和国家机构履行职责全过程的制度。

（十）健全提高党的执政能力和领导水平的制度。

三、坚持以完善党的组织法规制度全面贯彻新时代党的组织路线

（十一）完善党的选举制度。

（十二）完善党的组织体系建设制度。

（十三）完善增强党组织政治功能和组织功能的制度。

（十四）完善党的干部工作制度。

（十五）完善党员队伍建设制度。

（十六）完善党的人才工作制度。

四、坚持以完善党的自身建设法规制度坚定推进党的自我革命

（十七）完善党的宣传教育制度。

（十八）健全党内民主制度。

（十九）健全纠治形式主义、官僚主义制度。

（二十）健全反对特权制度。

（二十一）健全党的纪律建设制度。

（二十二）健全党的工作防错纠偏机制。

（二十三）健全一体推进不敢腐、不能腐、不想腐制度。

五、坚持以完善党的监督保障法规制度持续激发党员干部秉公用权、干事创业

（二十四）完善监督制度。

（二十五）健全追责问责制度。

（二十六）健全党的纪检制度。

（二十七）健全激励干部担当作为制度。

（二十八）健全党政机关运行保障制度。

小文找的工作要点是国家文物局2023年工作要点，提纲和部分内容如下。

2023年是全面贯彻落实党的二十大精神的开局之年，是实施"十四五"规划承上启下的关键一年。国家文物局将坚持以习近平新时代中国特色社会主义思想为指导，深入学习宣传贯彻党的二十大精神，深刻领悟"两个确立"的决定性意义，增强"四个意识"、坚定"四个自信"、做到"两个维护"，深入贯彻落实习近平总书记关于文物工作系列重要论述、重要指示批示精神和党中央决策部署，落实全国文物工作会议精神，坚持新时代文物工作方针，加大文物和文化遗产保护力度，加强城乡建设中历史文化保护传承，推动文物事业高质量发展，为加快建设社会主义文化强国、全面建设社会主义现代化国家贡献力量。

一、持续深入学习贯彻习近平新时代中国特色社会主义思想

1. 坚持不懈用习近平新时代中国特色社会主义思想凝心铸魂。

2. 贯彻落实习近平总书记重要论述、指示批示精神和党中央、国务院决策部署。

3. 推进基层党组织建设。

4. 深入推进全面从严治党。

5. 巩固拓展巡视整改成果。

二、深入学习宣传贯彻党的二十大精神

6. 全面准确学习领会党的二十大精神。

7. 扎实做好宣传工作。

8. 结合文物工作实际抓好落实。

三、坚持保护第一，全面加强文物保护管理工作

9. 强化文物法治建设。

10. 统筹推进改革落实和规划实施。

11. 加强文物安全管理。

12. 推进文物督察和行政执法。

13. 系统加强不可移动文物资源管理。

14. 全面加大文物保护工程力度。

15. 加强城乡建设中历史文化保护传承。

16. 推进世界文化遗产申报管理。

17. 加大革命文物保护力度。

18. 夯实馆藏文物管理基础工作。

19. 加强文物鉴定和文物流通管理。

四、深化文明历史研究，加强科技创新和人才培养

20. 全面提升考古工作水平。

21. 做好基本建设考古工作。

22. 加强文物政策理论研究。

23. 加强文物科技创新。

24. 深入推进文物人才培养和文物学科专业教育改革。

五、让文物活起来，丰富人民历史文化滋养

25. 推进博物馆建设发展。

26. 推进革命博物馆纪念馆高质量发展。

27. 建好用好国家文化公园。

28. 促进国家考古遗址公园高质量发展。

29. 提升文物宣传传播影响力。

六、深化文物交流合作，增强中华文化国际影响力

30. 全面开展文化遗产外交。

31. 加强流失文物追索返还工作。

32. 做好对港澳台文物交流合作。

七、加强服务管理能力，全面提升支撑保障水平

33. 强化干部人事管理。

34. 加强财政保障。

35. 提升政务服务水平。

这时小异问："哪一种更难写呢？"小文一下子语塞了。自己刚刚完成一个工作方案，规划纲要、工作要点还没有写过呢，确实答不上来。

山羊胡适时地替小文解了围："我来回答吧。应该说，规划、要点、计划在写作难度上是依次降低的，三者之间在结构上有些差异，但写作思路是差不多的。掌握了其中一种，要写别的也不会太难。这里面，规划的不确定性更大，要研究、思考、判断的事情更多，所以要写好不容易；要点和计划相对来说容易一些，因为更及物一些，写起来指向性更明确，素材也更多。但如果涉及的工作本身难度大，是开拓性的，没有经验可循，要制订好的要点和计划，也很难，这不仅是文字功夫的事，而更多的是把工作研究透，把事情想周全，把措施提到位，有了这些，再通过适当的文字表述出来就是了。"

山羊胡说到这儿不忘幽默："打个不恰当的比方，这就像画人和画鬼的

不同，画鬼你没见过，肯定难画，但别人也没见过；画人见得太多了，但要把一个具体的人画得活灵活现，细致入微也很难，人人都能给你挑出一些毛病，所以是各有难处。"

两人一听，都会心地笑了。

知识点　规划、要点、计划的写作技巧

山羊胡把小异和小文都表扬了一通，然后说："小文来的时间还不长，能思考到这个程度很不容易，我再做点补充，把规划、要点、计划的写作技巧讲一讲，你们以后在工作中可能都会遇到。"

"先说编制规划纲要吧，什么样的规划才算好的规划？我觉得，一是规划要形成一个体系，要根据战略或上级规划的发展需求，将规划的目标、内容、要求、技术路线图和保障措施，以及实施计划和投资估算统筹考虑，处理好纵向和横向的关系。二是规划要结合实际，客观分析现状，找准发展目标，选择好发展的途径，不能照本宣科，切忌套用照搬。三是规划的逻辑要正确，不能前后矛盾，不能缺少内容、不能散，规划要按照发展目标的要求，有明确的发展思路、重点内容和技术路线图，既要层层展开不断细化，又要有严格的逻辑关系，切忌想到哪儿说到哪儿。所以在编写规划时要注意的问题是：确定好发展目标，既要有挑战性又要实事求是，切忌大话、空话、套话；做好现状分析，要实事求是地分析发展现状和内、外部环境因素，找准存在的问题和差距；做好调研工作，针对问题和差距深入调研，分析原因，找出努力的方向和工作的重点；提出具体的保障措施，按照实际需要提出具体要求，促进规划落地。"

他喝了一口茶，继续讲："工作要点在写作上，以指出工作重点为主要内容，目的在于阐明主要工作任务，让下级部门或本单位群众明白工作目标；工作要点还可以报呈上级主管领导部门，以便其了解情况，给予指导。

要点的特点是文字概括，原则性强。正文的主体要分条列项，写上工作要点的内容。这部分要根据有关精神和本地、本部门、本系统的工作特点，把能够预见的主要工作任务以及完成这些任务的标准、方法逐一概要地列出来。内容高度概括，既包容全盘工作，又突出重点任务，不展开观点，只择其要者来说，条理清楚，层次分明，实事求是，既有定性要求，也有定量指标，语言朴素准确。提出的措施要有创新性、可操作性，简明实用。每个事项的做法、程序、要求交代清楚。"

说到这里，山羊胡看了看小文，说："接下来是关于计划方案的写作，这次小文写的方案总体还是不错的，上手很快。小文你自己有什么体会？"

小文沉吟了一下说："计划方案要对某项工作的工作内容、目标要求、实施方法步骤以及组织保证、督促检查等各个环节都做出具体明确的安排。要落实到工作分几个阶段、什么时间开展、什么人来负责、领导及监督如何保障等。在内容上应该包括：一是基本情况的交代。例如，重大活动的时间、地点、内容、方式、主题以及主办、协办单位等。二是对相关活动、相关工作按阶段或进程做具体的部署安排。包括各阶段工作的内容、基本任务目标、主要措施手段、步骤、相应的安排和要求，如人力、财力、物力的组织安排和部署等。从总体上说，也就是要写明在什么时间、多大范围内由哪些人做哪些工作，采取什么方式于何时做到何种程度。这是一个计划统筹的问题，也是资源优化配置的问题，还是一个在约束条件下达到特定目的的问题，我自己的体会是，这是方案的核心内容，也是方案价值、功用的集中体现，是方案制定者素质、能力、水平的展示。"

他接着说："三是对相关问题的处理与解决办法。重大活动的开展，重要工作的推进，涉及的问题必然是多方面的，诸如组织领导、人员经费、财力物力的安排，有关矛盾和问题的解决等都要想到，并且提出相应的建议和办法。我的总体体会是，方案具有规定性，表现在两个方面：一方面，要根据上级的有关文件及精神来制定，要根据所要实施的工作的目的、要求、工作的内容及单位的实际情况来制定，而不能是随意制定的。另一方面，方案一旦制定出来，相关责任主体就要按照其内容认真组织实施。"

山羊胡赞许地点点头："我也举些例子吧。例如，每个单位都要制定五年规划纲要，既有总规划，也有专项规划，如科技发展规划、信息化规划、人才规划等。我们要在明确战略目标、分析形势现状、深入调研讨论、集中上下各方智慧等基础上，才有可能制定一个像样的规划。规划里肯定有关于改革的内容，但它不可能说得很细，因为改革是要结合当前的实际来推进的，这样就需要每年制定一个改革工作要点，把具体的改革内容，如要干什么事、达到什么目标说清楚，一条一条列示出来，如组织结构要怎么变、考核激励机制怎么调整、营销模式怎么优化等。"

"如果今年的改革要点中部署了一项工作：实行重大贡献奖励制度。这时我们就需要制定一个制度，还需要一个具体实施的工作方案。重大贡献的标准是什么，由谁来核定，可以参与评奖的范围是什么，参评人的要求和标准是什么，推选方式是什么，奖励等级和奖励方式是什么，如果是现金奖励，给多少钱合适，组织领导和工作机构设在哪儿，流程怎样设置，今年的评选什么时候启动，分几个步骤和环节，最后通过什么方式给予奖励，是开表彰大会还是发文件，这些都要在方案中体现，让参与这项工作的人一目了然。其中有些内容可以直接转化为通知或公告等文件。除了这些，还需要考虑的是，这个奖励要达到什么目的，奖励成果如何运用，如何转化，要有哪些配套的制度，甚至还要考虑这件事情会不会导致一些负面的连锁反应，如果有，如何提前加以规避。这些虽然不一定在方案中直接体现，但都是要提前考虑的。"

最后，山羊胡收尾说："小异打了一个走路的比方，我就用打仗来形容，规划是一场战争的总体考虑和战略安排，工作要点是一段时间的作战部署，计划方案是一个战役行动的战斗方案。"

就在这时，山羊胡的电话响了，他接听了一下，然后手一摊对大家说："新任务来了，我们又要投入战斗了。"大家在笑声中散会。

第四课

工作总结　言之有物、有序、有方

　　小文来了一段时间之后，事干了不少，觉得自己进步很大，在听到小异说经常写"大稿子"后，也憧憬着自己能承担起写大稿子的任务。

　　这天，天气很好，天遂人愿。山羊胡把小文叫到办公室，布置了一个写"大稿子"的任务。原来，下个月上级单位要来公司督导检查，需要起草一份近年来公司深化改革工作的总结材料，不需要很长，但要总结到位，提前书面呈交给检查组。

　　山羊胡一脸郑重地说："这个任务很重要，小文，虽然你还没有执笔过大稿子，但经过之前的历练，我对你充满信心，希望你使出浑身解数，完成好这个任务。有什么不懂的随时问我。"

　　想了想，山羊胡又补充道："写工作总结也是基本功，前面我们探讨过展望性公文的写作，这一次你试试总结性公文写作，经过这一次历练，相信你一定有更深的感受。"

▌知识点　关于工作总结的应知应会

　　小文知道工作总结不属于法定公文，就不再翻《党政机关公文处理工作条例》，而是找了几本市场上畅销的公文书籍来学习借鉴，小文花了一个下午，边看边思考，把关于工作总结的一些"干货"和重点记了满满几页，借此把自己的思路理清楚。这些都是关于工作总结应知应会的知识，但小文觉得，自己花点时间还是值得的，结合将要做的这项工作加以思考，不但对这一类文体有了更多的认识，也增加了信心。记录的主要内容如下。

　　首先，工作总结是什么？从定义上说，工作总结是对一定阶段内已经做过的全面或专项工作进行理性系统的回顾梳理、分析研究、总结提升所撰写的文种，目的是总结经验和教训，以利于加强和改进今后的工作。例如，这次就是对改革工作进行回顾总结，总结是为了把今后的改革工作做得更好。

其次，工作总结有什么特点？

一是自我性。工作总结是主体自身活动实践的产物。它以客观评价自身工作活动的经验教训为目的，以回顾自身工作情况为基本内容，以自身工作实践的事实为材料，其所总结出来的理性认识也应该反映自身工作实践的规律。所以自我性是工作总结的本质特点。

二是概括性。工作总结不是工作实践活动的记录，不是记流水账，不能完全照搬工作实践活动的全过程。它是对工作实践活动的概括，要在回顾工作实践活动全过程的基础上，进行梳理、提炼、归纳。

三是启发性。一篇工作总结给人的启发越大，它的作用也就越大，价值也就越高。工作总结是否具有启发性，关键在于能不能提出深刻而具有普遍意义的见解，揭示某些规律性的东西，把感性认识上升到理性认识。

最后，工作总结有哪些类别？根据内容的不同，工作总结分为工作总结、管理总结、学习总结、活动总结、会议总结等。根据范围的不同，工作总结可以分为全国性总结、地区性总结、部门性总结、本单位总结、班组总结、个人总结等。根据时间的不同，工作总结可以分为月总结、季总结、年度总结、阶段性总结等。根据内容和性质的不同，工作总结可以分为全面总结和专题总结两类。

掌握了这些应知应会的知识后，小文又问了自己一个问题：写好工作总结应该有怎样的态度？他想了想，在本子上记了这样几条内容。

首先，要有实事求是的态度。要避免两种倾向：一种是好大喜功，太浮夸，只讲成绩，不谈问题；另一种是将工作总结写成了"检讨书"，把工作说得一无是处。这两种都不是实事求是的态度。工作总结应该如实地、一分为二地分析、评价工作，对成绩，不要夸大；对问题，不要轻描淡写。

其次，要有理性认识的态度。一方面，我们要抓主要矛盾，无论谈成绩或谈存在的问题，都不要面面俱到。另一方面，我们对主要矛盾要进行深入细致的分析，谈成绩时要写清是怎么做的、为什么这样做、效果如何、经验是什么；谈存在的问题时要写清是什么问题、为什么会出现这种问题、其性质是什么、教训是什么，从而由感性认识上升到理性认识。

最后，要有面向未来的态度。工作总结是最好的老师，总结过去是为了面向未来。没有总结就没有进步，总结是一面镜子，通过总结，我们可以全面地对成绩与教训、长处与不足、困难与机遇进行客观评判，为下一步工作理清思路，明确目标，制订措施，提供参考和保障。

小文打开了部门的共享文件夹，找到了以前的工作总结，觉得有很多方面值得借鉴。其中有一篇《关于××××年工作会议报告起草工作的总结》，具体内容可扫二维码查看。

关于××××
年工作会议
报告起草
工作的总结

课堂作业　一篇工作总结的写作

小文第二天上午看完了相关资料，下午开始动笔，洋洋洒洒写出了一篇稿子。

———————————————————————— • • •

深化改革，提质增效，确保国有资产保值增值

国有企业是中国特色社会主义的重要物质基础和政治基础，是党执政兴国的重要支柱和依靠力量，必须做强做优做大。实现国

有资产保值增值，是国有企业最基本也是最重要的任务要求。国有资产保值增值的成效，最终体现在国有企业的发展质量和效益上。××××公司坚持深化改革方向不动摇，坚持提高发展质量效益不动摇，把深化改革作为提质增效、确保国有资产保值增值的重要途径，取得了实效。

一、改革的主要成效

（一）大力推进产业结构调整和转型升级，释放改革红利

公司坚持以问题为导向、以实效为目标，按照"公司改革与国家改革相适应，顶层设计与基层首创相结合，改革力度与企业稳定相协调"的原则，抓紧推进产业结构调整和转型升级，将前所未有的行业危机转化为改革创新的契机。

一是推进炼化板块改革重组。近年来，公司对炼化产业进行改革重组，将分散的炼化与销售企业整合成为一个产销研一体化的公司，统一产业规划、统一资源配置、统一营销策略、统一体系建设，从而降低运营成本，提高资源利用效率。新成立的炼化公司以质量效益为中心，着力推动产业转型升级，主营业务逐步实现统一管理，减少管理层级；优化资源配置，将资源向效益好的企业倾斜；提高产业协同效应，实现区域内资源共享、物料互供，提升综合效益；按"资源、市场和效益三包干"原则合理确定物流半径，降低综合销售成本；转换销售运行机制，实现了产品价值提升。通过以上措施，改革的初步效应正在显现。

二是优化天然气业务管理体制机制。天然气业务是公司的重要增长来源，为适应业务发展的需求，公司大力推动天然气产业体

制机制改革。确立以市场开发为导向、业务驱动型的管理体制，理顺产业关系，健全机制保障体系；加大战略、规划、市场、资源等方面的统筹力度，实现从天然气发展策略向产业战略的整体转变；多措并举，建立"统管、统筹、统协"的体制机制，实现天然气资源与市场相衔接、相匹配。今年，公司继续深化改革，推动建立市场化运作机制、建立信息共享的协调机制、建立公平科学的考核机制等六大改革举措落地，以提升天然气产业链的整体竞争力，进一步落实绿色发展理念。

（二）优化内部协调发展机制，积极应对低油价寒冬

近两年，面对生产经营的严峻挑战，公司有针对性地开展了以"质量第一、降本增效、勤俭办企"为主题的"质量效益年"活动，以优化内部协调发展机制为重点，以降低可控成本为重要切入口，切实提升发展质量和经营效益，打响了一场生存发展的攻坚战。

在"质量效益年"活动中，各单位不断强化"命运共同体"意识，坚定了"公司上下一盘棋"的思想，确定了公司利益最大化的目标，为公司长期坚持的协调发展战略赋予新内涵，提升新境界。一是公司与专业服务公司之间建立完善了"风险共担、利益共享"机制，提升了作业效率、降低了作业费用。二是上下游业务加强协同，提高产业链整体效益。三是加强科研与生产的深度协同。科研机构聚焦降本源头，强化顶层设计，推广新技术应用，推进设计标准化等，为公司整体降本提供了有力支持。通过实施降本增效、抱团取暖、协同发展，公司成本降幅在同行业中领先。

今年，公司继续推进"质量效益年"活动，继续深化创新内部协调机制。公司和专业服务公司充分合作，通过"拧毛巾"持续

降低桶油成本，努力提升主业竞争力，重塑低成本优势，同时积极开拓专业服务的海外市场；中下游板块扎实做好产品质量升级和市场拓展，支持公司进一步释放产能，不断提升油气产业链价值，强化公司的抗风险能力和可持续发展能力；金融、贸易等与油价弱相关的产业，探索发展轻资产、高回报、高附加值的业务模式，取得良好成效，有力支持了公司稳健发展。

（三）深化"三项制度"改革，增强队伍发展活力

人力资源是第一资源，良好的人力资源管理体制机制是增强公司活力和发展动力的源泉。为适应新的形势和任务要求，公司从实际出发，启动"三项制度"改革，探索构建充满活力、更具竞争力和市场化的干部人事、劳动用工和薪酬分配体系，真正实现"干部能上能下、员工能进能出、收入能增能减"。

"三项制度"改革是一项系统工程，涉及面广，牵扯利益多，实施难度大。公司坚持从严治企和依法合规原则、公开公正公平原则、激励与约束相结合原则、经济有效精干高效原则、统分结合和协同增效的原则，自觉遵循经济规律、行业规律和企业发展规律，注重与国有企业改革的总体要求、配套政策相衔接，制定了总体方案，选取2个单位分别作为劳动用工和薪酬分配改革试点单位，出台了一系列干部人事制度改革的配套性文件，总结劳动用工和薪酬分配改革试点经验，制定了相关管理办法和指导意见，为"三项制度"改革的有效推进提供了制度遵循。

公司通过改革的实施，调动了干部的积极性、主动性，鼓励其敢于担当，敢于创业、创新、创效，服务公司长远发展战略。针对干部队伍年龄结构亟待优化的现状，公司选拔了一批优秀年轻

干部，将其放在重要岗位、复杂环境中接受锻炼。

（四）完善制度和监督体系，坚决防止国有资产流失

按照全面从严治党的新要求，公司把加强和改进国有资产监督、防止国有资产流失作为重要政治任务抓紧抓好，筑牢思想、制度、监督等多道防线，织密国有资产安全网。

一是完善公司治理体制机制，构建科学合理、规范高效的治理体制和运行机制，确保各决策主体依法依规行使权力。二是加快建立健全企业内控制度体系，完善投资决策、采办、产权转让等重点领域的制度和管理办法，为防止国有资产流失提供了制度保障。三是进一步充实监督队伍，增强监督力量，充分发挥审计、纪检、党组巡视等多种监督手段的作用，形成良性互动的工作机制，汇聚监督合力，为企业改革发展"把脉问诊"，揭示隐患，提示风险，并及时推进整改。四是把加强党的领导与公司治理相统一，建立党组织参与企业重大决策的机制，深入落实党组织在企业党风廉政建设和防腐败工作中的主体责任和纪检机构的监督责任，强化党组织对企业领导人员履职行为的监督，切实发挥党组织的监督保证作用。五是落实依法治企要求，加大对国有企业违规经营责任追究力度，严肃查处违法违规问题，起到有效的警示作用。

二、存在的问题和不足（略）

三、下一步改革工作安排（略）

• • •

小文写完后又读了几遍，自己还算满意，但也有了更多的疑惑，这一次的写作内容，相对来说重点突出，逻辑清晰，难度不算太大，但自己还没有完全掌握工作总结的写法。作为工作中经常用到的文体，针对同一个工作，

我们有时需要从不同的角度进行总结，以满足不同的需求，有时又需要对不同领域、不同时间跨度的工作进行总结，如何把握工作总结写作的规律和窍门，做到以不变应万变呢？这个问题，也只有山羊胡才能回答了。

▌画重点　工作总结的第一个写作要求：言之有物

第三天一早，小文就把稿子交给了山羊胡，心里多少有些忐忑。过了两个小时，山羊胡叫小文过去，和颜悦色地说："第一次写这样的稿子，初稿基础还是不错的，我不直接修改，而是和你讲讲写作工作总结时有哪些要求，你听完之后，再去改一稿，你看怎么样？"

小文一听，心想，求之不得呀。他赶紧坐下，摊开本子，洗耳恭听。

山羊胡理了理思路说："我从三个方面来说吧，分别是内容上的要求，言之有物；结构上的要求，言之有序；效果上的要求，言之有方。"不用说，这又是一次"干货"满满的传授。

先从内容说起。山羊胡说："工作总结要写好，首先必须言之有物，实实在在，有比较充实的内容，不能干瘪空洞。但'有物'又不能是堆砌，记流水账，而是必须进行必要的概括和提炼，选取合适的角度来对工作成绩和经验进行梳理。善于选准角度，既是一种技巧，又是写好工作总结的重要因素。有以下几种角度可供选择。"

山羊胡一边说一边在纸上划拉，说一种就列举一种，没想到一连归纳了八种角度。分别是：

一是根据工作职能进行总结。这是一种最主要的总结角度，常用于年度工作报告，用于对工作进行全面总结。例如，办公室的主要职能是"办文办会办事"，在总结工作时归纳为"办文质量跃上新台阶；办会效果有了新提高；办事水平有了新改进"等部分，这就是从工作职能角度来总结工作的。

二是根据工作思路进行总结。如果工作思路与众不同或有创新，也可以围绕工作思路来总结。例如，总结五年规划制定工作，在回顾做规划的思考准备和理论依据时，可从这几个方面总结：一是适应经济新常态，认真转变发展观念；二是认清行业新趋势，进一步强化危机意识；三是抢抓改革新机遇，切实增强紧迫感；四是把握有利因素，坚定发展信心。这样就把工作背后的思路阐述得非常清楚。一般来说，从这种角度来总结工作，效果好坏主要取决于思路是否清晰、深刻、新颖。

三是根据工作特色进行总结。这种角度常用于专项工作的经验介绍，对执笔人要求比较高。执笔人不仅需要充分掌握材料，而且还要有一双善于发现的眼睛，能从大量的资料中发现闪光点。例如，对于总结思想政治工作，我们从原始素材中提炼出"工作扎实、细致耐心、方式灵活、领导带头"几个特点，由此归纳为"立足一个'实'字，增强思想政治工作的针对性；着眼一个'细'字，增强思想政治工作的感染力；突出一个'活'字，增强思想政治工作的吸引力；强调一个'带'字，增强思想政治工作的感召力"等部分，显得不落俗套，写出了新意。

四是根据采取的工作措施进行总结。这也是很常见的角度，主要用于对某方面的工作进行总结。例如，纪检部门抓"执行力建设"时采取了"统一思想、转变作风、加强督办、素质培训"四大措施，总结时就归纳为"统一思想抓落实；转变作风抓落实；督促检查抓落实；提高能力抓落实"四个部分。

五是根据开展工作的时间进行总结。这种角度一般用于对专项工作进行总结。如某个重大海外并购项目完成后，我们可从"长期跟踪，等候时机；前期沟通，加深了解；谈判磋商，签署合同；政府审批，成功交割"四个方面进行总结。从这个角度总结能完整描述整项工作的全貌，但缺点是重点不突出，特点不明显，写不好很容易变成流水账，难以给人留下深刻的印象。

六是根据"关键词"进行总结。中央精神和上级文件中往往会提出一些新的理念，出现一些热点词汇。合理利用这些热点词汇来总结工作，既可以体现时代气息，又可以提升文稿的高度。例如，在中央提出新发展理念后，我们在总结工作时，可以用创新、协调、绿色、开放、共享作为关键词，把相应的内容归并到这五个内容下，总结为"坚持创新发展，增强公司发展活力；坚持协调发展，提升发展整体效能；坚持绿色发展，推动企业发展可持续；坚持开放发展，培育国际竞争新优势；坚持共享发展，追求多方合作共赢"，内容全面，有新意，也符合中央要求。

七是根据参与主体来总结。当某方面工作或者某个重大项目完成后，公司一般都要召开会议，总结工作，表彰先进。这种场合的总结部分，往往围绕参与该工作的各主体来构思。例如，某重大工程项目总结表彰会议的总结部分可采用这种角度，"在整个项目建设中，党和国家高度关注……项目所在地的各级党委和政府，十分重视项目的推进……；建设单位将项目作为最重要的议事日程……；参与项目的全体建设者是真正的英雄……"，这是按参与主体总结的一个经典范例。

八是根据解决的问题来总结。在总结工作时，针对解决的问题来归纳，往往也会取得很好的效果。例如，从解决"脸难看、事难办、门难进"等问题出发，将工作总结为"进一步提高服务意识，尽量让老百姓少受一点气；进一步改进服务环境，尽量让老百姓少跑一点路；进一步优化服务手段，尽量让老百姓少花一点钱；进一步提升工作效率，尽量让老百姓少排一点队"四个方面。用这种角度来总结工作，针对性强，直接鲜明，能给人留下较深的印象。

山羊胡条分缕析地说完以上内容后，还总结了一下："这几种角度，在实战中往往不是独立使用的，常常是根据情况有机组合的。撰写总结时，我们应当认真收集材料，掌握总结对象的特点，尝试从多个角度出发，把思路向四面扩散，沿着不同的方向、不同的侧面思考问题，然后再进行比较分析，找出最佳的总结角度和方法。你这次是根据工作思路来写的，也可以从别的角度来写。"

小文不失时机地问："您说的这些真是太有用了，无论什么总结，都可从这八种角度出发写作。当找到合适的角度后，怎样才能做到言之有物呢？"

　　山羊胡回答小文的问题，说："要想内容充实，需要注意以下几点：要重视调查研究，熟悉情况，全面掌握，避免以偏概全。坚持实事求是的原则，是成绩就写成绩，是不足就写不足，不能文过饰非，也不要妄自菲薄。重点在于说经验，找规律，不能停留在对表面现象的认识上，而要总结归纳有规律性的结论。还要善于发掘亮点，总结经验，利于积累和推广。也要注意点面结合，定性与定量结合，用必要的数据和典型事例来说明情况。"

　　这些与小文之前的想法有些不谋而合，不过山羊胡说得更全面一些。小文说："听您这么一说，我觉得要注意避免几种情况：一是罗列工作，写成'流水账'，重点不'重'，亮点不'亮'，个别工作叙述太琐碎或表述不清晰。二是报喜不报忧，把总结当作表功的工具，背离了总结的本意。写成绩'浓妆艳抹'，谈问题遮遮掩掩，甚至略去不提。三是虚话套话太多，实质内容干瘪，甚至歪曲事实，生拉硬扯，变成明显的'走过场、穷应付'的形式主义。"

　　山羊胡笑着说："你的接受能力和学习能力很强，已经能够举一反三了。"小文赶紧说："哪里哪里，您只讲了言之有物，我还等着继续听呢。"

工作总结的第二个写作要求　言之有序

　　山羊胡接着往下讲："接下来要说的是结构上的要求，言之有序，就是要做到条理清晰，层次得当，结构有序，合理布局。小文你先说说，工作总结的结构是怎样的吧。"

　　小文学习过相关知识，加上也写过相关稿件，对此有一定的了解，便把自己知道的一股脑倒出来："我看了一些范文，了解到工作总结一般由标题、正文和尾部三部分组成。一是标题。工作总结的标题大体上有两类构成形式：一类是公文式标题；另一类是非公文式标题。公文式标题一般由单位名称、时间、事由、文种组成，如《××集团公司2022年度思想政治工作总结》等。

　　二是正文。工作总结的正文由前言、主体、尾部组成。前言就是正文的开头、引子，简明扼要地概述基本情况，交代背景，点明主旨或说明成绩，做必要的铺垫。主体是工作总结的核心部分，其内容包括做法和体会、成绩和问题、经验和教训、下一步的思路打算等。这一部分在全面回顾工作情况的基础上，还可以适当分析取得成绩的原因、条件、做法，以及存在问题的根源和教训，揭示工作中带有规律性的东西，提出今后的工作目标和计划。结尾概述全文，可以说明利用好的方法带来的效果，可以提出今后努力的方向或改进意见。三是尾部。包括署名和时间两项内容。"

山羊胡频频点头，高兴地说："我们这是教学相长啊。我再和你切磋一下，工作总结的内容一般应该包括工作业绩、亮点经验、困难和问题、工作部署四个部分。

工作业绩要简明扼要，将主要业绩指标和重要工作完成情况总结好。亮点经验的总结、分析要到位，特别是工作当中的具体做法、措施、成果、影响、启示。困难和问题要准确概括，特别是要找到问题的深层次原因，并且要区分主观和客观两个方面。工作部署要纵观全局，措施要具体到位，并且要注意可操作性，以便为今后工作的开展提供有效指导。"

小文听后觉得很受启发，也把自己的一些观点说出来："写的时候，我有一些体会。第一是引言要短，官话、套话、废话要少，尽早进入主题。第二是工作总结既要全还要精。工作业绩尽量写得精炼，亮点经验一定要认真写好，但不能写很多条。第三是困难和问题要抓准。困难和问题一定要找准找对，写深写透，但我觉得条数也不能太多，不能超过工作业绩的条数。第四是安排部署要实。针对困难和问题，对于下一步怎么办，要有具体的办法和措施、步骤。"

山羊胡满意地点点头说："做到你说的这些，就是很成功的工作总结了。我改了那么多稿子，也发现了一些常见的结构上的问题。有的头重脚轻，前面面面俱到，事无巨细，但后面对于下一步的目标、思路、打算、措施的内容却写得简单至极，草草完事；有的平铺直叙，按照工作条目分段来写，像账房先生；有的乏善可陈，只是总结成绩，没有对经验、措施、成果及影响的总结；也有的就事论事，没有发现工作中存在的问题，也没有认真分析原因，或者只是提问题，没有建设性的意见和建议。"

小文吐了吐舌头："今后，我一定得避免这些问题。我之前在自己学习的时候，认识到写作工作总结要有面向未来的态度，您这么一讲，我理解得更深刻了。"

山羊胡说："这就是我讲的第三个方面，工作总结在效果上要做到言之有方。"

工作总结的第三个写作要求　言之有方

山羊胡站起来，踱了踱步："我们说，工作总结要有启示性，要总结规律、揭示本质、指导未来，这样工作总结才有好的效果。具体来说，言之有方体现在七个'明确'上。

一是明确定位：写给谁看？要有目标导向和对象意识。不管是对内还是对外，面对的对象不同，工作总结的文风、素材、框架也很不同。这是因为不同对象感兴趣的内容不同：上级领导想知道你对未来工作的目标和具体的措施，主管部门想知道你们工作中可以借鉴推广的亮点，兄弟单位想听听你在工作中发现的问题和解决思路，专家想知道你在工作中的创新之处和具体成果，客户想知道你在工作出现问题时的解决办法和配合要求等。工作总结面对的对象可能不是单一的，但有侧重点。"

山羊胡强调说："要学会从对象的角度来思考问题，从对象的需求角度来提炼材料。很多人写工作总结习惯复制粘贴，但是面对不同的对象，你能随便复制粘贴吗？

二是明确层级：你处在哪层？如果分基层、中层、高层考虑，基层往往侧重搜集材料，中层往往侧重提炼思路，高层往往侧重提出愿景，这就决定了工作总结的基调和选材必须有差异。"

说到这里，小文很有体会："是的，基层写工作总结多是写具体工作，直白说就是没有功劳晒苦劳，都是差不多的工作，就是比一比谁的份量足。这样带来的问题就是工作总结越写越厚。基层要是把工作总结写薄，要么是工作业绩太出色，要么的确没什么业绩可写。"

山羊胡接着说："再往上到中层。中层写工作总结要求更高，仅仅会记流水账还不够，还得会归纳提炼。一般都要在上一阶段的基础上，提出自己未来的工作思路，这里面不能只是没有业绩凑亮点，而是要拼深度拼力度。而高层写工作总结更多强调战略规划，展示发展前景和空间，对高层而言，好的工作总结不在于字数多，而在于看得远。你这次写的工作总结，其实也是代表公司，站在公司领导这个层级来写，所以就不能太琐碎，要提炼，要登高望远。

三是明确目的：为何要写？在不同的场合和情形下，工作总结的目的是不同的。如果是年终盘点，更多需要总结一年的得失，为明年做好规划。如果是项目总结，可能需要预判风险，想一想万一风险来临，可以向哪里寻求应对之策。如果是阶段性总结，要分析完成目标需要哪些资源保障，如何更有效推进。"

山羊胡语重心长地说："如果工作总结只是流水账，那真的没有写的必要，毕竟你做的大部分重要的事情，领导都知道。如果领导都不知道，要么说明工作不重要，要么说明业绩不突出。好的工作总结不只是回顾过去，而是要说服对象，争取支持和需要的各种资源，毕竟，工作总结是你与对象沟通的一种重要武器。所以，最后要记得感谢领导与同事。总结不能只谈自己的丰功伟绩，还要感谢那些支持你取得这些成绩和帮助你成长的人们。

四是明确基调：何种写法？"山羊胡对小文说："你一定知道曾国藩改奏折的事，将屡战屡败改成屡败屡战，字序小改，意思大变。同样，问题众多还是挑战重重，一无所获还是积累经验，意思也大为不同。这不是玩文字游戏，这是态度问题。对于同样的成绩，不同的解读会带来不同的反馈。语言是有力量的，因为语言是态度的反应，不可小视。

五是明确框架：何种形式最佳？要避免写成流水账，需要有一个好的框架。即确定是以点带面还是面面俱到，一分为二还是抓大放小等。例如，总结降本增效，如果零零碎碎写了一堆，没有人认为你的工作做得好。可能，领导想看到的无非两点：要么开源，要么节流。如果开源不够，那就说说节约了多少成本。这其实就借助了成本管理思维。有很多商业分析框架和分析工具，都可以用得上。

六是明确数据的使用：定性还是定量？工作总结经常需要谈业绩指标。指标分定性指标和定量指标，引导性指标和约束性指标等。定性指标往往弹性很大。谁能够概括得更好，总结得更深刻，就更出彩。定量指标相对更客观，但和表述也有很大关系。例如，有三句话：全年任务基本完成……全年任务完成了92.1%；全年任务全面达成……三者就有细微的差别，有的是完成情况良好，有的是完成任务时出了问题，有的是一切尽在掌握中。如果有一组不错的业绩数据，用排比法会很'给力'。有时一些数据并不那么理想，但出于鼓舞士气等考虑，或者一些特殊的原因，就得考虑哪些不该说，或者即便要说，怎样才能把事说明白。很多时候，数据的分析与数据本身一样重要，怎么样对数据做出恰如其分的解读，而不是曲解，考验的是我们的认识能力和实事求是的态度。

七是明确风格：求新还是求稳？我对这个问题也没有确定的答案。工作总结要不要形式出彩，还值得进一步探讨。创新形式和形式主义只有一步之遥，这之间的转换又很有可能只是取决于工作业绩和得到的评价。至少要做到的是，不要为了形式而形式，好的形式一定是为内容服务的。切记好的工作总结是以成绩和事实说话的。没有真材实料，靠生花妙笔不是长久之策。"

看了一眼小文，山羊胡说："一个工作总结能做到言之有物、言之有序、言之有方，就算得上一篇合格的稿件了。我今天没给你改稿，讲的这些内容，想必加深了你的认识。你接下来改起来就更能有的放矢，知道怎样达到这些要求了。"

小文说："您讲的这些对我帮助太大了，我已经知道怎么改了。至少有这么几个方面，一是在角度上，这是一个向上级汇报的工作总结，而不是针对内部受众的，所以要有针对性，要把握对象的关注点，更多从公司工作与上级精神的结合点上来思考。二是在内容上，我讲了很多观点，但不太注意用合适的例子来加以说明，这样就略显'干巴'，不够鲜活，说服力也不强。而且定性的内容多，定量的内容不够，应该多用一些具体的数据来说明问题。三是问题和不足还不够精准，需要进一步提炼，既不夸大也不缩小，做到更加实事求是。四是下一步的工作打算要与前面的成效相衔接，也要与问题相对应，内容要具体可行，不能'粗线条'，要更加体现可操作性。"

山羊胡满意地说："你多练几次，就能驾驭更大更重要的题材，写出高水平的工作总结了。"

小文好奇地问："高水平的工作总结是什么样子的？"

山羊胡说："总结总结，先总后结，总是总揽情况，结是结晶思想。总结要写出水平，情况要清楚，思想要深刻，写作要创新。"

▌课堂阅读 赏析一篇佳作

小文听起来有些茫然。山羊胡哑然失笑："这说起来确实有点抽象，我正好看到《人民日报》上的一篇文章，可以说是一篇高水平的总结，你可以好好学习揣摩一下。"

山羊胡拿出一张《人民日报》，上面刊登着一篇《让新闻现场激荡历史回声》。他交代小文："你在这儿花点时间看完，然后告诉我，它好在哪里。"

小文细细读来。（文章略，读者可在网络上搜索阅读）

小文读完后迫不及待地说："确实是好文章。我觉得，它有几个方面的特点。第一，标题醒目，大标题有气势，小标题新颖、工整、明确。第二，逻辑清晰，层层递进，文章按时间逻辑推进，'抓现场'是讲先搜集素材，'讲故事'是说要表现好素材，'重传播'则是讲发挥好素材的作用，逻辑严谨，层次清晰，每个部分的内部也是条理分明，合理有序。第三，内容充实，一眼看去全是例子。第四，提炼精到，不但例子多，观点的提炼也到位，且金句不断。"

山羊胡笑着说："不错，看出点门道了。你要多看多学一些这样好的总结文章，揣摩它们的思路，借鉴它们的写法，把握它们的规律，这样会不断进步和提高，说不定哪一天，你也能写出这样优秀的文章。"

第五课

经验材料　干得好也要说得好

转眼间，又到了盛夏。单位每年年中都会召开一次领导干部会议，对过去半年的工作进行总结，对下半年的工作进行部署。而在这次会议上，选择一批工作有成效、有特色的单位在会上进行发言交流，也成了会议的一个"保留议程"。

在今年的领导干部会议上，领导安排了8家单位进行发言，并指定山羊胡负责对材料进行把关。

这一天，山羊胡把小文叫到了办公室："小文，此前让你发的通知，让各发言单位报送典型材料，目前材料基本报齐了，我看有些单位写得不错，也有些单位写得看不出重点，逻辑也不清楚，有空你看看，先初步修改一下，或者提出修改意见。"

▍课前预习　干得好与说得好

小文看了几天之后，拿着一叠修改得密密麻麻的材料来到山羊胡办公室，笑着说："这几家单位的材料还真是参差不齐呀。有的单位很小，就那么点事情，但是经验总结得异彩纷呈，看起来做了很多工作。有的单位很大，但是整篇材料都看不到几个数据，文字也十分沉闷。看来，这干得好还真不如说得好呀！"

山羊胡觉得小文的悟性很高，也笑着说："我觉得你刚才说的'干得好还真不如说得好'，只是说对了一半。这句话表明你已经认识到经验材料写作的重要性。但是我认为，'干得好还要说得好'，这首先是一个并列关系的句子，是指干得好和说得好都重要。若干得好，但说得不到位，那你的经

95

验就只能自产自销。对别人没有启发和借鉴，它的意义就会大打折扣；传统的一些观点，如低调、韬光养晦、少说多做、酒香不怕巷子深等，在这里并不适合，因为你不说，别人并不会知道你干了什么、干得怎么样。"

山羊胡话锋一转，说："另一方面，这句话也是递进的，即干得好是说得好的前提和条件。我们可以说自己的经验，但要以事实为依据，要论从事出。若事情干得不好，靠嘴上说得好，舌灿莲花，笔下写得好，妙笔生花，这样肯定是不长久的，自己也会心虚，也就是说，'干得好'不一定能'说得好'，但'说得好'一定需要以'干得好'为前提。"

他继续说道："从'干得好'到'说得好'有一个过程，并不是自然而然的，'干得好'是行动的过程，'说得好'是总结提炼反思的过程，从'干得好'到'说得好'是从自发到自觉的过程，是一个提升的过程，只有把干的过程捋得更明白了，其中的道理想得更清楚了，才能使工作不断迈上新的台阶，这也是从执行、思考、总结到更好地执行的一个闭环。"

小文听完山羊胡这一番论述，信服地点了点头："的确，光说得好还不够，还得干得好。'干得好'又'说得好'，才是真本事。经验材料和工作总结，感觉都是对成绩进行总结回顾，您认为这两者之间有什么区别吗？"

山羊胡说道："这两个文体确实容易混淆，但还是有区别的。经验材料要求突出典型性和经验性，主题要集中，开掘要深入，要充分发掘特色和亮点，给人以启发和教育。同时要坚持真实性的原则，要总结归纳经验，但不要人为拔高。适当运用数据和典型例子，以增强说服力。经验材料一般分为经验总结与经验调研两大类，区别主要在于写作时的人称、立场不同，经验总结使用第一人称，站在自己的立场说话，而经验调研使用第三人称，站在别人的立场说话。其他内容要素、写作方法与写作要求都是相同的。"

山羊胡接着说道："经验材料，顾名思义，就是向人介绍经验的，阐述自己值得一提的经验、做法，引起受众的关注和重视，得到别人的肯定和赞赏，而且这些经验具有启发性、普适性，能被推广、扩散甚至能够被复制。

各个单位每年都要召开若干会议，交流情况，交流经验，交流体会，促进工作，提高水平。对于领导来说，抓两头促中间、抓典型带一般，更是常用的一种领导方法，胸中有思路、手中有典型，往往被看作一个领导称职和成熟的标志。因此，在各种会议上，经验材料总是必不可少的，在实际工作中应用得也很多。"

小文说："既然经验材料这么常见，大家写得也很多，那应该有不少精品吧？"

山羊胡露出一丝苦笑，说："按道理是这样，但实际并非如此。经验材料不属于正式文件，也不是规范性公文，没有特别的规定，没有固定的格式，本来是公文中限制最少的文种之一，完全应该写得活泼吸引人。但在实际工作中，真正吸引人、感动人、启发人的经验材料可谓凤毛麟角，矫揉造作、空洞乏味的经验材料倒是很多，它们往往成为开无效会的'帮凶'。究其原因，很大程度上是写作经验材料的人犯了经验主义错误，凭'经验'、套格式，缺乏创新意识，往往把活材料写'死'了。要写'活'经验材料，没有现成的模式，没有标准的套路，只有在实践中去体会、去探索。"

小文说道："那如何写好经验材料呢？您方便的话给我传送点'真经'吧。"

山羊胡爽朗地笑道："也没有啥'真经'，都是我在这些年写作的过程中积累的一些'土办法'而已。你想听，我就和你讲讲。我用问题导向来串讲吧，要写好经验材料，我认为需要回答5个方面的问题。"

▋ 课堂讨论 第一个问题：好的经验从哪里来？

山羊胡说："好的经验从哪里来？经验材料，首先得有经验，得有值得说道的事情，否则就成了无源之水、无本之木，但这些经验从哪里来？答案是，从不同的角度去寻找经验、发现经验。"

"经验材料必然要有其先进性、典型性、代表性，可以供人学习，供人借鉴，催人奋进，使人以其为榜样努力追赶。所以，写作经验材料，首先必须抓住经验的可学之处、先进之处，挖掘它的典型意义。通常情况下，不具有代表性的典型不算典型，不具有典型意义的经验也不能算经验，没有交流价值。那么，什么样的经验才是典型的，才具有交流价值呢？我们可以从以下三个方面去衡量。"

"第一，思路要独特。思路决定出路，思路决定行动，思路决定效果。看一个地区、一个单位或者一个人的工作是否有特色、有创新，经验是否值得总结、值得推广，不能仅仅看好点子、好主意，更应看其是否有好的工作思路。思路独特主要体现在四个方面：一是创造性。思路要能创造性地贯彻上级的大政方针和主要精神，是上级意图的延伸和深化，充分体现大政方针的精神实质，但不是依葫芦画瓢，照本宣科，照搬照转，也不是简单图解和机械执行上级要求。好的思路应该是在全面贯彻中有独到见解，在认真执行中有探索创新。如果思路是上级要求的全面翻版，全盘复制，则毫无典型可言，更无经验可谈。当然，思路也不能背离上级要求，另搞一套，那样就成反面典型了。二是针对性。思路要能切实解决本地、本单位急需解决的问题，打开工作局面，改变被动或落后状况，开辟完成任务和实现奋斗目标的有效途径。不着边际、中听不中用的思路不可以作为典型。三是普遍性。思路不仅要有独到见解，有创新，有实用性，而且要有普遍意义，可以指导面上的工作，是做好同类工作、化解同类难题的好对策、好办法。否则，个别化的思路，再好也没有在面上交流推广的必要。四是前瞻性。思路要有超前意识，能够应对工作中可能出现的各种新情况、新问题、新变化，能够克服各种困难，战胜各种挑战，确保实现预期目标。有远见的思路才是真正的出路，才是含'经'量高的经验。"

小文点了点头："是噢，从前几次领导干部会上交流的情况看，往往工作思路越清晰、越有新意的发言，越能给人留下深刻印象。"

山羊胡接着小文的话说道："是啊。思路决定出路，一个领导能不能把工作领导好，思路是关键。我给你举个例子，这是公司领导在上级部门召开的会议上所做的经验交流发言，你看看，它就体现了与众不同的工作思路。"说着递过来一份材料。

• • •

加强有效监督，保障健康发展

在持续深化改革的过程中和复杂多变的内外部形势下，×××保持了平稳健康发展的良好态势，这一成绩的取得，得益于公司构建了一套独具特色、行之有效的监督管理体系，确保公司在快速发展和深化改革过程中，有效防范了廉政风险和重大经营风险。前些年，在推进全面风险管理体系建设的基础上，公司建立集纪检、监察、审计、监事会、风险管理于一体的"五位一体"大监督格局。近年来，随着中央全面从严治党与深化国有企业改革的推进，公司与时俱进，不断赋予原有的"五位一体"监督格局以新的内涵，通过持续深化改革，创新构建具有××××特色的"立体监督"体系。

一是更加突出纪检在监督体系中的"龙头"地位，确保"两个责任"落实。高度重视党建"两个责任"的落实，在监督中更加突出纪检"龙头"地位的作用。进一步配强各级纪检力量。加强对所属单位"两个责任"落实情况的监督检查，组织开展所属单位纪委书记述职，改进党风廉政建设责任制考核；严格实行"一案双查"制度，强化责任追究。进一步强化内部巡视监督职能，至今，已对××家所属单位开展了巡视，并将在三年内完成对所属单位巡视的全覆盖，针对部分三级单位的巡察工作也在着手推进，努力实现公司党内监督没有例外，不留空白。

二是更加重视法律合规和财务管理同步监督，不断完善监督手段和专业力量配备。在传统"五位一体"监督格局基础上，针对公司上下游一体化、国际化和市场化发展过程中，财务、法律风险敞口加大、经营风险增多的实际情况，公司进一步丰富和完善财务、法律等专业领域的监督手段，由领导班子向主要生产经营单位派出财务总监和总法律顾问，并将这一做法制度化。目前已向××家所属单位派出了财务总监，在××家所属单位设立了总法律顾问，成为领导班子加强对所属单位监督管理的得力助手。财务总监按照《权限手册》和《"三重一大"决策管理办法》规定认真履行职责，落实领导层对财务资金管理的相关要求，每年年末向总部报告本单位的财务管理情况；总法律顾问加强所在企业重大决策的法律审核，对重大事项出具法律意见书，每年向总部述职并接受业绩考评。

三是更加强化内控制度建设和风险管理，持续完善纵向到底、横向到边的制度体系。公司常设风险管理办公室，负责内控制度体系建设及风险管理的组织协调工作。截至年底，公司总部层面在运行的内控体系文件共计×个，其中制度级文件×个，管理办法级文件×个，实施细则级文件×个。公司在内部审计方面，形成了一套完善的制度和管理体系，包含×项审计制度、×项审计标准和×部审计指南，并将审计质量管理要求规范固化到审计信息化平台，积极推进国有资产审计全覆盖。持续加强对权力集中、资金密集、资源富集、资产聚集的采办管理、财务资产、规划计划、人力资源管理等重点部门、重点岗位和重点决策环节的监督。例如，在投资管理方面，实施"先论证，后决策"，坚持"科学民主决策""按程序办事"和"责任人制度"等基本原则，从源头上降低风险；先后颁布了《××××管理办法》《××××采办管理办法》等制度，规范海外业务发展，确保对海外项目监督无盲区。

四是更加注重构建有效的监督功能互补和工作协同机制，提升监督合力。为加强各监督力量之间的协同配合，推进资源整合、职能互补、信息共享、工作协同，公司先后下发了《××××协作管理办法》及配套的信息共享细则、协调配合细则等制度规定。建立××部门参加的协调工作机制，明确了××项主要任务和工作方式，加强组织协调，增强监督合力。在接受巡视、审计、监事会和专项检查等外部监督时，公司高度重视意见反馈，运用好外部监督成果，认真整改落实，借助"第三只眼"提升公司监督实效。

●　●　●

小文看完感慨地说："确实，这样的经验既体现了特色工作思路，也值得推广和借鉴。"

山羊胡接着说："第二，做法要先进。具体做法是经验材料的主体，是最吸引人的地方，是重头戏，此处不精彩，文章就难出彩，经验就难以让人喝彩。考察做法的先进性应着重看三个方面：一是富有时代性。尤其是在总结一些'老典型'时，不少材料往往把过去的一些做法冠上新名词，穿上新外衣，重新包装推出，给人一种新瓶装旧酒的感觉。典型的先进性，在于它的做法具有很强的时代特征，是为适应新形势、贯彻新要求、实现新目标而采取的新举措、新动作、新方法。二是富有原创性。即该做法不是模仿秀，不是拾人牙慧，不是跟在别人后面亦步亦趋，而是在上级精神的指导下，从实际出发，敢于探索、敢于创新的举措和动作。即使有学习运用别人的地方，也决非生搬硬套，是借他山之石而攻玉，要有超越、有创新、有特色。三是富有实践性。经验的可贵之处在于其做法可行，能够学习借鉴，付诸实施，具有很强的可操作性，是那种人人能做、会做而没有想到去做的。纸上谈兵的东西，以及属于规划、设想、打算类的东西，不能作为经验交流。一句话，凡是没有付诸实施、取得实效的做法，再精彩也不是经验。"

小文接着说道："是呀，必须得有自己的'独门绝招'，要是大伙儿的措施都差不多，那干吗让你上来讲啊。"

山羊胡点了点头："第三，就是效果要显著。思路是否可行，做法是否先进，关键看效果。没有效果，牛皮吹破天了也没有用；没有突出的效果，就不能作为经验介绍。试想，如果一个单位领导天天讲他很有思路，有很多工作措施，但是这个单位每年都亏损，或者发展打不开局面，队伍思想不稳定，则说明思路和措施还是不行，所以，说一千道一万，要拿出实实在在的成绩来。那什么效果是突出的效果呢？我认为，首先，要看实绩是否领先。在本地区、同行业或一个更大的范围内比较，执牛耳、居前茅、创一流、摘桂冠，这样的经验才值得认真总结，大力推广。其次，要看面貌是否改善。如与往年相比，进步较快，与历史最好时期相比，水平较高。变化实实在在，面貌焕然一新，成效有目共睹，这样的典型才经得起时间的考验，这样的经验才是不含水分的经验。最后，要看群众是否认可。所谓金杯银杯不如群众的口碑。群众满意不满意、群众认可不认可，是检验典型是否立得住、经验是否有推广价值的唯一标准。搞形式主义，搞形象工程、政绩工程，劳民伤财的所谓经验，注定会没有群众基础，也是根本行不通的。因此，在写经验材料之前，应该深入群众中去开展调查，多听各方面的不同反映，看清'经验'的本质，从而做出正确的判断。"

第二个问题：如何把经验梳理好、总结好

提出这个问题后，山羊胡说道："善于总结经验是人类战胜其他动物，成为'万物灵长'的本质能力之一。只有人类才会通过总结反省自身，不断进步，而不是像其他动物一样，记吃不记打。可以说，一个人是否善于总结经验，与一个人取得成就的大小密切相关。个人如此，一个单位组织、一个系统也是这样，养成'吾日三省吾身'的习惯，经常总结一下，看看自己的进步和不足，对于促进工作很有好处。"

小文说："是啊，但有了经验以后，怎样梳理和总结呢？"

山羊胡接着回答道："根据我个人的经验，主要有两种角度。第一种是从启发的角度去梳理和总结经验。第二种是从体会的角度去咀嚼和提炼经验。"

"先说第一种，从启发的角度去梳理和总结经验。人们学经验、看现场、听介绍，是为了获取真经，从中受到点化，受到启迪，学到好思路，学到好方法，以便更好地做好本职工作，争取获得更好的成绩。因此，介绍经验时应从受众的角度多加考虑，使之有耳目一新、恍然大悟、豁然开朗的感觉。具体来说，要注意抓住以下几个方面。"

山羊胡接着说："第一个方面，在'为什么'上启迪思路。参观、考察、听介绍时，人们对先进经验有兴趣，自然就会追问当初是怎么想到这样做的？因而，写经验材料应该清楚地回答这么做的背景和原因。要回答好这个问题，可从两个方面着手：一是详细介绍当时面对的新情况、新问题、新矛盾。同时，这些情况、问题和矛盾必须是在现阶段有普遍意义的，是共性的，是经常发生的，这样才能引起别人的兴趣。二是讲清楚这么做是出于什么考虑。即面对带有共性的新情况、新问题、新矛盾，说一说自己是如何透过现象看本质，拨开迷雾见红日，抓住主要矛盾和矛盾的主要方面，从而作出正确判断和决策的。正确进行分析、判断、决策，是领导能力和领导水平高低的标志，经验材料把这个问题解答好了，自然就能引起听众的共鸣。"

小文插了一句："就是把做这件事情的背景和这样做的必要性交代清楚了。"

山羊胡说道："没错。必须把背景交代清楚，这样受众才能更加理解。第二个方面，是在'怎么做'上提供借鉴。经验材料介绍做法，不能像记流水账一样，把所有的做法一个不漏地全盘托出，也不能把一些常规做法等当作经验介绍，而是要突出重点，体现特色，写出新意。很多经验材料在介绍做法时不外乎这么几条：一是领导重视，二是统一认识，三是建立班子，四是明确责任，五是狠抓落实，六是协调配合等，没有新意和独特性。好的经验材料一般不写这些俗套，应该集中笔墨介绍直接解决矛盾和问题的主要做法、重点措施和保障机制，主要做法就是解决问题的步骤和方法，重点措施就是突出抓住哪些方面，保障机制就是如何确保这些措施落到实处，确保问题得到解决，确保各项工作有序展开并取得预期效果。经验材料要多写细节，多写有特色的做法。只有把这些情况总结到位，介绍详细，才能对别人有所触动，有所借鉴。"

小文听完，不好意思地说："我目前一写材料，便不由自主地写起领导重视、统一认识等内容，已经成思维定式了。这次提交上来的经验材料里面，也有一些单位一上来就是按上面几点来写的。"

山羊胡笑着说："是啊。一上来就写领导重视，这不是废话吗？"

山羊胡随后举了一个例子："我曾经看到一个单位写推进管理提升工作的稿子，作者把稿子分成了三个部分：一是抓科技创新，变压力为动力，把面临的技术封锁和公司如何通过技术创新进行突破交代得比较清楚。二是抓质量管理，变坏事为好事，讲了这个单位如何利用消费者投诉的契机，进一步优化管理，提高产品质量。三是抓降本增效，变成本为利润，把这个公司如何管控成本、提升效益的做法进行了介绍。我提了一些修改意见，让作者抓住这几个点，进一步深挖，把做法和过程讲得更充分一点。材料经过修改报上去后，因为总结提炼比较到位，得到了领导的充分肯定。"

山羊胡接着说道："第三个方面，是在'效果如何'上激发兴趣。经验材料介绍效果时，往往只偏重增长幅度，习惯于纵向比较。我们要注意的是，在科技日新月异、社会快速发展的形势下，纵向发展的'奇迹'越来越多，甚至司空见惯，但考虑到基数和机遇条件的不同，高幅度、大跨度的发展并不一定有值得学习的地方。要挖掘经验的价值，除了纵向比较，还要进行横向排序和走向预计。横向排序，就是在更大范围内比较，如在全国范围内比较，在行业范围内比较。走向预计，就是对下一步的发展目标、发展速度、发展质量、发展水平作出令人信服的预测，让人们进一步看到后发潜力，看到长远优势，看到经验的真正威力。"

小文把这个问题弄明白了，接着问道："如何从体会的角度咀嚼和提炼经验呢？"

山羊胡说："一项工作、一种思路、一套措施、一份收获，艰难的探索、辛勤的努力、精彩的过程、骄人的业绩，这一切让亲历者回顾起来，必然会有几多感慨、几多回味，而亲历者的这些真切体会对于虔诚的学习者来说，本身就是一种精神财富，是'经验的经验'。从体会的角度提炼经验，应着力抓住三个方面。"

山羊胡说："第一是揭示经验的真谛。一份经验材料仅仅介绍思路、做法和效果是远远不够的，还必须画龙点睛，介绍经验的内涵，揭示经验的实质，让学习者抓住要领，抓住本质。有了这样的高度概括，人们就能比较准确地把握经验背后的精神实质，进一步明确'学什么'和'怎样学'。我们上报过一份以对外合作走出发展新路径的信息，其实它也是一篇经验材料，其中提出了'榕树效应'，即以重大项目为龙头，以规模化的基地为支撑，带动产业集群快速有效发展的效应，总结了三条重要经验：建设运营好精品项目，是'榕树效应'落地生根的重要基础；与世界领先的大型跨国企业强强联合，是放大'榕树效应'的重要途径；坚持互利共赢的合作文化，是

'榕树效应'的重要内涵。这样内容就比较充实，也很有内涵。"

小文说："是啊，我们自己写过的东西，您不点拨，我还真想不到这一点。"

山羊胡继续说："第二是道出经验的根源。一个地区、一个单位、一个人的成功，取决于多方面的因素。经验材料应该把取得成功的主要原因和奥秘介绍清楚，让经验更加真实可信，让学习者更加有'经'可学。例如，在一份关于某个大型项目为什么会取得成功的材料中，作者总结了几个方面的原因：一是在对外合作中实现了主导地位的转变；二是通过有效谈判为中方争取最大利益；三是进一步实现了双方合作共赢。这样就做到了知其表而且知其里，知其然而且知其所以然。"

"第三是指明经验的意义。先进典型的经验是否值得推广，归根结底要看它对当前工作和今后发展的作用如何。一是看它的现实意义，看它对推动某项工作或解决某个方面的共性问题有没有借鉴作用。我看过一篇介绍村庄整治的经验材料，其中引用了两句群众语言来说明村庄整治工作的重要性：'小康不小康，首先看村庄''乡村兴不兴，关键看环境'，把村庄整治与实现小康、乡村振兴挂钩，形象生动，给人留下深刻印象。二是看它的长远影响，看它对今后的发展有没有持久的促进作用和积极意义。有的经验对推动局部工作、解决局部矛盾可能是有效的，但推而广之，就可能适得其反；也有的经验对推动当前工作、解决当前问题可能是有益的，但对长远发展、社会长治久安可能会产生一些负面作用和消极影响。例如，企业改制之初一味卖光、破产逃债的'经验'，城市发展中强行征地、强制拆迁的'经验'，现在看来都值得反思和检讨。"

山羊胡若有所思地说："所以，我们要擦亮眼睛，对各种'经验'要认真分析，区别对待，必要时可请教有关专家，或者邀请有关方面人士共同研讨，以便弄清经验的真正价值，确定介绍的重点和介绍的角度，避免片面、静止、孤立地看问题，给今后工作造成被动。经验材料只有把经验的现实意义和长远影响全面揭示出来，才能让学习者放心学习，大胆借鉴，吸收创新，真正形成"一花引来百花香"的效应，推动工作全面发展。"

第三个问题：写好经验材料要做哪些工作

小文接着问："好的经验材料是怎样写出来的？"

山羊胡回答说："我正要讲写好经验材料要做哪些工作。一份好的经验材料，不是随随便便就能写好的，需要我们下足功夫。至少要做以下几项工作。第一，要广泛查阅，充分占有材料。我们要查阅本单位在该项工作方面的各类文件、计划总结、会议简报、新闻报道、会议报告、领导讲话、档案资料等，认真消化吸收。查阅不是简单翻阅和浏览，需要我们沉下心来读，将几个年度的资料合并起来读，做到心中有数、前后衔接、融会贯通。

第二，要潜心思考，进行理论提炼。经验是客观存在的，也是无形存在的。我们在工作过程中或多或少会积累一些经验，但如果不善于思考和总结，经验就得不到固化，得不到分享。所以，我们在充分占有和了解本单位以往某项业务的工作情况、有效举措、工作成效的基础上，要善于归纳、提炼，从中找到值得学习和推广借鉴的方面，找出问题背后的深层原因，发现事物和工作的客观规律，归纳出做得好的工作思路、工作方法、工作技巧，将实践升华到理论层面，为同仁更好地开展工作提供便利，输出成果。如果我们是相关工作的亲身经历者或实际参与者，在总结的过程中就更有优势，更能挖掘有价值的、适于指导实践的东西，能帮助他人找到方法、深化认识、提升境界、走出困境。"

小文听得入神，山羊胡继续说，"第三，要开阔眼界，积极学习借鉴。起草经验材料的过程，既是一个聚焦、回顾和总结的过程，又是一个发散、学习和借鉴别人做法的过程。从这个意义上来说，经验材料的写作，不能是闭门造车。尽管是写本单位的经验，我们也不要局限于本单位这个小圈子，不要禁锢在自己长时间的思想观点和思维模式里，应当开眼看世界，广泛了解同行是如何开展这项工作的，发散性地涉猎其他单位的宝贵经验，进行横向对比和对标。这种了解和涉猎不是搞拿来主义，不是照搬照抄，而是在了解他人的同时观照自我，在对照学习的同时静心反思。在这种发散学习他人经验材料的过程中，你可能会发现，有些工作本单位也做了，有些措施自己也推行了，有些方式、方法自己也运用了，有些制度流程和标准也固化了，然而，自己却没有发现其中的亮点、没有抓取到过程的精彩、没有捕捉到自身的特色，没有认真加以总结、萃取成可资借鉴的经验。在这种情况下，借鉴别人对这项工作的经验提炼，能够有效地扩展思路，经过与本单位实际充分结合，进一步深化形成具有自身特色的经验，这也不失为一种好办法。"

小文听到这儿，说："这个方法对我这样的'菜鸟'太管用了，我得好好用起来。"

山羊胡笑了，继而说："这个方法可以用，但不能依赖，它可以弥补暂时的经验总结能力不足，但从长远来看，我们还是需要提高这方面的意识，不断增强总结提炼能力。"

他一边说着，一边从书柜里找出一份报纸，翻到其中的理论版，指着占了满满一版的文章说："这是公司成立30年时总结的，总结了30年来取得重要成就的经验。"

小文一听，赶紧拿过来看，找到了经验总结的段落。

30年跨越发展取得的宝贵经验

必须始终坚持与党中央保持高度一致，确保正确的发展方向。国有企业是中国特色社会主义的重要物质基础和政治基础，是党执政兴国的重要支柱和依靠力量。公司的发展实践证明，国有企业只有将党的理论和路线方针政策融入企业改革和发展的战略与规划，才能确保改革和发展的正确方向，更好地履行职责，实现持续健康发展。

必须始终把发展作为第一要务，一心一意谋发展。30年来，公司始终抓住发展这个第一要务不动摇，把加快主业发展放在首要位置，咬定各个时期的发展目标，不断调整产业结构，优化产业布局，注重发展质量和效益，努力提升公司综合实力和核心竞争力。实践证明，国有企业只有始终抓住发展不动摇，更加注重质量效益，坚持高质量发展，才能不断发展壮大。

必须始终坚持解放思想、实事求是、与时俱进，积极探索并遵循发展规律。30年来，我们始终立足国情、结合实际，着眼国际一流，探索出了"市场化运作、专业化发展、差异化竞争、集团化管理"的发展路径，初步形成了既符合国际惯例又与中国国情和企业实际相结合的发展模式。实践证明，在改革开放和发展社会主义市场经济的条件下，国有企业只有始终坚持解放思想、实事求是、与时俱进，将公有制特色与市场经济要求相结合、将国际先进企业管理理念与中国国情和企业实际相结合、将现代企业制度要求与国有企业政治优势相结合，才能打造特有的竞争优势。

必须始终坚持深化改革、推进创新，不断增强发展的动力。30年来，公司始终把改革创新作为不断超越自我、获得竞争优势的重要途径，大胆改革制约发展的体制机制，不断推进体制机制、技术、管理创新，使改革成为一种常态，使创新成为一种文化。

实践证明，国有企业只有始终坚持改革创新，才能适应环境变化，不断增强发展的动力、永葆发展的活力。

必须始终坚持安全发展和稳健经营，努力实现可持续发展。随着公司发展壮大，公司除了面临自然灾害和地质条件、作业环境等安全环保风险，还面临经营风险、廉政风险和管理风险。30年来，我们始终注意将风险识别、防控和管理作为一项重要工作来抓，把安全环保工作放在突出位置，持续强化稳健经营，实现了在不断变化的环境中稳步前进。实践证明，国有企业只有始终坚持安全发展和稳健经营，时刻保持对风险的高度警觉，才能实现可持续发展。

必须始终坚持以人为本的理念，营造和谐稳定的发展环境。30年来，公司经历了一系列改革，每次改革都能平稳有序地推进。这其中的一个重要原因是始终坚持以人为本的理念，把员工当作企业发展的宝贵资源和改革主体，立足于通过改革使全体员工包括离退休员工受益。实践证明，国有企业只有始终坚持以人为本，切实把实现群众愿望、维护群众利益作为改革的出发点和落脚点，充分尊重员工的首创精神和主人翁地位，才能实现企业的和谐发展。

小文看到这里，叹服不已："六个'必须'，六个'30年来'，六个'实践证明'，精彩、到位。要写出这样的文章，就像您说的，占有资料不可谓不充分，思考不可谓不深入，视野不可谓不广阔。我什么时候才能达到这样的水平呢？"

山羊胡笑了："事在人为嘛，只要努力，这有什么难的呢。我接着讲下一个问题吧。"

第四个问题：经验材料与工作总结、工作通讯、调查报告的异同

接下来的问题是，经验材料与工作总结、工作通讯、调查报告有什么异同？

山羊胡说："经验材料其实是一种涉及众多文体的交叉文体。它与工作总结、工作通讯、调查报告的共同点在于，都要求以事实为根据，不能像文学作品那样虚构，不能用自己的主观想象替代客观事实。"

"不同点是什么？"小文问。

山羊胡回答说："我认为，主要有三点：第一是叙述方式不同。经验材料一般以正面叙述为主，写好的、积极的事情，而且主要是写做法。调查报告不一样，它可以全面反映对象的过程和面貌，还可以专题揭露某一事件的真相，好的、坏的都可以写。工作总结也写成绩和取得成绩的经验体会，但不像经验材料那样深入解剖分析，工作总结往往也写存在的问题、原因、教训和整改措施、努力方向等。工作通讯，不管是人物通讯还是事件通讯，往往以事迹、精神、成效等为主，很少涉及做法。也就是说，经验材料只写正面的、积极的，工作总结、调查报告、工作通讯则正面的、反面的、积极的、消极的都可以写。"

"第二是人称关系不同。调查报告、工作通讯一般用第三人称，夹叙夹议不受局限；工作总结一般用第一人称，但是'大第一人称'，就是用代表某个群体的口气来写的，如'我单位''我公司''我们支部'等，经验材料不论是个人工作经验、学习经验、生活经验，还是团体的综合性经验或单项经验，一般以摆成绩、谈做法、道经验为主，议论多以'我们体会到''我们认识到''实践证明'等词语加以限制，议论的分寸要严格把握、相当慎重。如果不知深浅，高谈阔论，会给人留下'自吹自擂''不谦虚'等不好的印象，会大大降低经验材料的影响力。"

山羊胡接着说："第三是材料选取不同。工作总结一般是为了充分肯定成绩，在肯定成绩的基础上找出经验和不足，明确努力方向，调动上上下

下、方方面面的积极性，所以要求选材全面，覆盖面要广，所辖各部分、各条战线都要兼顾到，该肯定的要肯定，该点到的要点到，不能顾此失彼，挂一漏万。文字表述要求高度概括，但不要求有深度，强调点到为止。你想想，要是把某个单位、某个部门、某个方面的成绩没有点到、工作没有讲到，人家就会产生想法：'是不是领导对我们有看法，为什么在工作总结中没有提到我们？''领导是不是对我们的工作不重视？'等，有时还可能造成领导与领导之间、上下级之间不必要的误会甚至思想隔阂。因为哪一部分的工作都有主管领导，你对他分管的工作一字不提，不是让人家难堪吗？"

小文以前还真没想到这些。

山羊胡继续说："调查报告一般是供领导做决策的依据，要求对某一单位、某一事件的概貌做全面准确的反映，最忌讳以偏概全。正面的反映、反面的意见、不偏不倚的中间派意见，各方面的说法和意见，各种议论和认识，都要不带个人感情色彩的一一写道，供领导决策参考。经验材料有所不同，它是为了推动某一方面的工作，起典型引路、典型示范作用的，不能面面俱到，如果什么都写进去，结果就成了工作总结。"

"所以，写经验材料在选材上特别强调抓典型事例，抓扣题最紧、针对性最强、最扣人心弦的那些'特写镜头'。我再强调一下，什么是经验？就是同样一项工作，大家都在做，可你这个单位的招数比别的单位高、收到的效果比别的单位好。这一高一好就是经验。我们写经验材料，就是千方百计把这'比别人高的招数''比别人好的效果'挖出来、写出来。"

山羊胡说完，拿出两份材料，说："这两篇稿件是关于同一个题材的，分别是工作总结和经验材料，有什么不一样，你看看就知道了。"

小文接过来看，一篇是工作总结，一篇是经验材料，放在一起比较，确实分辨得更清楚了，具体内容可扫二维码查看。

×××× 促进海洋经济发展的主要工作

发挥自身独特优势促进海洋经济发展

第五个问题：经验材料要避免什么情况？

这个问题正好是小文想知道的。面对交上来的质量参差不齐的经验材料，他想知道它们的问题在哪儿，只有知道了"病症"，才能开出对的"药方"。

山羊胡说："根据我的经验，一般人容易犯的毛病有以下几种：一是结构混乱，逻辑不清。二是贪大求全，特点不明。俗话说，动人春色不需多。可有些经验材料就是面面俱到，主次不分，没有个性。三是老生常谈，观点陈旧。很多经验材料的通病就是'老'，老题目，老观念，老气横秋，毫无新意。常用领导重视、措施得力、协同合作等陈词滥调，总是离不开突出几个性、搞好几个结合、处理好几个关系等，好像除了这些就没有新词了。四是空泛讨论，内容不实。现在有些人有一个思维误区，认为写经验材料要立意高、气势足，于是在表面上使劲，造成空洞议论多、空泛说教多、实在内容少，结果只能是应景文章、表面文章，对实际工作起不到指导作用。所以，千万不要写那种'说的都没错，但都没有用'的经验材料，一定要实在，用事实说话。"

"最后，还有一种现象，连篇累牍，长而无当。一些文章以长为荣，讲求四平八稳，凡事都要从'猴子变人'说起，洋洋洒洒一大篇，东拉西扯凑字数。我有时在想，这可能是计算机惹的祸，因为打印方便、复制方便、排列组合也方便，一写就长了。实际上还是思想在作梗，以为长就代表水平，还生怕短了别人不理解，其实就是低估了受众的理解能力。过去有说'有话则长，无话则短'，我觉得这话有问题，应该改为'有话则短，无话则免'。"

转眼间，将近两个小时过去了，山羊胡看了看表，笑着说："好了。我今天关于写作经验材料的'土办法'就介绍到这儿了。下回我们再聊吧。你回去后按我说的把那些经验材料改一改。"小文看着笔记本上密密麻麻的记录，心满意足地离开了山羊胡的办公室。

回到自己的座位上，小文花了整整一下午的时间，修改了一篇。

抓好"三个关键"，实现"五大促进"

（××公司管理提升工作经验材料）

转入管理提升第二阶段以来，××公司按照总公司统一部署，牢牢抓住三个关键，深化活动内涵，实现公司集约发展的五大促进，取得较好成效。

一、抓好关键环节，助推活动开展

1. 检查督导是紧密推进活动的关键

公司强化对活动的组织、推进、指导和检查。公司每周例会、月度例会和季度经济运行会均通报管理提升工作进展情况并提出要求，使公司上下对此活动始终保持高度热情。三次组织督导组分赴海南、内蒙古、湖北、黑龙江等生产基地现场督导，推动问题的解决。

2. 对标交流是提升活动质量的关键

公司开展了与同行先进企业、下属单位与同类企业、部门（车间）之间以及班组之间等多层次对标，内容涵盖人力资源、设备管理、生产、安全、采办、项目建设、技术改造等领域，查找差距，优化管理。召开了公司内部经验交流会，牵头组织与油气利用公司、新能源公司的经验交流，拓宽思路，相互借鉴。

3. 滚动验收是加速成果转化的关键

公司按照"整改一批、验收一批、关闭一批、应用一批"的原则，明确了公司机关××项重点问题及各基地××项问题的整改时间节点。目前已验收了两批，关闭应用××项，完成率达××。

二、立足管理实效，促进内涵发展

1. 通过精细化管理促进生产长周期

公司全面推行装备管理"三定一巡"（定检、定评、定额、巡检）、事故隐患报告奖励制度等现场精细化管理举措，有力保障了生产装置的"安稳长优"运行。××公司合成×装置连续生产××天，创历史最好成绩；××××一期装置连续运行××天，打破了保持7年之久的××天生产长周期纪录；××××两套甲醇生产装置创造了3个××天长周期运行纪录。这些为公司完成生产任务、实现降本增效奠定了坚实基础。

2. 通过制度管理创新促进安全可控

公司按照《作业风险管控标准》，要求生产单位利用工作危害性分析（JHA）对风险作业进行辨识、分析和评价，确定风险等级、制定相应对策。强化关键性操作管理，实现了"确认后再动作"和"过程监控"，要求识别不遗漏、程序不出错、操作不慌乱、监督不缺失，杜绝误操作。加强矿山承包商管理，严把录用准入关，注重培训效果，强化责任意识，实行奖惩并举，强调过程管理。多措并举确保安全可控。

3. 通过加强采办和成本定额管理促进降本增效

公司修定采办管理体系，精简管理规定3项，修改相关条款60多项；集中采办职能，推进大宗材料集中采办，进一步规范了采办流程、降低了采办成本；完善供应商分级管理，其中物资类供应商入库××家，工程服务类供应商入库××家。本年度各生产基地集中采办占总采办金额的××。

公司建立完善《成本定额管理体系》，以生产消耗和成本定额为基础，从降低机物料消耗、优化运行参数、控制降低大修及维修费用、实施技术改造等方面着手进行成本控制，效果显著。今年1—6月实现降本增效××万元。

4. 通过创新人力资源管理促进队伍建设

公司建立完善管理及技术人才素质模型、技能人员岗位培训模式、核心人才激励机制、三支队伍评价体系。编制完成了《技能人才成长规律手册》，完善了《三支队伍建设实施方案》，确保人才成长、晋升通道科学合理；通过实施激励机制，有265人次受到各类奖励。建立培训中心，设工艺、仪表、机械、电工、分析、安全、多媒体等七个实训室，为打造一支高素质、复合型员工队伍创造了条件。

5. 通过效能评估促进机关履职能力建设

公司重点分析各部门职责、定岗定编合理性及每位员工的履职情况，找出制约工作效率的因素，针对工作方式有待改进、工作要求不严、标准不高、不敢给年轻人压担子等共性问题提出改进要求；针对个别部门工作重点把握不准、职能履行效果不佳等问题指明改进目标，为提高机关部门工作效率起到了积极的促进作用。

_____ • • •

趁山羊胡在，小文把原稿和改后的稿子拿过去给他看。"功夫没白费。"山羊胡看完说，"改后比原来好多了，再打磨一下，这篇就可以上会了。对了，记得让这个单位把数据再核对一下。其他的几篇，你就别自己改了，提出修改意见，让原作者去改吧。"

第六课

工作报告　不经此坎，难成大器

　　时间过得很快，倏忽就到了年底。工作量骤然增加了很多，节奏也更快了。除了常规的各项工作外，山羊胡最近更显得心事重重，没事的时候就一个人望着远处凝神静思，或者在纸上写写画画，知道的人一看就明白，山羊胡又在构思大文章了。

　　每到年底，大文章是少不了的，而最大的莫过于工作报告。近年来，单位的工作报告都是由山羊胡主持起草的，虽然是荣誉，但更是压力。所以每到临近年底前的一两个月，山羊胡就开始构思、搜集资料、调研，为起草工作报告做准备。

　　这天，小文到山羊胡的办公室交一篇稿子，顺便聊了聊最近的工作感受。说着说着，山羊胡就说到了工作报告上来："小文呀，你来这儿将近一年了，进步相当大，写的东西也能拿得出手了。很快就要起草工作报告了，我把你也拉入起草小组，一块来写工作报告，你看怎么样？"

　　小文有点迟疑，认为工作报告很重要，怕自己写不好。

　　山羊胡看穿了小文的心思，慢悠悠地说："做文字工作的人，到一定的时候总会接触到工作报告的撰写，但肯定不是一开始就能承担的，需要有一定的基础和能力，才能扛起这种'大活'。能够参与工作报告的起草，往往是对一个人能力的认可。"

　　山羊胡继续说："当然，你不是一开始就承担主要任务，从参与部分写作、打下手开始，然后逐渐承担主要任务，最后才可以统稿和主持起草工作报告。等到了主持起草工作报告这一步，你基本就成了一个成熟的'笔杆子'了，能力和水平会得到很大的提升。所以，起草工作报告对我们有很大的锻炼价值，别的稿子写得再多，没有经过这一'坎'，也还是有所欠缺的，所以说，不经此坎，难成大器。"

小文的工作报告起草工作，就在这样忐忑而期待的心情中开始了。

课前预习　工作报告的特点与写作难点

山羊胡交代的第一件事，是让小文把前几年的工作报告好好读一遍，找找感觉。其实，这些工作报告小文以前都读过。既然山羊胡说了，小文又花了时间逐一读完。

过了两天，山羊胡把小文叫去，问他读完后有什么感受，小文挠挠头说不上来，其实心里想，工作报告读起来实在平平无奇，不像经验材料那么引人入胜，不像领导讲话那么特点鲜明，但这话又不好说出口。

山羊胡也很理解地笑笑说："你只是读过，没有直接起草过，所以感受没那么深。其实工作报告在我们生活中很常见，大到党中央的全国代表大会报告、国务院的政府工作报告，小到一家基层单位所作的工作报告等，都是代表整个机关或一级组织回顾总结工作、分析研究形势、部署工作任务时使用的一种文体，它最大的特点是其综合性。可以说，工作报告是领导讲话、工作总结、经验材料、工作方案等公文形式的综合体，其他几类文种的要求，全部集中体现在对工作报告的要求中。例如，如果把工作报告中回顾工作的部分单独拿出来，实际上就是一篇工作总结；把总结经验的部分拿出来，实际上就是一篇经验材料；把布置工作的部分拿出来，实际上就是一篇工作方案。因此，只要能写好工作报告，写好其他几类公文便是水到渠成的事情了。"

小文听后恍然大悟。接着听山羊胡说："工作报告一般是集体作品，不是个人意见，所以从内容到程序上，都体现了集体性，是大家观点的集纳和提炼，是集体智慧的结晶。工作报告一般都要经过领导集体讨论后才使用，有的报告还需要提请会议代表进行审议批准。与这个相应的就是工作报告的另一个特点：庄重性。它的语言风格以平实准确为要，不像讲话那样可以有强烈的个人色彩。工作报告提出的新理念和新思路，要仔细推敲琢磨，要站得住脚，经得起各方的追问和实践的检验。"

小文点点头："综合性、集体性、庄重性，抓住这三个特点，写起来应该不难吧。"

山羊胡哈哈一笑说："我从事了这么多年文字工作，觉得最难写的还是工作报告。主要难在以下三个方面。一是主题的提炼，是否能突出当前的工作重点，是否具有足够的针对性和指导性，能够引起大家的共鸣，能否解决当下最突出的问题。二是表达的切实性和准确性，即对工作成绩的总结、工作部署和要求是否到位，是否符合实际，是否切实可行，是否兼顾当前与长远、总体与局部、上层与基层。这也是写作时最需要注意的问题。三是全面与重点的平衡，工作报告的写作，既要全面，又要有重点，有所侧重，既要学会'弹钢琴'，又要'牵牛鼻子'，注意把握好相关工作的协调与平衡问题，不可偏废。"

小文一听有点怵："您这么说，我哪能胜任啊。我的水平不够怎么办。"山羊胡说："谁也不能一口吃成胖子。对于这样的大稿子，起草小组要多次讨论，通过集思广益来解决这些难题。你参与讨论，要积极发表意见，这也是一个学习提高的过程。我们明天第一次讨论，先研究报告的主题。你好好准备吧。"

回去以后，小文结合山羊胡讲述的体会，又把近两年的工作报告读了一遍，还真读出了不一样的"味道"，有点"看山不是山，看水不是水"的感觉了。特别是下面这一篇，给他留下了深刻印象。他不但认真读完，还把提纲抄在本子上，认真揣摩品读了一番。

认清新形势　承担新使命　打造新作风
为实现公司战略目标而奋斗

——在××××年领导干部会议上的主题报告（提纲）

同志们：

这次会议的主要任务是：以习近平总书记系列重要讲话精神为指导，认真贯彻落实国务院国资委工作会议精神，总结上半年工作，分析公司当前面临的新形势，研究思考公司中长期发展问题，安排部署下半年重点工作，动员全体干部员工努力完成全年生产经营任务，为实现公司战略目标而奋斗。

上半年，公司取得的生产经营业绩概述（略）。

在抓好生产经营的同时，公司上半年还突出做了以下重点工作：一是深化开展"质量效益年"活动。二是有序推进改革创新工作。三是积极配合中央巡视组开展专项巡视并认真落实整改任务。四是持续加强党风建设和反腐败工作。

最近一段时间，公司领导层深入学习领会习近平总书记系列重要讲话精神，牢固树立"在经济领域为党工作"的理念，认清全面从严治党的新形势，积极承担党和国家赋予公司的新使命，认真分析研判公司面临的新机遇与新挑战，进一步研究思考公司中长期发展问题。下面，我代表班子讲几点意见，供大家进行研讨。

一、新形势、新使命、新作风

（一）认清全面从严治党的新形势

1. 深刻领会全面从严治党的科学内涵

一是全面从严治党，"全面"是基础。

二是全面从严治党，"从严"是关键。

三是全面从严治党，"治"是核心。

2. 准确把握全面从严治党的新要求

一是全面从严治党，要严明政治纪律和政治规矩。

二是全面从严治党，要以踏石留印、抓铁有痕的劲头狠抓作风建设。

三是全面从严治党，要以零容忍态度惩治腐败。

3. 充分认识公司全面从严治党的严峻形势

（二）承担党和国家赋予的新使命

一是要勇于承担在经济领域为党工作的新使命，坚决落实"四个全面"的战略部署，成为讲政治守规矩、按市场规律办事的中央企业"排头兵"。

二是要勇于承担中央企业"保增长"的新使命，以努力完成生产经营任务主动适应经济发展新常态，成为促进国民经济"稳增长"的主力军。

三是要勇于承担加强对外经济合作的新使命，提升公司国际化经营能力，成为构建全方位对外开放新格局的先锋队。

四是要勇于承担建设海洋强国的新使命，推动国家海洋战略实施，成为保障国家能源安全、维护国家海洋权益的"领头羊"。

（三）打造讲政治勇改革重效率守规则的新作风

一是要进一步增强政治意识，严守纪律严明规矩。

二是要进一步增强改革意识，勇于开拓敢于创新。

三是要进一步增强效率意识，务实高效真抓实干。

四是要进一步增强规则意识，廉洁从业合规运营。

二、围绕公司战略目标，思考和谋划当前及今后一个时期公司改革发展问题

（一）公司战略目标的基本内涵

一是坚持党的领导，加强党的建设，认真履行国有企业肩负的责任和使命，积极推动国家经济社会发展，实现企业目标与国家战略的有机结合，让党放心。

二是传承优良传统，突出作风建设，弘扬社会主义核心价值观，塑造作风正、负责任、效率高的企业形象，实现公有制主体地位与市场经济的有机结合，让人民满意。

三是遵循客观规律，提高经营管理水平，培育健康的企业文化，推动有质量有效益可持续的发展，实现国企政治优势与现代企业制度的有机结合，让员工自豪。

四是符合国际规范，积极参与全球竞争，努力赶超行业先进水平，打造一流的国际竞争力，实现国际先进理念与中国国情和企业实际的有机结合，让同行认可。

（二）公司战略目标的内涵特征

1. 国际化经营

一是推动经营理念转变，提升价值实现能力。要进一步明确公司国际化经营的定位。要进一步拓展国际化经营的内涵。要探索一条有自身特色的国际化经营道路。

二是推动管理理念转变，提升全球协同能力。要探索创新海外业务管理模式。要构建具有自身特色的全球业务支撑保障体系。

三是推动文化理念转变，提升跨文化传播能力。要倡导兼收并蓄、开放包容的文化传统。要注重提升跨文化传播能力。

2. 市场化运作

一是遵循专业化发展规律，释放企业的市场价值。要稳妥有序推进专业化重组。要积极开展资本化运作。

二是运用好市场化经营手段，提高资源配置能力。要注重遵循行业发展规律。要赋予企业更多的经营自主权。要确立更加市场化的考核评价标准。

三是坚持以市场化为导向，优化公司体制机制。要坚持市场化导向优化价格机制。要尝试在一体化的产业结构中引入市场机制。

3. 人文化管理

一是营造机会平等、规则公平的制度机制。

二是营造尊重人才、重用人才的浓厚氛围。

三是营造积极向上、奋发有为的成才环境。

四是营造风清气正、开放包容的文化环境。

（三）战略发展目标

1. 具有可持续发展的产业链群。

2. 具有国际一流水准的经营绩效。

3. 具有健康和谐包容的企业文化。

4. 具有高度的政治责任感和突出的社会贡献。

三、下半年需要抓好的几项重点工作

（一）坚定信心，确保完成全年生产经营任务

1. 科学研判形势，积极主动作为。

2. 继续深化"质量效益年"活动。

3. 精心组织生产运行。

4. 高度重视安全环保工作。

（二）积极融入"一带一路"倡议，推动国际产能和装备制造合作

1. 加强组织领导，做好整体规划。

2. 创新方式方法，实现多方共赢。

3. 突出自身优势，确保取得实效。

（三）科学编制战略规划

1. 准确把握外部形势。

2. 科学制定发展目标。

3. 明确战略重点。

（四）加强领导，积极稳妥推进改革创新

1. 落实中央各项改革举措。

2. 积极推进公司重点领域改革。

3. 加强改革的领导和督促检查。

（五）强化责任，全面加强党的建设

1. 认真抓好中央巡视整改工作。

2. 全面从严加强党的建设。

（结尾略）

课堂讨论　如何确定工作报告的主题

过了几天，山羊胡通知起草小组开会。小文到会议室一看，除了山羊胡、小异和自己外，还有别的部门的两个同事参会。

山羊胡把姜总也请了过来，为大家做动员。姜总在讲话中指出工作报告的重要性，对工作提出了要求，并勉励大家一番，希望大家努力工作，在承担重要任务的过程中不断锻炼提高，并且在讲话中点到了每一个人，指出大家的进步，特别说到山羊胡指导有方，使年轻人进步很快。大家听了都很高兴，山羊胡一边谦虚一边表态：一定继续努力，不辜负领导的期望。小文心想，姜总不愧是领导，讲话水平很高，很善于调动大家的积极性。小文也注意到，自己平常干的事情，以为都是小事，领导不会知道，其实领导都看在眼里。

姜总讲完话，因为工作忙就先走了，起草小组正式开始讨论。

由于事先都通知过，大家都知道今天集中要解决的问题是确定工作报告的主题。一开始，山羊胡对小异说："小文第一次参加工作报告的起草工作，小异，你来说说，主题是什么？主题有什么重要性？"

小异有点不好意思，但也不推辞："那我就先说说，不对的地方您纠正。我觉得，主题是工作报告表达出来的明确意图、主要论点，也可以叫中心思想、中心意思、主题思想、主旨。主题是统摄全文的总纲，一般体现在标题上，或者在工作报告开头用一段话指出。"

山羊胡点点头说："你说的没错，如党的二十大报告的标题是《高举中国特色社会主义伟大旗帜，为全面建设社会主义现代化国家而团结奋斗》，第三段用了一段话点明主题：高举中国特色社会主义伟大旗帜，全面贯彻新时代中国特色社会主义思想，弘扬伟大建党精神，自信自强、守正创新，踔厉奋发、勇毅前行，为全面建设社会主义现代化国家、全面推进中华民族伟大复兴而团结奋斗。可以说，标题是主题的浓缩，主题是标题的延展。"

小异接着说："主题是否明确，提炼得是否精准，内涵和外延是否有足够的深度和广度，直接关系到工作报告的质量。主题的重要性体现在很多方面，它决定着材料的取舍。哪些材料应该选用，哪些材料应该舍弃，哪些材料详用，哪些材料略用，都要根据主题的需要来决定。主题还制约着工作报告的表达方式，也影响着文章的遣词造句。"

山羊胡赞赏地点头："小异说得很好，我再补充一点，主题还支配着文稿的结构与布局。表面看起来，主题是内容，结构是形式，但是它们有着紧密的联系和内在的统一性。用合适的结构，才能有效表达主题。我们讨论完主题，下次还要讨论结构，到时大家就能意识到这一点。大家再想想，确定主题，最重要的要求是什么？"

小文马上答道："主题一定要有思想高度，有理论深度，应该站得高、看得远，见人之所未见，发人之所未发。"

小异说："确定主题的要求，一是要正确，这是基本要求，即主题要符合真实情况和客观规律，能够肯定先进，否定错误，把握现实，预测趋势。二是要深刻，这是对主题的高标准要求。主题不能停留在对表面现象的判断上，应该揭示事物的内在本质，反映事物的内部规律。"

山羊胡说："你们说得都对，但我今天要说的是，确定主题最重要的要求，用一个字来说，就是'明'。也就说是，一个工作报告只能有一个主题。这是构思主题时容易忽视的，因此必须牢记。"

小文有些不解地说："我们看到的很多工作报告的主题，要么是一个很长的标题，要么是一段话，往往都有多层意思，有复杂的逻辑关系，怎么会只有一个主题呢？"

山羊胡回答道："在工作报告中，一个主题或者一个中心论点下，可以有分论点，可以形成不同层次的组合结构。但工作报告绝不能有两个以上并立的主题。如果的确需要在一篇文章中表达两个或三个论点，那要进一步提炼概括，把这两个或三个论点放在一个中心论点的统领之下。总之，主题必须明确，一篇文稿只能有一个主题。"

这时小异兴奋地说："我知道您的意思。举个例子来说吧，去年我们准备年中会的工作报告时就遇到了这种情况，当时有3个重要议题可供选择，一是强调持续提升管理，二是对深化改革进行研究和部署，三是突出强调公司发展的质量和效益，我们觉得这三项都很重要，但一个工作报告中不可能同时有三个主题。所以我们就分析三者之间的逻辑关系，找出主线，理清脉络，确定核心主题。我们发现这三个主题之间其实是有内在联系的，提高质量和效益是企业追求的核心目标，加强管理是实现这一目标的路径，改革创新是根本动力。这样我们就把主题明确为'持续提升管理，深化改革创新，全面提高公司发展质量和效益'，做到了既主题集中，又论述全面，能够对公司面临的核心议题和重点工作做较为深入的阐述。"

小文一听，不住地点头，心想参加这次起草会议真是来对了，学到了不少东西。

山羊胡说："小异举的例子很能说明问题。我们接着讨论，怎样确定一个好的主题？说实话，确定工作报告的主题是一项具有开拓性的工作，有一定难度。我们可以试着从这样几个方面来着手思考，一是细化领导的要求。大家想一想领导们平常有些什么思路、想法，然后加以提炼、深化处理，延伸挖掘，形成一个正确的集体意见。二是加深对客观事物的认识，明确现实条件和客观事实支持我们讲什么，看看今年工作的实际情况，想想确定什么样的主题才是客观的、恰当的。三是确定工作要求，就是结合具体工作明确我们需要讲什么。主题要有针对性。我们要把大的路线方针政策与我们的工作相结合，提出现实、明确、具体的思路措施，以此为依据确定恰当的主题。"

山羊胡接着说："我还是举例来说明吧。在某年的年中会议讨论确定主题时，我们与主要领导进行了沟通。我们考虑到，结合当前的形势和背景，全面从严治党无疑是一项重要任务，而国有企业要积极贯彻落实党和国家的一系列重要部署，主动融入国家战略，与此同时，还要进一步明确公司的战略目标，为全体员工树立愿景。我们注意到，公司一直坚持建设国际一流能源公司的战略目标，但在新的历史条件下，需要适应新的形势和要求，为既有目标赋予新的内涵。经过讨论，将工作报告的主题确定为'认清新形势、承担新使命、打造新作风，为实现公司战略目标而奋斗'，这样既契合形势任务的要求，又有一定的高度，也清晰地展示了公司的发展目标，主题突出而鲜明。"

山羊胡说的正是小文认真看过的一篇，因此小文很有感触，不住地点头。山羊胡接着说："而对于公司战略目标的新提法，如何界定其内涵与特征，让广大员工能够接受并认同呢？领导认为，坚持党的领导是国有企业的鲜明特色。同时要具有国际化、市场化以及具有包容、和谐、健康的企业文化等特征，并且有着可描述和可量化的目标。根据领导的这些意图，我们进行了认真的思考、研究和讨论，对新的提法进行了较为系统的阐述。界定了公司战略目标四个方面的基本内涵、三个方面的主要特征、四个方面的发展目标，从而成为一个内涵丰满、指向鲜明、逻辑严谨的主题，它是领导意图、客观事实和工作要求三个方面的统一。"

"有了前面这些讲解和例子，大家讨论一下，今年我们以什么为主题呢？"山羊胡抛出了问题。

大家各自想了想，便七嘴八舌地议论起来。

小文说："我把这几年的工作报告主题都找了出来，在这里展示一下，也许能给大家一些启示。"

大家都点头称赞，只见小文在投影仪上，一一展示了如下的主题。

坚定不移抓党建　全力以赴促发展
扎实推进中国特色国际一流能源公司建设

认清严峻形势　应对重大挑战
凝心聚力打好生存发展攻坚战

持续提升管理　深化改革创新

全面提高公司发展质量和效益

等大家看完后，小文徐徐说道："领导一直强调公司要深化改革创新，这确实是公司的现实要求，对此员工的呼声也很强烈。在当前的形势面前，公司不进则退。发展要有动力，必须靠改革。"

小异有点忧虑地说："小文说得很对。近两年公司面临很大的经营压力，求生存谋发展是我们的迫切任务。可是很多干部员工还没有意识到这些，忧患意识不够。我们要在工作报告中予以提醒，让大家增强危机意识。"

山羊胡点头说："你们抓的点都很好。我们还要记得，今年是五年发展规划收官年，我们需要对此进行总结，明年是新的五年规划开局年，我们既要部署全年工作，还要对未来五年进行展望和谋划。党和国家对未来五年的发展提出了总体要求，特别提出牢固树立和贯彻落实创新、协调、开放、绿色、共享五大发展理念，对我们很有指导意义。这些都应该在主题中体现。"

小文灵光一闪："主题就叫：改革创新，攻坚克难，认真贯彻落实五大发展理念。怎么样？"

小异也来了灵感："我也有个建议：求生存，谋发展，开启公司改革创新新征程。"

山羊胡把两个主题写在白板上，左瞅瞅，右看看，突然双手一拍："有了。"只见他一笔一画地写下：改革求生存，创新谋发展，用五大发展理念开启发展新征程。

大家一看，纷纷点头。这个主题，看上去精练、抢眼、有内涵、有高度，确实不错。

▌知识点　工作报告标题的处理方式

　　主题确定了，大家的情绪都很高涨，这一次的讨论圆满完成了。山羊胡又花了点时间给大家"加餐"，讲解了一下工作报告标题的处理方法，按他的说法，标题和主题有密切关系。小文认真记录，内容如下。

　　主题的直接呈现就是标题。一篇文稿有主标题、副标题，有次级标题、小标题，还有主旨段、主旨句，这些共同构成主题的完整表现形态。标题是为主题服务的，它呈现主题，细化主题，使主题贯通全篇。

　　标题一般要求概括、简明、新颖、对称。概括就是要能总领全篇内容和主要思想观点，始终紧扣主题、围绕主题、呼应主题。简明就是用简洁精练的文字，标题过长、琐碎是大忌。新颖就是要富有吸引力和感染力，能够使人眼前一亮。对称就是要与内容相吻合，标题正好概括了全篇内容。

　　工作报告的主标题，有三种常见类型：第一种是体现讲话场合及讲话内容的叙事性标题。主要用于小型会议、一般性工作会议。例如，《在全省安全生产工作会议上的报告》《在全市防汛抗洪总结表彰大会上的报告》等，都属于这一类标题。第二种是体现会议主题及讲话内容的观点性标题。主要用于庄重场合或大型会议、大型活动，如党代会报告、工作会报告。这类标题往往在后面加设副标题。例如，《深化改革、苦练内功，全面提升核心营销能力——在公司2022年度工作会议上的主题报告》等。第三种是固定标题，如法院工作报告、检察工作报告、职代会报告等。

▌课堂讨论　工作报告用什么结构

　　这次讨论后，山羊胡根据大家的意见和初步确定的主题，起草了一个关于工作报告起草工作的请示，呈交姜总。

　　请示提交上去以后，姜总对这个工作报告的主题很满意，让大家按此开展工作。

主题一旦明确，就等于定了调子，明确了工作的方向。接下来的一段时间，起草小组参加会议、阅读文件、搜集资料、开展调研，紧锣密鼓地为工作报告起草做准备。

这一天，山羊胡召集大家开第二次讨论会，讨论形成报告的提纲。

山羊胡开宗明义：“写大稿子，先要有一个提纲。提纲的确定，依赖于明确的文章结构，这就是我们今天要讨论的内容。结构，指文稿的组织形式、排列次序和内部构造，即通常所说的布局谋篇。结构是文章的框架，在动笔之前，对文稿的基本内容、主旨框架、层次段落、重要观点、开头结尾等，进行一番全面考虑和总体设计，是文稿写作最重要的一步。结构未定就匆忙动笔，是写作上的大忌。”

他拿出呈给姜总的请示说：“我在报给领导的方案中，对结构提出了初步设想，分工作总结、未来几年工作思路、工作部署三个部分来写，这是沿袭前几年的惯例，但还可以再调整优化。我们在讨论中可以解放思想，有所创新，争取形成一个更适合的结构框架，然后在这个基础上拟订提纲。”

山羊胡的工作做得很细，他把近几年的工作报告框架进行了梳理，还与兄弟单位进行了比较，专门形成了一个文档，给大家做了展示。具体内容可扫二维码查看。

近年工作
报告回顾
（部分）

兄弟单位
主题报告
对比分析

大家没想到为了确定一个好的框架结构，要做这么多深入细致的工作。

山羊胡接着说：“文章结构的要点是，找出重点，理出层次，排出顺序，使文章脉络清晰，布局严谨，衔接紧密，重点突出，成为一个紧凑精干的有机整体。具体来说，要把握好完整性、连贯性、严密性三个方面。完整性，就是开头部分、主体部分、结尾部分齐备，而且要相对饱满，内容充实，脉络畅通。连贯性，就是内容上要相互连贯，井然有序，有紧密的衔接和合理的过渡。严密性，就是各个部分之间有严密的逻辑关系，互为呼应，有内在联系。"

山羊胡一口气说了很长一段话，他喝了一口水，看着大家继续说："报告的主题确定以后，就要确定结构。安排结构有一定的技巧，结构的实质是客观事物以及对事物的认识理解在表现形式上的体现，所以是内容决定结构，结构是为内容服务的。如果对事物认识理解透彻，思维脉络清楚，就不愁找不到较好的结构。大家想一想，我们常用的结构有哪几种呢？工作报告用什么结构比较合适？"

小异说："工作报告的正文都比较长，各部分内容的区分也很明显，所以肯定不太适合用一气呵成的自由式结构，需要用序号分出几个部分，用得多的主要是两块式和三块式。两块式下，第一部分总结成绩，第二部分指出工作思路、目标任务、具体要求和政策措施等。这种结构比较适用于单纯的工作布置，如果用于论述全面工作，则很容易形成大观点套小观点的复杂结构，不便于理解和接受。若选用三块式，工作报告既要向与会者讲明道理，又要确定工作目标和任务，还要提出保证完成工作任务的一系列措施。三块式也比较符合大家的思维习惯，我们对其已经驾轻就熟，而且报给领导的方案也建议使用这种结构，我们就用三块式吧。"

小文也表示同意："根据您刚才的展示，我也看了过去几年的报告，它们基本上都用的是三块式，第一部分通常是总结成绩、认识意义、认清形势、统一思想等，也就是常说的提高认识；第二部分主要讲工作任务、要求、思路和重点，也就是常说的明确目标；第三部分主要讲组织领导、工作措施等，也就是我们常说的抓好落实。或者说，第一部分讲意义、讲道理，明确为什么干；第二部分讲工作、讲重点，明确干什么；第三部分讲措施、讲要求，明确怎么干。这种结构还是用得比较多的，我看大部分的党代会、职代会报告，多采用这种形式，看来大家说的'无三不成文'还是有道理的。"

山羊胡沉吟了一会儿说："早上碰到姜总，提到报告提纲，本来我的想法和大家的想法一样，但姜总说的话对我也有启发，他说每年都是老套路，今年能不能创新一下，而且今年的内容多，不仅是年度的总结、部署，还是两个五年之交，要在更大的时间跨度里进行总结、部署，最好还能谈一些体会，以及结合实际体现对中央精神的思考，这就要求报告的容量大。我想，这个容量大在结构上就应该体现，如果还用传统的三块式，可能没有这个效果。"

山羊胡继续说："大家有没有注意到，有些工作报告也采取多块式，一般在四块以上，一些大型综合报告，如党代会报告都采用这种结构。我们不妨也尝试一下。"

小文琢磨了一下说："确实值得尝试。我注意了，多块式的惯用做法是将关键问题或重点内容抽出来，独立成一部分，依次阐述。这种结构便于理解，让大家不必费太多心思去考虑各部分之间的关系，相对更灵活自由一些。对于今年的工作报告，我们既要总结过去的五年，又要谋划新的五年，还要贯彻中央精神，也要安排明年的工作，并谈及党建工作，确实要用多块式才能装得下。"

小异也赞同："嗯，这样写起来就容易了，大家分头写，然后合并到一起就可以了，像拼积木一样。"

山羊胡笑了笑："你们说得对，但也不全对。多块式的结构相对灵活，但并不等于各部分之间没有逻辑关系，可以随意组合。我的体会是，三块式是强逻辑，更为严密，一般不能变换，多块式是弱逻辑，内容可以灵活摆布，采取总分、总分总、并列、递进等多种逻辑关系，但也要符合逻辑思维习惯，符合认识规律和工作特点的要求。我们接着讨论一下今年的工作报告要写哪些内容。"

大家你一言我一语，就把内容凑齐了，山羊胡再综合大家的意见并梳理后，就形成了内容框架。山羊胡在白板上写下一个五块式结构：第一部分，过去五年发展情况回顾；第二部分，面临的形势分析；第三部分，新的五年总体思路和发展目标；第四部分，以新发展理念为引领，推动公司健康可持续发展；第五部分，全面加强党的建设，为高质量发展提供坚强保证。

山羊胡满意地说："很明显，对于这个报告的内容而言，五块式比三块式更合适，更加层次分明，条理清晰，逻辑严密。我们今年这么改变，不是心血来潮，而是报告内容的需要，姜总一定会满意的。现在需要大家按照这个框架，完善内容要求，形成完整的提纲。"

山羊胡给大家分了工，明确了要求和时限。到了规定时间，小文、小异等人把各自负责的部分提纲交给山羊胡，山羊胡汇总修改，形成了报告的提纲，具体如下。

· · ·

改革求生存　创新谋发展
用五大发展理念开启发展新征程

——在公司工作会议上的报告（提纲）

同志们：

这次会议的主要任务是：深入贯彻落实习近平总书记系列重要讲话精神，回顾总结公司过去五年的发展情况，分析研判当前面临的新形势，贯彻创新、协调、绿色、开放、共享五大发展理念，谋划未来五年的改革发展思路，总结公司过去一年的工作，安排部署新一年的重点工作，动员全体干部员工，直面危机挑战，汇聚智慧力量，推动公司实现更加健康可持续的发展。

一、过去五年发展情况回顾

公司牢牢把握我国经济社会发展的重要战略机遇期，紧紧围绕规划目标，有效应对国内外严峻形势与挑战，锐意进取，奋发有为，在能源保障能力、产业价值链、国际化经营、产业转型升级、现代企业制度和软实力建设等方面取得了优异成绩。

（一）油气供应能力显著增强，推动公司整体实力和社会影响力迈上新台阶。一是油气资源保障能力显著增强。二是对经济社会发展贡献持续增大。三是企业的社会影响力不断提升。

（二）构建上中下游一体化的产业体系，公司产业布局取得新进展。一是油气上游主业地位更加凸显。二是中下游产业布局基本完成。三是专业服务发展能力不断提升。四是产贸融协同效应初步显现。

（三）利用好两种资源、两个市场，对外合作和海外业务发展开拓新局面。一是对外合作持续深化。二是海外业务规模不断扩大。三是海外业务管理水平稳步提升。

（四）深化体制机制改革创新，现代企业制度建设实现新突破。一是集团董事会规范运行。二是矿区管理体制改革取得积极进展。三是各专项领域的改革逐步深入。

（五）加快产业结构调整和转型升级，转方式调结构取得新成效。一是产业结构优化取得重要成果。二是科技创新能力继续增强。三是管理现代化水平稳步提升。

（六）坚持全面从严治党，干部员工队伍呈现新面貌。一是作风建设取得明显成效。二是反腐倡廉工作深入推进。三是党建工作创新积极推进。四是干部队伍建设成绩显著。

总结公司过去五年取得的发展成就，我们有以下五个方面的经验和体会。

一是牢记责任使命，是公司不断做强做优做大的根本动力。

二是坚持战略引领，是公司保持正确发展方向的基本前提。

三是追求稳健合规，是公司总体平稳健康运行的内在原因。

四是加强党的建设，是公司形成独特发展优势的有力保障。

五是注重以人为本，是公司葆有创新发展活力的重要源泉。

回顾过去五年，我们既要看到公司取得的业绩，也要看到公司发展过程中产生和存在的一些问题，这些问题在未来还将是我们需要应对的严峻挑战，需要我们认真关注、切实解决。

二、面临的形势分析

全面审视和准确把握内外部环境条件的深刻变化，是我们谋划好当前及今后一个时期工作的前提。在当前形势下，适应经济新常态、认清行业新趋势、抢抓改革新机遇是实现公司健康可持续发展的大逻辑。

一是适应经济新常态，认真转变发展观念。

二是认清行业新趋势，进一步强化危机意识。

三是抢抓改革新机遇，切实增强紧迫感。

四是把握有利因素，坚定发展信心。

三、未来五年总体思路和发展目标

未来五年是全面建成小康社会的决胜阶段，也是公司发展的重要时期。我们要深刻认识和准确把握形势变化和公司发展的阶段性特征，推动公司从追求快速增长转变到追求健康、稳健发展上来，不断提升发展的新境界。

公司未来五年工作的总体思路。

公司未来五年的发展目标，主要包括引导性指标、约束性指标和在一定条件下实现的指标。

四、以五大发展理念为引领，推动公司健康可持续发展

（一）坚持创新发展，增强公司发展活力

未来五年必须把创新摆在公司发展全局的核心位置，实现传统生产要素驱动发展转变为创新驱动发展，为公司的持续发展提供内生动力。一是深化体制机制改革，培育发展新动力。二是积极参与市场竞争，拓展发展新空间。三是强化企业管理创新，释放发展新红利。四是提升科技创新能力，增创发展新优势。

（二）坚持协调发展，提升发展的整体效能

坚持统筹协调是促进公司健康发展的基本方法，要围绕产业发展这一核心，提升协调发展的境界，特别是在低油价的情况下，坚持协调发展有着更加重要的意义。一是坚持油气并举，打造综合竞争优势。二是坚持产业协同，提升价值链整体效益。三是坚持科学稳健，加快产业转型升级。四是坚持高端引领，拓展产业发展空间。

（三）坚持绿色发展，推动企业可持续发展

作为以油气生产为主的公司，坚持绿色发展是企业转型的迫切需要，也是实现可持续发展的内在要求。一是加强安全环保管理，切实保护生态环境。二是提升天然气产业链的整体竞争力，努力打造支柱产业。三是积极参与能源革命，推动低碳循环发展。

（四）坚持开放发展，培育国际竞争新优势

要积极适应国情、企情的变化，实施更加积极主动的开放战略，坚持对外开放与对内开放相结合，提高开放发展的层次和水平。一是积极融入"一带一路"倡议，拓展国际合作新空间。二是加快输出装备服务和专业技术能力，提升技术服务的竞争力。三是对标国际一流绩效和管理标准，提升国际业务的盈利水平。四是推进对外合作模式创新，实现对外合作新突破。

（五）坚持共享发展，追求多方合作共赢

共享发展是公司发展的本质要求，坚持发展成果与员工、社会共享，公司才会拥有源源不断的发展活力。一是坚持以人为本的理念，实现员工与公司共同发展。二是积极履行社会责任，提升公司品牌形象。三是加强各方利益协调，为公司发展创造有利环境。

五、全面加强党的建设，为公司发展提供坚强保证

一是落实全面从严治党主体责任，有效发挥党组织的作用。

二是加强干部人才队伍建设，提供坚强的队伍保障。

三是加强反腐倡廉建设，营造风清气正的工作环境。

四是加强作风建设，弘扬石油行业的优良传统。

五是创建"和谐企业"，建设良好企业文化。

同志们！

非常之时需非常之功，非常之事待非常之人。在新的五年规划开局之际，我们面临着前所未有的困难和挑战。困难是一块试金石，公司在从无到有、从小到大、从弱到强的发展历程中，正是在无数艰难困苦的磨砺中，不断迈上新的高度。让我们坚定不移地贯彻新发展理念，咬定目标不放松，凝心聚力抓落实，以上下同欲的信念、自我超越的勇气和百折不挠的韧劲，直面困难，砥砺前行，满怀豪情地踏上发展新征程！

画重点 工作报告的内容如何写实

有了提纲，就可以开工写作了。山羊胡把具体的写作任务安排了下来，要求抓紧时间形成初稿，并一再叮嘱："内容一定要写实，不能虚头巴脑，也不能照搬照抄，一定要实实在在，做到真实不虚假，充实不空洞。"

小文接到第四部分的写作任务。他很想写好，但毕竟是第一次写工作报告，许久没有找到状态。一个下午，他如临大敌，绞尽脑汁，琢磨用什么词汇、怎么开头、写哪些内容。时间一点一点过去了，可他还是徘徊在稿子的外头，不能进入"角色"。

小文心里焦灼得很，去找山羊胡讨教："您说内容要写实，可我具体怎么做才能做到呢？"

山羊胡想了想，说："内容要写实，重点在于把准'三脉'。一是把准时政方针的'脉搏'。及时学习与本行业、本单位有关的精神和政策，把局部工作放在大局中去思考和衡量，立足全局、胸怀大局，使内容符合党和国家的方针政策，符合行业的发展规律，符合时代的发展方向。例如，你写的这部分内容是以五大发展理念为引领，推动公司健康可持续发展，你肯定也学习了中央文件精神。创新、协调、绿色、开放、共享五大发展理念是党和国家提倡的'三新一高'（新发展理念、新发展阶段、新发展格局、高质量发展）的重要内容，也为公司实现发展提供了重要遵循。发展理念起到管全局、管根本、管方向、管长远的作用，谋划公司改革发展，必须坚持以五大发展理念为引领，做到观念上适应、认识上到位、方法上对路、工作上得力。这种与中央精神的对标，不仅要体现在表面的措辞和形式上，更要体现在内容上，即提出的工作思路、做出的工作部署符合中央精神要求，符合五大发展理念的内涵。"

小文有一种豁然开朗的感觉。山羊胡又继续讲，"要把准的第二个'脉'，是领导思想的'脉动'。要及时跟进领导的思想动向，注意把领导谈话中的闪光点，做好归纳分析，站在领导的角度考虑问题，树立'身在兵位，胸为帅谋'的责任感，想领导所想之事，谋领导所谋之策，把领导的关注点作为思考问题的着力点，写出具有领导独特风格的思想文字。例如，你知道姜总特别关心天然气产业的发展，多次强调要从战略上谋划和推进这一产业，那么在绿色发展中，写到提升天然气产业链整体竞争力、努力打造支柱产业时，就要把领导的思想融进去，把他平常关于这一方面的讲话好好翻出来看看，找出关键点，体现在报告中，特别是他多次提的加快天然气产业布局、优化内部协调的体制机制、大力加强市场开拓等观点，都是这部分写作的内容要点。

第三是要把准现实问题的'脉络'。坚持从实际出发，尽可能地深入实际工作，熟悉现实情况。选取的素材要真实可靠，事实材料、数据材料要核实清楚，任务、措施要避免泛泛而谈，讲究可操作性。我们要始终做到对情况胸中有数，对现阶段发展特征把握准确，提高内容的针对性，防止说过头话、写过时语。例如，我们注意到，随着公司业务发展加快，公司与地方人民政府的交往在深入，这是以前没有的新情况。如何处理好这种关系，调动地方人民政府支持我们发展的积极性？我们可以在共享发展这一方面考虑建立一些协调机制和共享机制。所以，只有紧扣问题，才能有的放矢。"

山羊胡顿了一顿，又接着说："在把握现实问题时，要特别重视事实的作用，坚持用事实说话。思想从事实中提炼，道理用事实阐发，经验从事实中总结，这样的内容才有力量。要善于运用手头的事实材料，以事明理，事理交融，还要善于运用典型，恰当的典型往往比抽象的概括更有力量。"

▌知识点 观点、素材与意群

小文听完后，感觉收获良多。他继续问道："为什么你对我提的问题都能这么快地找出要点，如庖丁解牛般游刃有余？"

山羊胡轻轻一笑说："我哪有那么厉害，但是写好内容确实有诀窍。我给你讲一个我自己的发现。我们知道，内容是由观点和素材组成的。观点是筋骨，一般通过标题、分析、结论和对策建议等体现出来。观点既要准确地抓住事物的本质，有一定的深度，又要符合实际，站得住脚，还要鲜明。观点立起来，报告也就立起来了。素材是文章的血肉，是为了说明和论证观点，是观点的事实依据，素材紧扣主题和观点，需要进行合理分配。观点和素材的组合，我把它叫作'意群'。"

小文感兴趣地问："意群？就是英语中的sense group吗？"

山羊胡摇摇头："我这是为了便于理解而借用英语中的说法，但这里的意群不同于英语中的sense group，即句子中按意思和结构划分的各个成分，而是段落中切分的具有相对完整性的概念，它由观点和素材组成。在我看来，一篇文章是有生命的，是由各个部分有机组成的。"

他接着说："文章的内容是由多个意群构成的。我们可以从不同的层次来理解意群。它可以是一大部分、一大段，也可以是段落中的一层意思。因此，写实内容先要从写实意群开始，有了一个个意群作为基础，文章就能搭建起来。我举一个例子来说明，前几年的一次工作报告，在部署工作任务时，提出了几个'下功夫'。"他打开计算机中的文档，叫小文一起来看。

一是在协同发展上下功夫。①在低油价"严冬"的条件下，要更加突出协同发展，努力追求集团利益最大化。②石油公司和专业公司要牢固树立"命运共同体"意识，进一步建立风险共担、利益共享的机制，抱团取暖，共克时艰。③要统筹上下游协调发展，理顺产销衔接机制，统一协调天然气销售，进一步落实天然气下游市场。④要树立"大海外""一盘棋"理念，加强海外业务的统筹协调，促进各业务板块良性互动。⑤要充分发挥区域统筹协调职能，努力凝聚各地区单位的发展共识，建立常态化沟通协调机制，提高区域资源配置能力。⑥要充分利用市场机制和规模效应，提高集团议价能力，以市场规模降低服务及材料采购成本。

二是在降本增效上下功夫。

三是在苦练内功上下功夫。

四是在深化改革上下功夫。

五是在依法治企上下功夫。

山羊胡在文档中标记上面这样的数字序号，然后讲解说："在这里，每个段落是一个意群，集中讲述一个意思，围绕一个议题展开。每一个段落内部，又可以划分为多个意群，以一条主线贯穿，从不同侧面论述。例如，第一点'在协同发展上下功夫'，这一个大的意群由六个小的意群组成，①是集团利益最大化的总要求，②是关于石油公司和专业公司的协同，③是关于统筹上下游，④是强调海外业务统筹协调，⑤是关于区域统筹协调，⑥是关于利用市场机制和规模效应。这六句话中的每一句都是一个小的意群。把握了段落的内部结构，我们就可以对内容进行更好的安排，使其逻辑更清晰，层次更分明。"

小文感激地说："听您这一席话，胜过我自己在黑暗中摸索很久啊。"

课堂作业　如何通过意群把内容写实

按照山羊胡传授的方法，小文写起来不那么费劲了。把事情研究透，把准"三脉"，运用好意群，有了这几招，小文的写作顺利多了。没多久，就写出了第四部分的初稿。

写完之后，小文又把稿子在手里"捂"了几天，反复修改了多遍，直到觉得内容比较充实，语言也比较简洁了，才交给山羊胡。下面是其中的主要内容。

四、以五大发展理念为引领，推动公司健康可持续发展

（一）坚持创新发展，增强公司的发展活力

新的五年，必须把创新摆在公司发展全局的核心位置，实现传统生产要素驱动发展转变为创新驱动发展，为公司的持续发展提供内生动力。

一是深化体制机制改革，培育发展新动力。密切关注深化国有企业改革和油气体制改革的相关进展，准确把握改革方向，主动适应深化改革的要求。认真做好公司全面深化改革的顶层设计，完善公司法人治理结构，推进资产证券化；通过股权运作、价值管理、有序进退，实现国有资本的保值增值。健全公司党建工作体制机制，全面实施干部人事、劳动用工和薪酬分配"三项制度"改革，真正实现"干部能上能下、员工能进能出、收入能增能减"，激发公司发展活力。及时发现与公司战略目标不相适应的重点和难点问题，实施专项改革。

二是积极参与市场竞争，拓展发展新空间。牢牢树立市场竞争意识，补齐公司市场经营意识薄弱、市场竞争能力不强的短板。增强市场开拓能力，做深做细市场规划和市场开发，突出加强油气销售渠道建设。提高适应市场激烈竞争的自觉性和主动性，强化市场导向，合理进行生产计划和产品结构调整，挖掘差异化特色项目和高附加值产品及服务潜力。加强油气资源和各级市场的统筹和协调，实现集团效益最大化。

三是强化企业管理创新，释放发展新红利。优化集团管控模式，集团总部逐步淡出生产运营管理职能，主要以资本为纽带实现有效管控。完善总部与二级单位的职能建设与授权体系，因事制宜地处理好集权与分权的关系，进一步优化放权和授权。研究采取切实可行的措施，优化和分摊总部行政费用。根据业务发展实际优化组织架构，逐步实现组织运转由职能驱动向业务驱动、流程驱动转变。进一步优化业务、管理和服务流程，建立协调机制，缩短管理链条和层级，提高组织效率和管理效能。充分利用信息化手段和专业化资源，根据业务需要合理推进共享服务中心建设。

四是提升科技创新能力，增创发展新优势。深入实施"科技驱动"战略，大力实施"三新三化"，提高自主创新、产业化和国产化能力。突破××开发、××油气等重大产业瓶颈问题，加快形成关键核心技术，提升深水油气工程建设系统能力。完善科技考核督导与激励机制，聚焦科研攻关方向，保障科技投入的效率与效果。继续完善科研组织体系，有序推进科研基础条件建设，加强核心技术与产品的研发与转化能力。进一步凝聚与培养科技人才，打造科技人才梯队，形成一支具有核心竞争力的科研队伍。

（二）坚持协调发展，提升发展整体效能

坚持统筹协调是促进公司健康发展的基本方法。公司要围绕产业发展这一核心，提升协调发展的境界，特别是在低油价的情况下，坚持协调发展有着更加重要的意义。

一是坚持油气并举，打造综合竞争优势。继续突出油气主业，明确区域油气发展定位，科学、合理、有序地开发油气资源。海外要突出质量效益原则，不断优化资产组合，在资产类型、建设周期、风险与收益上进行合理配比，注重发挥集团的整体优势，力争在国际竞争中抢占先机。积极把握国家发展清洁能源战略契机，推动国内陆上煤层气、致密气等非常规天然气的勘探开发，不断提高清洁能源的供应比重，形成公司长远发展的增长点和支撑力。

二是坚持产业协同，提升价值链整体效益。着眼于整体性、系统性、协调性，统筹上中下游产业结构比例，合理配置资源；统筹石油公司与专业服务板块的发展及市场布局，形成发展合力；统筹国内与海外的业务发展及布局，提高国际竞争力；统筹石油与天然气、近海与深水、常规与非常规等资产组合，提升发展质量；统筹安排作业周期，处理好当前与长远、整体与局部、资源与市场、产量与产能等关系，平抑作业规模的大幅波动，保持发展的稳定性和连续性。

　　三是坚持科学稳健，加快产业转型升级。严格投资总量控制，慎重决策新上项目，更加注重投资的安全性和效益性。根据上中下游价值链贡献情况，以经济效益为中心，逐步优化调整不同产业板块间的投资比例。加快推进产业结构调整和转型升级，紧贴油气主业实施资源、产品、产业转型，大力淘汰落后产能，调整优化存量，推动传统产品生产业务向高价值服务型转移。提高引进技术消化能力，推进产品质量升级和新产品开发，重点抓好油品质量升级工作的落实。

　　四是坚持高端引领，拓展产业发展空间。提高、加强与市场需求相适应的专业技术水平和服务保障能力建设，大力发展特色优势产业。积极顺应新产业、新业态的发展趋势，探索与新经济形态和服务业相结合的新业务，稳妥推进产品营销和生产经营过程的"互联网＋"模式，以天然气为重点研究发展分布式能源和"能源互联网"的实现路径。立足现有产业链的深化和价值提升，探索发展逆油价周期行业以及与油价弱相关的产业。推进"产贸融服创"的深度融合，以产业、贸易、金融、服务、创新的紧密结合，推动产业朝技术型、轻资产高附加值方向转型。

　　（三）坚持绿色发展，推动企业发展可持续

　　作为以油气生产为主的公司，坚持绿色发展是企业转型的迫切需要，也是实现可持续发展的内在要求。

　　一是加强安全环保管理，切实保护生态环境。强化安全第一的发展理念，追求世界一流的安全环保管理水平，持续加强安全宣传教育，推进具有特色的全员安全文化建设。严格执行新的安全环保法律法规，进一步做好安全生产责任制的分解与落实，强化现场作业组织和风险管控。加大安全隐患的排查和治理力度，分级跟踪督办隐患整改情况。推动应急管理体系建设，持续提升溢油、危化品溢漏事故等应急响应能力。新的五年要强化约束性指标管理，以"达标"为底线，推动节能减排项目改造，切实保护生态环境。

二是提升天然气产业链整体竞争力，努力打造支柱产业。大力发展天然气、煤层气等清洁能源产业，提高天然气供给能力和市场竞争力。优化天然气内部协调的体制机制，确立以市场开发为导向、业务驱动型的管理体制和组织架构，加强战略、规划、市场、资源等方面的统筹力度，推进产业间的衔接与互补，提升天然气产业链的整体竞争力。在有效降低天然气开发成本的同时，大力加强市场开拓，创新市场营销模式，巩固成熟市场，积极开拓潜在市场，努力扩大市场份额，确保在新的五年建成天然气支柱产业。

三是积极参与能源革命，推动低碳循环发展。推进产业绿色改造和清洁生产技术升级，加快探索碳排放交易相关产业。要转变节能工作推动方式，从仅满足约束性指标的工作要求转变为主动推动方式，使其成为推动降本增效、提高管理水平的有效手段。

（四）坚持开放发展，培育国际竞争新优势

要积极适应世情、国情、企情的变化，实施更加积极主动的开放战略，坚持对外开放与对内开放相结合，提高开放发展的层次和水平。

一是积极拓展国际合作新空间。充分发挥公司在海洋油气领域的优势，重点推进"21世纪海上丝绸之路"沿线及周边地区油气领域的合作。通过创新能源合作模式和商业模式，与全球油气产业深度融合，推动海外发展。充分利用跨境经济合作区、自由贸易区等新机制和丝路基金、亚投行的融资新模式，实现境内外资金、技术、通道和市场等要素的优化组合。

二是加快输出装备服务和专业技术能力，提升技术服务竞争力。发挥公司拥有全产业链的优势，不断提高作业技术能力，逐年增加工程技术服务的国际市场份额，增强公司的整体竞争力。工程装备制造要以市场需求为导向，在优先保障内部油气主业发展的基础上，加快海外市场的开发力度，全面提升在全球市场的竞争能力和市场地位。技术服务完善全球四大区域布局，完善海外业务运作模式，扩大海外市场份额。

三是对标国际一流绩效和管理标准，提升国际业务盈利水平。以提高海外资产盈利能力为中心，严格管理海外投资项目，结合实际对作业者项目和非作业者项目实施分类管理，实现项目效益最大化，提高自我造血能力。不断提升海外资产运营管理能力，增加持有低成本、高效率资产比重，改善资产组合成本结构，增加资产组合的竞争力。构建具有自身特色的全球业务支撑保障体系，整合全球价值链，持续增强后台支持服务能力。加强海外经营风险防范，完善海外资产监管体系。

四是推进对外合作模式的创新，实现对外合作新突破。适度灵活调整对外合作策略，针对不同项目的特点采取区别对待的合作方式。探索对外合作的新手段，突出精准式对外合作模式，重点推动有特色、有创新的石油合同新模式。

（五）坚持共享发展，追求多方合作共赢

共享发展是公司发展的本质要求，坚持发展成果与员工、社会共享，公司才会拥有源源不断的发展活力。

一是坚持以人为本的理念，实现员工与企业共同发展。建立与员工长远发展相吻合的职业化、专业化发展机制，建立健全与劳动力市场基本适应、与企业经济效益和劳动生产率挂钩的收入正常增长机制，使员工有更多的获得感。加强对困难员工的帮扶工作，关注员工的心理健康，推动健康促进计划，规范职业健康管理。关心海内外一线员工的生活，加强对员工的后勤保障力度。

二是积极履行社会责任，提升企业品牌形象。进一步履行央企责任，满足国家的油气保供和应急保障要求，积极参与环境治理，着力提升海洋作业安全水平和应急处理能力，尽最大力量增加清洁油品的供应。认真参与社会公益，扎实做好援藏等工作。提升公司在国内外的认知度、美誉度和品牌竞争力，擦亮公司品牌。

三是加强各方利益的协调，为公司的发展创造有利环境。加强同政府及相关单位的沟通协调，推进和谐高效用海。积极推动与地方人民政府等利益相关方的合作，努力探索税收均等化，利用共同勘探开发油田、社会公共服务共建等方式，调动周边省市的积极性。

相处久了，小文知道了山羊胡评判稿子的标准，而且知道他有一句名言，"稿子要到自己改不动的时候，才能提交给领导"。俗话说"名师出高徒"，如果自己出手的东西太差了，无论如何是说不过去的。

这次经过精心修改，确实达到了效果。山羊胡看后说："你基本上能胜任工作报告的写作了，以后你就是起草小组的常设成员了。"

第七课

领导讲话稿　真正的"瓷器活"

工作报告写完了，工作会议也开过了，接着就是过春节。这一段时间，虽然工作也繁忙，但大活相对少一些，毕竟不能总是"吃大餐"。忙碌了一年，山羊胡和他的团队也能稍微休整几天，厉兵秣马，准备再战。

一年之计在于春。开年之后，对各项工作都要召开工作会议进行部署，姜总作为单位领导，出席一些重要的会议，并且要发表讲话，做出指示。对于这类讲话，山羊胡往往要提供一个稿子作为参考。因为重要且难写，通常都是资深的同事按山羊胡的思路拿出初稿，再由山羊胡修改定稿后提交领导。有时候姜总觉得有必要或者有时间，也会找山羊胡及起草的同志一起商量，讨论讲话稿的写作。

小文来了一年了，虽然大大小小的稿件写了不少，工作报告的撰写工作也参与了，但重要的领导讲话稿还没有独立承担过，甚至觉得有点遥不可及。

可没想到的是，这天山羊胡偏偏叫上小文，交代了一个讲话稿的写作。原来单位要举办直管干部培训班，姜总要去讲话。由谁起草讲话稿呢？山羊胡想到了小文，毕竟小文参加过工作报告的写作，笔头也硬起来了。山羊胡心想：自己出思路，让小文来写初稿，自己再修改；再怎么样也有自己兜底，还是可以放心使用小文的。

小文一听，有点胆怯："领导，这么重要的稿子要我写，我有点没底啊。要揽瓷器活，得有金刚钻啊。"山羊胡哈哈一笑："小文你还真说对了，在公文写作这条路上，领导讲话稿就是真正的瓷器活，你要是能写好，基本上就能出师了。临阵脱逃，这不像你的风格啊。"

小文被说得有点不好意思，挠挠头说："既然领导信任，我就恭敬不如从命了。不过，光靠我一个人可不行，您得强力支持才行。"

149

山羊胡宽厚地说："你放心，我们一起来。再说，姜总也很重视这个稿子，也会给出指导意见。你还怕什么？"

▌知识点　领导讲话稿的特点和要求

小文趁机说："那您先给我讲讲，领导讲话稿有什么讲究，起草讲话稿要注意些什么。"

山羊胡说："那我先问你，你认为领导讲话稿的内容代表谁的想法呢？"

小文有点纳闷："领导讲话，当然是代表领导啊。"

山羊胡微微一笑："依我来看，领导讲话，是领导个人代表领导机关（或企业）按照法定权责开展公务活动而做的讲话活动。它一般是领导个人、领导集体、领导机关（或企业）三者领导思想的统一，为达到宣传教育、统一思想、部署安排、督促落实的目的。这一定位也决定了讲话稿的重要性，领导很重要的工作就是开会，部署会、动员会、总结会、表彰会、交流会、座谈会、汇报会等，领导开会就是在履行公务，就是在指导工作，而指导工作重要的方式和载体就是讲话，通过讲话对一个单位、一个系统的工作进行部署、提出要求、指出方向。你说讲话稿重要不重要？"

小文似乎有些明白了，但他还是有些困惑："现在党中央不是反对文山会海吗，难道还有那么多会要开吗？"

山羊胡点头说："你说得对，但我们要理解党中央精神的实质，党中央并不是一概反对开会，反对的是以会议贯彻会议，反对的是不停开会却不解决实际问题的形式主义，但推动工作必需的会议还是不能少的。古今中外，开会都是研究和推进工作的一种重要方式，重要的是提高会议的质量和效果，这其中很重要的一个方面就取决于领导讲话的质量和水平。领导开会就得讲话，而且要讲得好，讲得入情入理，得体、到位，讲得有水平，让人印象深刻，这样会议才会有好的效果。很多时候领导都是自己讲，但有时候也需要提供参考的稿件，这时，给领导准备的讲话稿基础好不好就很重要了。起草领导的讲话稿，涉及内容广，承担责任大，是系统的、复杂的文字工程，难度系数较高。可以说，讲话稿既重要又难写，没有相当好的文字功底和综合素质，是很难胜任领导讲话稿的起草的。"

小文还有问题："你说领导讲话稿不完全代表个人，但我们平常又说讲话稿要体现领导个人风格，这是矛盾的吗？"

山羊胡露出了赞许的眼神，每当小文提出好的问题时，山羊胡就感到欣慰，因为他能感受到小伙子在思考。

山羊胡是这么说的："领导讲话稿既体现组织机关意志，同时也阐发领导个人见解，这是领导讲话稿与其他公文形式的最大区别。领导讲话稿不完全代表个人，这是由他的职务和身份决定的，讲话稿是将对工作的思考和要求，通过领导个人的口说出来，与领导发表个人见解是不一样的。当然，这些思考和要求当中，融入了很多甚至大部分领导个人的智慧，所以它的本质是将个人的思想上升为组织的思想，同时凝聚集体的智慧，形成共识。这既是领导所能发挥价值的体现，也是领导个人的管理水平和领导才能的体现。有时候，领导也会讲一些个人想法，目的是引发一些思考，这时可能会特意说明这是个人意见。所以，我们要辩证地去理解领导讲话的职务性与个人性之间的关系，两者并不矛盾。"

小文听得入神，山羊胡接着说："领导讲话体现了领导个人的思想，往往有较强的个人风格，会打上个人的烙印。所以，讲话稿不是千篇一律的，不同稿件的要求会不一样，不同主题的要求也不一样，加上每个领导的风格不一样，这更增加了写作的难度。"

小文感到有些压力："领导想什么、他有什么风格？我又不是他肚子里的蛔虫，怎么能知道呀！要想写好不是一般的难呀。"

山羊胡娓娓道来："所以，起草领导讲话稿，一定要想方设法把领导的思想和意图理解准、领会透，通过细心观察、科学分析，努力去挖掘、扩展、完善、深化和延伸领导的意图，去把握他的风格和特点，这是完成一篇高质量领导讲话稿的重要前提，也是讲话稿能获得领导认可的关键。总的来讲，我们要想写好领导讲话稿，需要注意以下要点：要符合上级的方针政策，贯彻上级的工作部署和指示精神，同时要把握好上级精神与自身实际工作的结合点，分析形势有高度，部署工作态度明朗，提出措施操作性强。我们要充分贯彻和体现领导的意图，契合领导的思路、观点和指示，有一个明确的主题，论述要集中，说理要透彻。要有较强的针对性，对重点、难点、焦点问题，深入分析，充分论述，从领导的角度提出意见。要有新意，尽量反映新形势、新情况、新要求，避免千篇一律。要注意讲话者的个性特点，量体裁衣，使领导念起稿子来朗朗上口，自然顺畅。一般来说，讲话稿要有适当的激情，把领导对事业的专注、对工作的负责和对前景的信心，通过讲话稿体现出来，使领导讲话稿成为一种动员令，引起与会者的热烈响应。我这儿有两篇讲话稿，都是领导在中青年干部培训班上使用过的，时间不一样，主题不一样，但都很好地传达了领导意图，符合领导特点。你可以参考学习。"小文接过山羊胡手中的两份材料看起来。具体内容可扫二维码查看。

加强干部队伍
建设 为推进
公司健康发展
提供人才保障

· · · ·

坚持"三严三实"作风 努力建设过得硬的干部队伍

——在第六期中青年干部培训班上的讲话（部分）

二、自觉践行"三严三实"作风，做公司健康发展需要的好干部

"三严三实"具有很强的思想性、针对性和指导性。公司各级

领导干部，特别是年轻干部要把"三严三实"作为立身之本、行为准则，切实增强践行"三严三实"的思想自觉和行动自觉，做公司健康发展需要的好干部。

自觉践行"三严三实"要"严"字当头，在"实"处入手。万事"严"中求，功绩"实"里显。"严"是"立境界"的觉悟，是"廉作风"的敬畏，是"擅自省"的审慎；"实"是"戒骄躁"的态度，是"求实效"的干劲，是"行正道"的追求。我们应该把"三严三实"作为一种品质去坚守，作为一种责任去承担，作为一种精神去涵养。只有把"三严三实"贯彻到工作和为人的各个方面，才能营造公司风清气正的生产经营环境。

"严以修身"的关键是"立境界"。理想信念是共产党人的精神之"钙"。严以修身就是要努力提升党员领导干部的思想境界，使其思想不滑坡，精神不"缺钙"。当前，面对多元思想相互激荡、物质诱惑席卷而来的严峻考验，我们要把思想政治建设摆在首要位置，严防政治变质、经济贪婪、道德堕落和生活腐化，保持政治清醒和战略定力，始终与党中央和公司党组保持一致，始终坚守道德阵地，才能始终在大是大非面前旗帜鲜明，在风浪考验面前无所畏惧，在各种诱惑面前立场坚定，在关键时刻靠得住、信得过、过得硬。

"严以用权"的核心是"廉作风"。现在社会确实很复杂，各种诱惑、考验很多，一些领导干部把持不住，跌入违法犯罪的泥潭，不仅过去的努力付之东流，还使自己身陷囹圄。身为领导干部，手中多多少少有一些权力，但要真正用好权、行得稳、走得远，就必须从思想深处筑牢拒腐防线。孔子说："君子有三畏：畏天命，畏大人，畏圣人之言。"人之有敬畏心，始知有行为边界。我们应当敬畏道德、敬畏法律、敬畏纪律，知所趋、知所避、知所守，常思贪欲之害，常怀律己之心，常弃非分之想，不拿原则当人情，不拿权力作交换，自觉做到底线不丢、红线不越、高压线不碰。自觉把权力关进制度的笼子里，严肃行使每一项权力，切实做到规范行权。

"严于律己"的要旨是"擅自省"。作风建设是一项持久战，有他律，更要有自律。法律法规是他律，自律则是在信仰之下对高尚人格的主动追求、对法律法规的主动维护。作为一名领导干部，只有心存敬畏、手握戒尺，慎独慎微、勤于自省，才能将他律变为自律，变外在的规则为内在的价值，真正将改进作风落到实处。领导干部在个人思想修养和行为规范方面，慎独慎微是自律的重要节点。领导干部要严于律己，就要心存敬畏，手握戒尺，把慎独慎微作为个人思想修养和行为规范的"防火墙"，时时刻刻、事事处处把握好自己，认真做好每件小事、管好每个小节，见微知著、防微杜渐、洁身自好，"勿以恶小而为之，勿以善小而不为"，做到不义之财不要、不正之风不沾、不法之事不干。

"谋事要实"的基石是"戒骄躁"。我们公司是在艰苦的条件下发展起来的。有的领导干部因为公司现在业绩良好而滋生满足感、优越感，在新的形势下，未能时刻保持锐意进取、奋发有为的精神状态，发扬艰苦奋斗的优良传统，保持谦虚谨慎、戒骄戒躁的心态，从而大胆开拓的激情减弱，争创一流的劲头松懈。实不实，不仅是工作作风问题，也是精神状态、事业心和责任感的问题。功不唐捐，心态端正，才能凝神静气，真抓实干；功成不必在我，不重显绩、志存高远，树立正确的事业观、进步观，才能全身心投入到事业中。改革之路极为艰难，各级领导干部要在深化改革的浪潮中闯关夺隘，有所作为，必须"实心"谋事而后立事。只有临大事而不乱，谋定而后动，才能在新一轮的改革大潮中准确把脉，举棋若定，落子有声。

"创业要实"的重点是"求实效"。求真务实是我国石油行业的优良传统，"爱国、创业、求实、奉献"的大庆精神、铁人精神，以及"三老四严""四个一样"等优良作风是我国工业领域的一面光辉旗帜。公司成立以来，我们从国情和企情出发，不唯上、不唯书、不唯洋，实事求是地探索出符合自身特色和要求的发展模式和发展道路，在国际市场竞争中凸显了独特的综合竞争优势，"创业要实"始终是我们攻坚克难的法宝。当前，公司改革任务艰巨繁重，面临"啃硬骨头""过难关""涉险滩"，提高改革的针对性和实效性，就是要不跟风、不造势、不折腾，各项改革要有的放矢，对症下药，落地生根，取得成效，以此为总原则来推进体制改革、制度创新和政策调整；提高改革的针对性和实效性，必须坚持问题意识和问题导向，从具体问题抓起，抓住主要矛盾和矛盾的主要方面，着眼于解决发展中存在的突出矛盾和问题；提高改革的针对性和实效性，必须考虑改革的轻重缓急先后顺序，实现改革的有序推进、整体递进、稳步前进，避免主次不分、轻重不辨、缓急不明。深化改革是一项系统工程，面临许多矛盾和困难，我们必须把"创业要实"的要求贯穿各项工作始终，脚踏实地、真抓实干，敢于担当责任，勇于直面矛盾，善于解决问题，努力创造经得起实践、时间和全体干部员工检验的实绩。

"做人要实"的根本是"行正道"。从"宁可少活二十年，拼命也要拿下大油田"的铁人王进喜，到"莫看毛头小伙子，敢笑天下第一流"的新时期铁人王启民，尽管时代之潮奔涌前进，但老实做人、踏实做事始终是优秀石油工作者的底色。"做老实人、说老实话、干老实事"，不仅是对石油工作者的特殊要求，也是对各行各业党员干部的要求；不仅是对以往历史时期党员干部的要求，更是新时期全面深化改革对党员干部尤其是年轻干部的要求。当前，公司深化改革进入攻坚阶段，特别需要老老实实做人、踏踏实实干事、兢兢业业工作，具有"三严三实"优良作风的年轻干部。唯有如此，我们的改革才能越难越进，迎难而上，我们的事业才能在砥砺奋进中前行。

古人云："吾日三省吾身。"肩负着改革重任的领导干部尤其是正在成长的年轻干部，也应当每日三省"严"与"实"。要反省修身严不严、用权严不严、律己严不严，看是否做到加强党性修养，是否心存敬畏、手握戒尺，慎独慎微、勤于自省；要反省谋事实不实、创业实不实、做人实不实，看是否做到从实际出发谋划事业和工作，是否脚踏实地、真抓实干，是否对党、对组织、对人民、对同志忠诚老实。广大党员干部尤其是年轻干部应以"三严三实"为座右铭，时时参照、自觉践行，以"三严三实"的过硬作风，敢作为、勇担当，为推进建设海洋强国的伟大事业、实现中华民族伟大复兴的"中国梦"贡献力量。

见小文看完了，山羊胡停下手中的活，对他说："你不是刚刚参加了工

作报告的起草吗？我们讨论过主题、结构和内容，这可以说是综合性文稿的三个支柱，工作报告和领导讲话稿都是综合性强、难度相对大的文稿，有很多相同点，写法上也有很多相通之处，所以工作报告的三个支柱对领导讲话稿也是适用的。你可以贯通起来理解和运用。但此外，领导讲话稿还有些其他的要求，我们后面会体会到。"

画重点　讲话稿不是"写出来"的

带着收获满满的感觉，小文回到自己的座位上，开始构思起来。按照写工作报告的经验，他想先理清思路，拿出讲话稿的提纲来。

万事开头难，第一次起草领导讲话稿，小文毫无经验，久久找不到感觉。他试图回顾山羊胡说过的话，但关于讲话稿的这些理论性的东西，似乎没有足够的指导作用。一转眼，小文坐了快一个下午，绞尽脑汁也没写出几个字。

就在小文苦恼的时候，山羊胡过来了，看着小文有点焦虑的神情，故意调侃地说："怎么了，有难度啊？看你如临大敌的样子。"

小文叹了一口气说："我琢磨了一下午，可就是迟迟进入不了状态，长时间徘徊在稿子的外头，郁闷呐。"

山羊胡深有体会地说："没找到钥匙，所以打不开门啊。这看起来好像是一种心理状态，其实是思维方式问题。要知道，讲话稿不是'写'出来的。"

小文有点懵了："讲话稿不是'写'出来的？那还能是怎么出来的，总不可能是自己蹦出来的吧。"

山羊胡哈哈笑了，"我一说你就明白了。不是'写'出来的，而是研究出来的，思考出来的。讲话稿的内容，是对事物认识的结果，或者说是对事物认识的文字反映。写讲话稿，首先要研究'事'，而不要先研究'字'，先研究字，容易陷入误区和僵局。"

小文有点明白了，又听到山羊胡继续说："顾名思义，讲话稿是'讲话'，讲话就是说话，就是用'话'来分析、研究、部署工作，提出对工作的要求。而这些'话'则是起草者和讲话者对事物及其规律的认识，而这种认识是通过研究'事'得出的，然后用文字表达出来，这就是讲话稿。所以说，起草讲话稿首先要做一个研究者，而且要研究'事'，如果光研究'字'，那就成了'文字匠'了。"

小文连忙追问："那要研究哪些事呢？"

山羊胡一一说来："第一，研究上面的事，主要是上级的文件、会议材料、领导讲话等，通过对这些材料的细心研读，从中领悟和把握上级的精神，看有哪些新政策、新观点、新要求、新提法，便于我们在起草讲话稿的过程中有所遵循、有所借鉴、有所吸收和有所体现。第二，研究外面的事，就是外部形势，发展趋势、动态、最新观点，好的经验、做法和政策举措等。第三，研究下面的事，如下属单位有哪些值得总结提炼的好经验、好做法，哪些问题具有普遍性，指导工作如何具有针对性。而最重要的是研究自己的事。领导讲话是为了解决实际问题的，所以我们必须把本单位的情况、取得的成绩、存在的主要问题搞清楚，研究提出重要工作任务、思路和措施，使所起草的讲话稿具有针对性、实用性。把这几个方面的事情基本研究明白了，还需要把这些'事'变成文字，转换成讲话稿。"

小文这下算是弄懂了，他笑着说，"您说讲话稿不是'写'出来的，让人觉得很难理解，这么一说就明白了。"

山羊胡说："我还是举例向你说明一下，你知道去年我们开过一次创新大会吧，我们起草的稿子反响不错，你找来看看，能更直观地理解'讲话稿不是写出来的'这句话的意思。"

山羊胡说完就走了，小文赶紧打开共享文件夹，找出了创新大会的讲话稿。具体内容可扫二维码查看。

读完之后，小文久久还在回味。要写出这样的讲话稿，

积极践行创新
发展理念，
用创新塑造
公司未来

理出这些观点和思路，得花多少时间和精力去研究和思考啊，难怪说"讲话稿不是写出来的"。而这些有指导性、有针对性的好建议如果都能落地，那该多好啊！

课堂作业　讲话稿首重立意

小文想，范文虽然好，但毕竟不能直接让自己长本事，学习完了之后，还得将从中得到的体会运用到自己的工作上，才能消化吸收。

小文随后做了一些功课，开始搜集、了解和消化这篇接下来要写的讲话稿涉及议题的相关材料，从研究"事"入手，慢慢脑袋里就有点观点和想法，不是空空如也了。

第二天一早，刚到办公室，山羊胡就急匆匆地过来说："快点准备一下，姜总早上有时间，他要召集我们讨论讲话稿的事。"

小文一听有点急了："我昨天刚刚想了一下，还没来得及形成书面的提纲，怎么办呢？"

山羊胡说："姜总应该是和我们讲他的想法和要求，暂时还用不着提交什么，主要听领导怎么说吧。"

小文怀着忐忑的心情，和山羊胡来到会议室，一会儿姜总来了，热情爽朗地开门见山道："我和你们这些'秀才'研究一下这篇讲话稿的思路。这次培训很重要，是按照中央要求，在全系统对直管干部进行培训，目的是要提高大家的认识，把思想和行动统一到中央精神上来，最终是要把学习培训得到的认识落实到具体工作当中，推动我们事业的发展。所以我到时和大家讲点什么，怎么讲，就很关键，要通过你们的笔，把我的想法表达出来，引起大家的共鸣。"

山羊胡不失时机地说："领导，您讲的这个很重要，把讲话的意图说清楚了，为我们定下了调子，也给这个稿子确定了很好的立意。"

姜总点点头说：“你说得没错，写文章首先要重视立意。古人所讲的‘意犹帅也’，就是说立意是整个文章的统帅，统领了主题、结构、内容、语言等。写一篇讲话稿，你们就要想清楚通过写的内容要表达什么观点，表明什么态度，明确目标，确定基调，这样文章也就有了思想基础。所以我找你们讨论，重点就是确定立意，立意的好坏直接决定着文章质量，是文章的灵魂命脉，这是写文章的第一关啊。”

山羊胡接过话说：“姜总您真是专家级领导啊，说得太到位了。这确实是我们工作中的体会，文章好不好，立意是关键，有句行话叫‘意在笔先’。”

姜总说：“那你们说说，这篇讲话稿应该如何立意，应该突出什么？”

看着姜总鼓励的眼神，小文说：“那我斗胆说说自己的想法吧。我觉得这次讲话，因为是在结束时做总结，应该是结合大家的讨论发言，在总结培训收获的基础上，做进一步的升华，谈认识，提要求，目的是用中央最新精神武装大家的头脑，使大家带着新的认识、新的体会、新的要求，投入工作。”

姜总点点头，山羊胡接着说：“要确定好的立意，我们按照您的大思路，再进一步细化，准备从三个方面进行思考，首先是从高度上思考，要心系全局、心系大势来思考，不能停留在就事论事，这样对事情看得更全面，对问题看得更透彻，讲话的思想性和指导性更强。这次是学习党中央精神，那就要着眼国有企业领导干部的党性修养这样的高度。其次是从深度上思考，就是要尽量思考得深入独到，观点具有哲理性、理论性，能启发受众思考，扩展受众思路，不能是浮于表面，泛泛而谈。我们不能照搬照抄党中央精神，更多的要结合实际来谈，让大家对中央精神有更深的体会。最后是从角度上进行思考，要找到有新意、有价值的角度，给人耳目一新的思想启发。谈认识要有独到的思考，提要求要让人印象深刻。”

姜总笑着说：“好个山羊胡，有一套，立意要三思而行，总结得很不错嘛。特别要记着立意要高，不能平。就先按你们的想法去准备吧。”

姜总又去忙别的工作了，小文跟着到了山羊胡的办公室。

山羊胡从计算机里打印了一份稿件，递给小文说："刚才说的三思而行，我们结合这篇文章来看看。这是一个论坛上的致辞，本质上也是一个讲话稿。你先读完，找出它的高度、深度和角度体现在哪儿。"小文接过来，往下读。

• • •

全球能源格局变迁与能源的可持续发展

——在中国发展高层论坛年会的发言

女士们，先生们：

大家下午好！

能源是人类社会赖以生存和发展的重要物质基础。当今世界，由于能源的基础性作用及其与地缘政治和金融活动的密切联系，它已成为世界经济体系变动的"风向标"和"晴雨表"。全球能源格局的变迁深刻地反映和影响着世界战略格局的演进。纵观当前和今后一个时期的国际能源格局，我认为将呈现以下四个特点。

第一，全球油气生产西移和消费东移的趋势更加明显。近年来，随着技术的不断进步，加拿大的油砂、美国的页岩气、委内瑞拉的超重油等非常规油气资源开始突破它的经济和技术界限，产量快速上升，西半球在世界油气生产中的地位越来越重要。与此同时，随着中国、印度等新兴经济体的发展，位于东半球的亚太地区已经成为世界最重要的油气消费地区。

　　第二，美国谋求"能源独立"取得重大进展，正在深刻影响全球的能源格局。近年来，随着近海油气田的开采，特别是以页岩气为代表的非常规油气的成功开发，加上能源使用效率的不断提高，借助于油气供需两端的变化，美国综合能源自给率大幅提升，"能源独立"战略由此取得了新进展。这不仅为美国找到了一条可持续发展的能源安全路径，也正在深刻改变全球能源、经济乃至地缘政治版图。

　　第三，全球剩余油气储量十分丰富，未来油气勘探开发潜力巨大。在经历了百年油气勘探历程后，全球待发现的常规可采油气资源仍然高达2425亿吨油当量，已发现的油气田未来储量增长潜力也十分可观。同时，非常规油气开发的技术也在逐步完善和推广，因此"石油峰值论"目前已经没有太多市场。

　　第四，应对气候变化成为全球共识，能源革命初显端倪。近年来，以全球变暖为标志的气候变化日益引起了关注和重视，越来越多的国家加入应对气候变化的行动当中，一场以绿色低碳为特征的技术革命和产业革命正在悄然降临。气候变化问题的核心是能源，应对这一挑战需要一场深刻的能源革命。

　　当前，由新兴经济体引发的全球新一轮工业化浪潮带来对能源的巨量需求，引起了人们对资源和环境承载能力的担忧。我们认为，快速增长的能源需求和应对全球气候异常变化带来的严峻挑战并不是传统化石能源的末路，相反，依靠创新的力量，依靠科技的进步，提高能源使用效率，构建可持续发展的能源供应链，传统化石能源必将得到更加充分和高效的利用和发展。

　　中国是一个发展中大国，也是世界能源生产和消费大国，中国的能源供应主要立足于国内，多年来综合能源自给率始终保持在较高的水平。30年来，中国以较低的能源增长速度支撑了国民经济的快速发展，为促进世界经济的繁荣、保持能源安全格局做出了贡献。未来一段时期，中国将加快推进产业转型升级，提高能源、资源的利用效率，构筑稳定、经济、清洁、安全的能源供应体系。

作为中国重要的能源公司之一，我们自成立之日起就一直致力于为中国的经济发展提供更充分的能源供给，同时始终坚持在对外合作中发展壮大。我们主要做了以下四个方面的工作。

第一，通过增加勘探投入、提高技术水平，增强资源供应的能力。第二，积极发展清洁能源，率先把LNG（液化天然气）引入国内，在中国沿海建立天然气"大动脉"，发展LNG电厂、民用燃气等业务。第三，深入开展国际合作，坚持互惠互利、诚信双赢。第四，大力加强节能减排工作，在企业发展的同时，推动发展方式的转变，与自然和谐相处。

女士们，先生们：

世界能源格局从未像今天这么复杂多变，而人类社会也从未像今天一样休戚与共，企业从未像今天这样持有共同的价值理念。能源是全球性的问题，在经济全球化的条件下，世界各国的能源供需和能源安全相互依存，绝大多数国家都不可能离开国际合作而保障能源安全，因此我希望我们能加强合作来解决全球的能源问题。

小文读完了，略微思考后说："这篇稿子虽然不长，但在立意上较有特

点，准确表达了对全球能源格局的洞察，又恰当表明了企业的理念和立场，传递出推动行业可持续发展的愿望，显出了信念和诚意。"

他继续讲，"在高度上，讲话的场合是一场全球性的高层论坛，演讲者既是企业的高管，也是行业中的领袖，这就要求不能局限于一家企业的视野。而这篇文章恰恰着眼于'全球能源格局变迁与能源的可持续发展'这样具有全球视野的题目，从人类社会、国际经济体系、全球能源格局、世界战略格局谈起，显得很有高度，符合演讲者的身份和当时的场合。"

"在深度上，在一个以全球能源领域业内人士为主要受众的国际高层论坛上，对谈论的能源问题应该要有深入的研究，触及能源问题的内在本质。这篇文章对这些问题有比较独到的思考，总结了国际能源格局的四个特点，还是很到位的，能够得到与会人士的认同。"

"在角度上，最能反映能源问题价值的就是能源对人类的重要作用，这个稿子也选取了这一角度切入，用'重要物质基础''密切联系''风向标''晴雨表'等表述，反复强调能源问题对人类的重要性，准确把握了国际能源问题的本质，抓住了受众的注意力。"

小文意犹未尽地说："我狗尾续貂一下，在你说的三个'度'后面再加一个尺度。这篇稿子对整个篇幅的控制很合理，对于国际、中国和企业三个主体的内容布局把握很得当。把主要笔墨花在全球能源格局上，也重点强调中国对世界能源安全做出的贡献，而且用简短精练的篇幅讲述了自己所在企业对国家能源供给所做的努力和贡献，既切合主题，又使企业得到更多关注，也不会让人反感，构思很巧妙，尺度也把握得好。"

山羊胡很满意："看来你已经悟到了。可以看得出来，立意确实重要，它就像文章的大脑。有了好的立意，再对素材进行消化吸收、思考沉淀、转化加工、提炼升华，根据讲话的主题、内容、场合、目的等，进行综合考虑，再来明确具体讲什么内容，讲几个方面。所以立意的要旨就是，意在笔先，如帅将兵。"

带着这些新的思考，小文回到座位上，思路一下子就开阔了。在一个下午的时间内，他就拿出了一份提纲。接下来的两天，山羊胡出差了，小文就按照自己的提纲往前写，很快完成了初稿。

思考题 讲话稿的语言要求是什么

山羊胡一回来，小文赶紧把稿子拿过来给他看。山羊胡看下来，舒展的眉头又有点皱起来："你这篇文章，立意已经过关了，思路框架也清晰，总体内容也还可以。但有一个问题，语言上太正式，太呆板，像老师在讲课，不太像讲话稿。如说这一段。"小文顺着他的手指看过去：

我们不是为了学习而学习，学习的根本目的是要坚定理想信念，补足精神的"钙"。要从明理、研史和度势三个维度加强学习。明理就是学习理论，做理论上的明白人。只有建立在对科学理论的理性认同上的理想信念才可能坚定而持久。这就要求我们要原原本本地学马克思主义经典理论。通过学原文、读原著、悟原理，深刻认识马克思主义的真理性、必然性；要学好中国化的马克思主义，习近平总书记系列重要讲话精神和治国理政新理念、新思想、新战略是中国特色社会主义理论体系的最新成果，是马克思主义中国化、时代化的最新成果，我们要以高度的思想自觉和行动自觉，系统、深入学习，并以此武装头脑、指导实践、推动工作；要深刻领会马克思主义立场、观点、方法，把马克思主义作为重要思想武器，坚定马克思主义人民立场，坚持马克思主义世界观、人生观、价值观，掌握辩证唯物主义和历史唯物主义的世界观和方法论，坚定信念、笃定意志、明晰方向，提升能力。

研史就是要研习历史，从感悟中吸取力量。只有建立在对历史规律正确认识上的理想信念才可能坚定而持久。要学习研究共产党的历史，认识到只有共产主义才真正彰显了为人民利益而奋斗的根本宗旨，体现了共产党人无私忘我的崇高境界，展示了最彻底、最广泛的号召力，从而坚定理想信念；要学习研究中国特色社会主义建设的历史，认识到中国特色社会主义是党领导人民团结奋斗创造的根本成就，在探索过程中，尽管历经千辛万苦，付出了各种代价，但我们党始终不忘初心、坚定信念，不断总结、修正完善，取得了举世公认的伟大成就，展示了中国特色社会主义道路的无比优越性和强大生命力；要学习研究人类社会发展史，认识到共产主义远大理想与其他社会理想的根本区别，就在于它符合人类社会历史发展的客观规律，具有历史的必然性。通过学习和感悟历史，坚定我们的理想信念。

度势就是要审度趋势，从现实出发研判、把握未来发展趋势。只有建立在对基本国情及其未来走向准确把握上的理想信念才可能坚定而持久。要认识到我国正处于并将长期处于社会主义初级阶段，这是中国最大的国情、最大的实际，是我们思考问题、推动工作的总依据。面对当前纷繁复杂的国际、国内形势，对现阶段的中国特色社会主义建设实践，我们既要从历史的角度看也要从现实的角度看，既要从物质的层面看也要从精神的层面看，既要从成绩的方面看也要从问题的方面看，既要看到低谷也要看到高峰，还要看到它们之间的转换，找准突破口、切入点，精准发力，切实推动事业发展。理想的实现需要行动的支撑。作为共产党员，我们既要登高望远，坚定理想信念，又要脚踏实地，做好当前的工作，进一步增强政治意识、大局意识、核心意识、看齐意识，把坚定理想信念同贯彻落实党中央决策部署结合起来、同推动公司健康可持续发展结合起来、同干好本职工作结合起来，走对路、扎实干，把坚定的理想信念体现在务实担当的作风和实实在在的工作成效上。

小文有些不太理解：讲话稿的语言有什么特别要求吗？和工作报告有什么不一样呢？

山羊胡像看出了小文的心思一样，缓缓地说："语言是思想的载体，是文章最为鲜活的部分，它的作用不能小看。不要觉得领导讲话稿是官样文章，就对语言不讲究，如果是四平八稳，陈词滥调，甚至一副'八股'腔，说好听点是严谨，说不好听就是思想僵化、语言苍白，不能给人鲜活的感受，也就达不到应有的效果。要想改变大家对领导讲话稿的刻板印象，就得从改变语言入手。"

小文十分认同："您这么说我就明白了。以前听一些领导讲话，也觉得是照本宣科，味同嚼蜡，甚至被人说成不说人话，没想到我自己起草讲话稿时也犯了这样的毛病。那对讲话稿语言要注意什么呢？"

山羊胡说："讲话稿很重要的一点是，要把握具体的情境，是什么场合，对谁说，受众的关注点、期待和需求是什么，要有这样的对象意识，才能有的放矢。讲话稿分很多种，有部署性讲话稿、研讨性讲话稿、表态性讲话稿、庆典性讲话稿、总结性讲话稿、汇报性讲话稿、交流性讲话稿等，每一种讲话稿的使用场合和对象都有所不同，所以侧重点也不一样。所以讲话稿的语言绝不是一样的，而要根据用途、对象的不同灵活改变，该严肃的严肃，该活泼的活泼，该委婉的委婉，该激昂的激昂，这样才能与受众互动交流。"

小文说："我明白了，这个讲话稿兼具总结性和研讨性的特点，对象兼具学员和同志的双重身份，领导去讲话，既是对培训的总结，更是和大家思想的交流，所以要有亲和力、感染力。"

山羊胡点点头："你说得没错。除了对象意识，我们还得有角色意识，就是要符合讲者的身份和角色，尊重和体现领导的个性。每一位领导讲话都有自己的风格、特点和要求，而且这种风格基本上是稳定的，有的领导比较有激情，有的领导比较深沉善思，有的领导亲和力强，有的领导逻辑缜密，有的领导讲话干净利落，要把握好不同的风格，这样写出来的稿子才像是领导说的。"

小文挠挠头说："既要准确了解和把握领导的风格，还要结合每次具体情境，结合领导的思想意图，把这种风格体现在每个稿件中，这个难度不低呀。"

山羊胡说："慢慢来吧。记得要把领导的意图领会清楚、特点体现充分，就得找准角色定位，善于'自我提拔'，以领导的思路、口吻，站在领导的高度来思考问题，这样才能写出符合领导风格特点的讲话稿。"

山羊胡接着说："除了对象意识和角色意识，我们还要把握讲话稿语言的一些特点和要求。首要的是准确，从内容的把握到语言的描述，到具体事实和数据，都必须做到准确，时时刻刻用是否准确这根准绳来衡量。对事情的把握是否符合实际，语言是否准确无歧义，都是要特别注意的。然后是要简洁，少说一些'正确的废话，漂亮的空话，严谨的套话'。"

小文听到这里，插了一句："这个确实是这样。现在都在提倡'短实新'的文风，可很多文章还是很长，看来积习难改啊。"

山羊胡说："你观察得对。长文之风屡煞不绝，我觉得原因主要有这么几个方面。一是形式主义作祟，一些人错误地认为只有长文章才能显示对工作的重视、显示文字工作的水平，甚至有的不求有功但求无过，缺乏担当，生怕承担遗漏某方面工作的责任，有意写得长，写得面面俱到，让人挑不出毛病。二是分析概括能力不强，抓不住重点，抓不住本质，觉得什么都重要，什么都不能丢。三是低估读者的理解力，生怕讲短了、少了会使读者不能理解。"

小文说："现在流行说接地气，我觉得领导讲话不能板起面孔，也要接地气才能吸引人。"

山羊胡说："是的。讲话稿在准确、简明的同时，也要生动活泼，有吸引力和感染力，就是你说的接地气。这种语言的活泼，有些人片面理解为，使用一些俏皮话或者流行语，这是不对的，有时还会适得其反，生动更多指的是文稿的一种内在精神，思想活泼，思维敏捷，力避呆板、老套、枯燥、模式化、概念化。"

小文说："您能举个例子吗？"

山羊胡打开计算机，找出一个文档，叫小文过来看："这是在党的群众路线教育实践活动动员大会上的讲话，领导在讲话中强调，要求以好的作风开展好教育实践活动，从五个方面说：解决突出问题，防止'空对空'；注重分类指导，防止'一刀切'；坚持开门搞活动，防止'封闭式'；推动中心工作，防止'两张皮'；注重建章立制，防止'一阵风'。这里的语言运用就体现了既严肃又活泼的特点，把明确的要求融入通俗易懂的语言，比干巴巴地提要求效果好很多。"

看完这个，山羊胡又打开一个文档，指给小文看："这个稿子，虽然是前几年写的，但比较好地体现了对象意识和角色意识，也做到了准确、简洁和生动，文章不长，你就在这儿看一下吧。"小文看到的是下面这篇稿子。

••••

在与总部部门新任主要负责人集体谈话时的讲话

今天，我代表领导班子与总部部门新任主要负责人以及交流任职的原总部部门主要负责人进行集体谈话。谈话会后，大家就将走上新的岗位，承担新的责任。首先，我代表领导层，向你们表示衷心的祝贺！

公司领导层十分重视领导班子和干部队伍建设。今年上半年，安排组织了为期两个月的干部集中考察，摸清了机关部门和所属单位领导班子和干部队伍的情况。在干部集中考察的基础上，着眼公司战略发展需要，结合干部队伍的实际情况，此次进行了较大规模的干部集中调整交流，共提任交流干部43人，其中提任18人，平级交流25人。今天在座各位同志的调整交流，就是在干部集中考察的基础上，党组充分酝酿、认真考察、广泛征求意见、严格组织程序，集体研究做出的决定，充分体现了党管干部的原则和党的干部方针，坚持了新时期好干部的标准，顺应了广大员工的期盼。

组织决定让你们到新的岗位任职，是对你们的信任，也是对你们原岗位工作业绩的肯定，公司上下非常关注，希望你们要珍惜岗位、经受考验，不辜负党组的期望。刚才，大家都分别做了发言，都讲得很好。下面，我再讲几点意见。

一、要充分认识这次干部调整交流的意义

这次干部调整交流是在贯彻落实党的十八大、党的十八届三中全会精神以及全国组织工作会议精神的背景下，在扎实推进公司有质量、有效益、可持续发展的重要时期，在总部职能优化的过程中实施的。党和国家提出建设海洋强国的战略部署，党的十八届三中全会做出全面深化改革的重大决定，公司描绘了未来20年的发展蓝图，既为广大干部提供了难得的发展机遇，也给大家提出了更高的要求。"政治路线确定之后，干部就是决定因素。"我们要在建设国际一流能源公司上有所作为，在建设海洋强国中有所建树，在全面深化改革中有所突破，就必须认真做好干部队伍建设。我在今年的第五期中青年干部培训班上强调，公司的事业要发展，关键在于各级领导班子，关键在于干部队伍。干部工作做好了，公司的发展才有希望。这次的干部集中调整交流，就是要进一步优化总部主要部门班子结构，形成梯次配备、优势互补、结构合理的领导班子，为干部队伍建设注入新的活力，为进一步提高各级领导班子的履职能力打下基础，为扎实推进"二次跨越"提供组织保障。

二、要更加认清自己身上肩负的责任

组织上对干部工作一直是高度负责的，在这次干部调整过程中，领导层十分慎重，对每一个干部的任职，都经过了认真考虑、反复考虑。我理解，这种负责是双向的。一方面，组织要对发展负责，要对干部负责。选人用人的时候，干部在看组织，也就是干部希望组织不要亏待了那些埋头苦干的人，真正把那些想干事、会干事、能干事、干成事的人安排到合适的位置上去，这是组织对干部负责的问题。另一方面，干部要对工作负责、对组织负责、对群众负责。也就是要求我们的干部必须一心一意、尽心竭力做好工作，不辜负组织的重托和群众的信任，这是干部对组织负责的问题。当前，公司正处于推进改革发展的重要时期，各项工作任务很重，需要破解的难题很多，总部在公司发展中起着"中枢"和"大脑"的作用，责任尤其重大。希望我们每个同志在这次职位调整中不管是"进"，还是"转"，都要更加认清自己肩负的责任和使命，时刻牢记领导岗位是稀缺资源，更是公共资源，做到权力面前勤思义务，职位面前多想责任。希望每个同志都能正确看待自己，正确看待他人，正确看待组织，既要懂得组织的良苦用心，更要懂得珍惜机会，尽快进入新的角色，在新的征程中起好步，早日开拓工作新局面。

三、要按照新时期好干部的标准做好表率

干部是群众的标杆，一言一行、一举一动都会影响带动周围的群众。在今年的总公司第五期中青年干部培训班上，我代表党组对新时期公司的好干部提出了五条标准，即"坚持理想信念，坚持群众路线，坚持真抓实干，坚持敢于担当，坚持清正廉洁"，这既符合党中央对好干部的要求，也饱含组织和群众对好干部的期盼，希望你们按照好干部的标准履职做事，切实发挥好表率作用。《大学》中说："君子有诸己而后求诸人，无诸己而后非诸人。"领导干部要始终以身作则、率先垂范，要求别人做到的自己首先要做到，要求别人不做的自己首先不做，真正体现"一个干部就是一面旗帜"。

一是做坚持理想信念的表率。讲政治、顾大局，保持政治清醒和战略定力，始终与党中央保持一致，把理想追求转化为报国之志、强国之举，转化为对事业的不懈追求，保持旺盛的奋斗意志和奉献精神，思想不滑坡，精神不"缺钙"。

二是做坚持群众路线的表率。要始终牢记党的宗旨，保持与群众的血肉联系，公道做事，正派做人。要贯彻执行民主集中制，主动放下架子，团结班子、团结群众、团结各方面力量，努力形成促进工作上台阶、上水平的合力。要按照职能优化后对机关提出的新要求抓好工作，切实发挥好机关的宏观指导、综合协调等作用，当好党组的参谋助手，更好地为基层和群众服务。

三是做坚持真抓实干的表率。要求真务实、讲求实效，真正把心思用在干事业上，把功夫下到查实情、出实招、办实事、求实效上，提高执行能力，倡导立说立行，以踏石留印、抓铁有痕的劲头，扎扎实实地把党组的各项决策部署落到实处。特别要强调的是，当前已到年终岁尾，各项工作任务繁重，大家要认真抓好工作衔接，做到队伍不散、工作不断、秩序不乱，保证平稳过渡。

四是做坚持敢于担当的表率。敢于担当落实在行动上就是任其职、尽其责，在是非面前旗帜鲜明、原则至上，在困难面前知难而进、敢闯敢干，在矛盾面前敢抓敢管、动真碰硬。大家到新岗位后，要尽快融入新的集体，与群众打成一片，更要以好的作风带好队伍，坚持原则、树立正气，不得"软骨病"，不当"老好人"，在工作中恪尽职守、勇于担当，事不避难、义不逃责。

五是做坚持清正廉洁的表率。要时刻紧绷廉洁从业这根弦，把清廉作为一种品位、一种追求、一种责任来对待，珍惜组织和群众的信任，珍惜自身的人格尊严，珍惜自己的政治生命，加强道德修养，严格要求自己，淡泊明志，克己自律，不戚戚于名利，不孜孜于逸乐。始终保持艰苦奋斗的优良传统作风，坚决抵制"四风"的侵蚀，本分做人，干净做事。

最后，希望大家倍加珍惜赋予你们的职责，倍加珍惜公司改革发展的大好形势，倍加珍惜广大干部员工对你们的殷切期望，开拓创新、积极工作，以自己的实际行动交上一份满意的答卷。

▎课堂作业　一份讲话稿的撰写

带着山羊胡讲解的对象意识、角色意识两个意识，以及准确、简洁、生动三个要求，小文对自己的初稿进行了认真打磨修改，直到自己满意了才上交。可以说是首战告捷，从山羊胡的评价和姜总的反馈，以及从培训班现场得到的反响看，这是一份质量很高的讲话稿。

在直管干部轮训班结业仪式上的讲话

同志们：

今天参加直管干部轮训班第一期的结业仪式，感到很高兴。在一周时间里，××名直管干部一起认真学习了习近平总书记系列重要讲话精神；重温了中国共产党从严治党的历史脉络，进一步了解了中央关于全面从严治党的理论与举措；重点学习了《关于新形势下党内政治生活的若干准则》《中国共产党党内监督条例》，并听取了中央及公司干部监督有关规定宣贯。课程很丰富，时间安排很紧凑，大家认真投入、积极参与，表现了良好的学习状态和精神风貌，切实做到了学有所获，研有所得。

刚才，几位同志畅谈了学习感受，可以看出，大家的体会都很深，受益都很多。应该说，这次轮训取得了预期效果，大家的收获主要包括以下几个方面：第一，对习近平总书记系列重要讲话精神进行了系统深入的学习，对系列讲话精神要义进行了重点解读，使我们更加深刻地领会精神实质、把握核心要义；第二，通过对《准则》《条例》的学习和对从严治党历史的回顾，使我们对党中央关于全面从严治党的理论和具体举措有了更加深刻的理解、认识和把握；第三，通过对全国国有企业党建工作会议精神的再学习，结合工作具体实际，深刻把握国企党建的精神实质和内在规律，对党要管党怎么管、全面从严治党怎么治、党管干部怎么管等一系列具有战略性、思想性和针对性的新观点、新论断、新思路和新方法有了更加全面的理解和领悟，很好地指导了今后企业党建工作的开展。

首批轮训工作组织得很好，借此机会，我代表党组对大家顺利结业表示祝贺，对辛勤授课的老师们和党校的工作人员表示感谢。

我们党历来重视干部教育，始终把干部教育作为建设高素质干部队伍的先导性、基础性、战略性工程。公司对干部教育培训也非常重视，今年安排直管领导分三批进行全覆盖的轮训，目的就是抓好领导干部这个"关键少数"，努力打造政治强、纪律严、作风正、业务精的过硬干部队伍。当前，学习贯彻好习近平总书记系列重要讲话精神，是一项重要的政治任务，也是我们此次直管干部轮训的主要目的。一段时间以来，公司领导班子通过各种方式加强了学习，在学习中切实增强"四个意识"，不断加深对习近平总书记系列重要讲话精神的理解，在这儿我谈一点自己的学习体会，和大家交流。

作为党员领导干部，我们要紧扣"坚定不移推进全面从严治党"这个鲜明主题，围绕"严肃党内政治生活和加强党内监督"的基本要求，着力从思想上深刻领会"四个新"。

一是要着力领会"新征程"。党的十八大以来，以习近平同志为核心的党中央全力推进全面从严治党，取得重要阶段性成果，为开创党和国家事业发展新局面积聚了强大正能量。但必须看到，由于我们党面临的执政环境、党员队伍构成和影响党的先进性、纯洁性因素的异常复杂，党内存在的一些深层次问题并没有得到根本解决，一些老问题反弹回潮的风险依然存在。为此，党中央明确提出：全面从严治党永远在路上。所以党在深刻总结十八大以来全面从严治党实践经验基础上，通过新的重大决策部署坚定不移地推进全面从严治党向纵深发展，直面当前党内政治生活和党内监督存在的突出问题，提出一系列具有治本意义的重大举措，从而把全面从严治党推向了新的高度，开启了全面从严治党新的征程。我们要结合当前全面从严治党面临的新形势、新任务，站在党的事业发展全局的新高度，着力从思想上深刻领会"新征程"的时代背景、总体目标、重大举措和治本意义，从而自觉适应"新征程"的要求，主动跟上党中央全面从严治党的新步伐，切实解决认识上不到位、思想上不适应、行动上不自觉的问题，做到不掉队、不落伍、不糊涂、不犯错，努力做政治上的明白人。

二是要着力领会"新体系"。坚持思想建党和制度治党紧密结合是党的十八大以来全面从严治党的重要经验。制度治党要求优先建设具有基础性、关键性意义的党内法规制度，严肃党内政治生活是全面从严治党的基础，加强党内监督是全面从严治党的重要保证，两者在全面从严治党中都处于基础性、关键性地位。《准则》和《条例》审议通过后，全面从严治党的党内基础性法规制度体系进一步健全。当前以《中国共产党章程》为统领，从《中国共产党廉洁自律准则》开始，到《关于新形势下党内政治生活的若干准则》《中国共产党党内监督条例》《中国共产党问责条例》，再到《中国共产党纪律处分条例》，我们党已经形成了一个高线和底线、自律和他律、软要求和硬约束相结合的、日益完备的党内基础性法规制度新体系。我们要抓住制度治党这个关键，着力深刻领会《准则》和《条例》的问题指向、基本要求和创新之处，正确把握这个"新体系"对全面从严治党的制度支撑作用，切实增强对党内法规制度的敬畏和戒惧，养成尊崇党章、遵守党规的党性自觉，坚决守住纪律规矩这个底线，同时自觉朝着理想信念宗旨这个高线方向努力，不断向善向上，始终保持共产党人的崇高精神追求。

三是要着力领会"新要求"。党中央聚焦新形势下党内政治生活存在的突出问题，通过建章立制，对新形势下加强和规范党内政治生活，提高党内政治生活的政治性、时代性、原则性和战斗性提出了许多新的要求，明确规定了新形势下在党内政治生活中什么是对的、什么是错的；什么是允许做的、什么是不允许做的；什么是要提倡的、什么是要反对的。目的在于使党员能够做到思想上是非清楚、政治上清醒坚定、行为上有章可循，从而为严肃党内政治生活提供根本遵循，保证党的思想路线、政治路线、组织路线和群众路线的贯彻执行，保持党的先进性和纯洁性。同时，聚焦党内监督存在的薄弱环节，围绕"权力、责任、担当"进行制度设计，对党内监督的总体要求、基本原则、目标任务、主要内容、重点对象等做出了明确规定，提出了建立全方位、全覆盖、无禁区、无例外的党内监督体系的新要求，推动解决党内监督覆盖不到位、责任不明晰、执行不得力等突出问题。我们要增强问题意识和问题导向，着力深刻领会这些"新要求"的具体内涵，自觉适应、主动遵守这些新要求，确保自身言行符合新要求，决不犯政治立场和政治方向错误，决不踩纪律规矩这个"带电的高压线"。

四是要着力领会"新担当"。党中央就新形势下全面从严治党做出的新的重大决策部署，充分体现了党中央的坚强决心和历史担当，体现了全党的共同意志和心声。这也表明，全面从严治党只会加强，不可逆转。全面从严治党是全党的共同任务，必须全党一起行动，每一个党组织、每一名党员都有责任、都要担当。我们学习党中央精神，最终也要落实和体现在有所担当的具体行动上。要深刻领会"新担当"的使命要求，增强敢于担当的意识，始终对党忠诚，明白自己作为党员应该做什么、应该怎么做。要坚决反对和抵制各种错误言行，自觉做到在党言党、在党爱党、在党忧党、在党护党，主动履行好党章赋予的权利和义务，努力为党的事业新发展尽职尽责，在全面从严治党的新征程中做到担当有为。党员干部要增强"在经济领域为党工作"的意识，牢记"我为祖国献石油"的使命，积极承担好党和国家赋予我们的使命，担当尽责，矢志报国。

这是我学习当中的一些体会和感受，供大家参考。在这里，我还有三句话想和大家分享。

第一句话，在党性修养的课堂上，永远没有结业的时候。我们经常讲，提高党性修养，是共产党人一辈子的必修课。这就是说，虽然提高党性修养离不开课堂学习，但不是说参加一个培训班、学了几门课就一劳永逸了。有一些同志觉得，把工作干好是最主要的，党性强不强，也不容易看出来；也有些同志觉得，自己只要不违法乱纪，党性修养就没问题。这些想法本身就是党性修养不高的表现，如果我们放松了对自己党性修养锻炼的要求，就有可能思想松懈、党性滑坡，"总开关"就可能滑丝脱扣。所以我们今天的结业，只是大家党性学习过程中的一个节点，我们要把它作为新的起点，继续保持良好的学习状态，不但要在课堂上学，更要在工作中学，不但要在书本上感悟党性，更要在实践中淬炼党性，做到知行合一。

共产党人要修身养性，一个直接有效的方法就是读书学习，这是领导干部加强党性修养、坚定理想信念、提升精神境界的一个重要途径。我们要坚持在读书学习中坚定理想信念、提高政治素养、锤炼道德操守、提升思想境界，我们要坚持在读书学习中把握人生道理、领悟人生真谛、体会人生价值、实践人生追求。人的精力极其有限，所以读书要有所选择，我们应该根据自身情况和工作需要，首选有益于自己优化知识结构、完善知识体系、提升工作能力的书来读。马克思主义理论素养是党员干部党性修养和领导素质的核心，要原原本本地学习和研读马克思主义经典著作。这些经典著作蕴含和集中体现着马克思主义基本原理，是马克思主义理论的本源和基础。只有认真学习马克思主义经典著作，系统准确地掌握马克思主义基础理论，不断接受马克思主义哲学智慧的滋养，我们才能深刻理解中国特色社会主义理论体系，才能创造性地运用马克思主义的理论和方法去分析和解决我们面临的实际问题。

我们学习马克思主义经典著作，既要有求知的渴望，更要讲究科学方法。翻阅这些经典，我们要收起心思沉潜进去，专心致志地读、原原本本地读、反反复复地读，通过细嚼慢咽去感悟马克思主义经典著作历久弥新的思想价值。领导干部阅历丰富，独立思考能力比较强，更要带着问题去读书，瞄着问题来、对着问题去，养成边读书边思考的习惯，力求把零散的东西变成系统的，把孤立的东西变成相互联系的，把粗浅的东西变成精深的，把感性的东西变为理性的，这样才能收获更大。

除了读书，我们更要注重在实践中提升党性修养。领导干部通过读书学习，在知行合一的过程中，要切实提高运用科学理论思维观察事物、分析问题、解决问题的能力，不断增强工作的科学性、预见性、主动性和创造性。更为重要的是，领导干部要在实践过程中注重加强党性修养。领导干部要通过加强读书学习，增强改造主观世界的意识和能力，牢固树立马克思主义世界观、人生观、价值观和正确的权力观、地位观、利益观，切实解决好理想信念、思想作风、道德情操、清正廉洁等问题，不断增进与人民群众的感情，始终保持共产党人的本色，在读书学习和知行合一的过程中自觉提升党性修养，时刻明白什么是必须牢牢坚守的，什么是必须坚决摒弃的，切实把共产党人的理想信念立起来，明大德、严公德、守私德，始终做到以信念、人格、实干立身，坚持不忘初心、继续前进。

党员领导干部不仅要注重自身的党性修养，还要按照党中央和党组要求，把党建工作责任切实扛起来，用理想信念和党性要求来凝聚队伍。在全国国企党建工作会议上，习近平总书记发表了重要讲话，提出国有企业党的建设只能加强不能削弱，公司领导班子在这一点上是头脑清醒、态度鲜明的，进行了很多研究部署，花了很大的精力在党建工作上。但是，我们一些同志思想还没有转变过来，特别是越往下走这种意识越衰减，公司党建工作出现上紧下松的现象。这说明一部分领导干部还没有把压力和责任完全传递下去，没有在队伍中形成旗帜鲜明抓党建的氛围。所有的领导干部都要明白，你首先是党的干部，然后才是企业的管理者，这两者并不矛盾，你真正站在党的立场上，就会更有动力把企业经营管理干好，把企业做好了，也是更好地在履行党员干部的职责。提高党性修养永远在路上，我们要把提升自己的党性修养和提高队伍的党性修养，作为始终坚持的必修课。

第二句话，用爱党爱国的拳拳之心，把公司的事业更好地传承下去。我们讲坚定理想信念，增强"四个意识"，这不是口号，不是抽象的概念，而是要落实在具体的工作中。我认为，努力把公司发展好，让公司的事业代代传承、生生不息，让企业精神薪火相传、发扬光大，是我们这一代人的责任和使命，是坚持理想信念最突出的表现。当前，在国际局势纷繁复杂的时刻，我们搞实体经济的，就是要把企业搞好，把效益提上去，为国家多做贡献。在国际油价持续低迷，行业发展遇到暂时困难的时候，我们要积极有效地应对低油价，千方百计地提升公司的竞争力，使公司在行业中始终占据一席之地，努力赶超国际先进同行，这是我们这一代人必须走好的新的长征路。

去年重阳节和今年春节前，我们都请了公司的老领导们回来看看，老领导们对公司充满了感情，虽然目前因为低油价遇到了暂时的困难，但他们依然对公司未来的发展充满了信心，也给了我们很多的鼓舞和力量。我想，这种信心不是盲目的，而是看到公司依然有比较好的发展基础，看到行业仍然有发展前景，看到我们有一支总体上很优秀的干部员工队伍。从这些老领导们身上，我们也看到公司在困难磨砺中不断迈向新高度的身影，看到30多年来这一段艰辛而辉煌的历史，不管遇到什么样的困难和挑战，这支队伍从来没有屈服过。老领导们是公司的创立者，发展的推动者和见证者，是老一辈创业者的精神代表，他们始终在关心着、关注着公司的发展。

我们面临的困难很大，但我们的前辈，在更困难的情况下，都没有放弃过、退缩过，他们完成了自己的历史使命。在座的直管领导，都是公司发展的中流砥柱和未来的希望，今天，历史的接力棒传到了我们手上，我们应该不辜负这一份历史责任，应该拿出自己的勇气和担当，拿出我们的血性和坚韧，承担起这份使命，用一份爱党爱国爱公司的拳拳之心，用我们的实际行动和优秀业绩，报效我们的国家，反哺我们的公司，告慰我们的前辈，启迪我们的后人。我们不仅分享了公司过去的荣耀，更要分享它当下的艰难，我们要努力让公司事业在我们手中发展好，使它从艰难中走向新的荣耀。这样，当我们回首往事的时候，才能够无愧地说，在公司最为艰难的时候，我们曾经努力付出过；在公司走向强大的过程中，我们倾洒过自己的汗水和智慧。

这几年，低油价给公司带来了巨大冲击，尽管我们很早就谋划开展了"质量效益年"活动，而且降本增效取得的成效也很好，但这种冲击之大、时间之长还是始料未及的。在过去两年，我们求生存、谋发展，可谓背水一战、置之死地而后生，这不仅是措辞上的严峻，而确确实实是行动上的悲壮。我们都憋着一股劲，用一种众志成城、不甘失败的精神，去克服困难，迎接挑战，在某种程度上，这也是企业精神的传承和发扬。我为这种精气神感到骄傲，为取得的成绩感到欣慰，虽然我们还没有完全战胜低油价，但在努力战胜自己，我们在艰辛磨难中凝聚锻造的这种精神，是和收获的利润同等重要甚至更为重要的财富。

目前，公司仍然面临着多方面的压力和挑战，增储上产、降本增效、深化改革、安全生产压力巨大，能源结构转型、碳排放应对挑战重重。在今年的工作会议上，我们部署了六项重点工作，每一个都是硬骨头，今年公司要坚决打赢生产经营翻身仗，这些都要求拿出不同寻常的勇气和魄力，锐意创新，协力同心，努力拼搏。我们还面临着员工思想状况多元化和精神士气受影响的现实问题，这既要求领导干部以身作则，做好表率，也必须加强党建和思想政治工作，解决好党建"四个化"问题，破除"中梗阻"，传承和发扬企业精神传统，增进员工对公司和事业发展的积极认同，用党的理论、思想来增强队伍的凝聚力。

我们要用自己的实际行动，用创造出来的优异业绩，用营造出来的良好企业文化氛围，告诉所有的员工，告诉社会大众，我们是一家好公司，是一家值得尊重、值得留恋、值得托付的企业。去年，我们提出公司新的战略目标，坚持国际化发展、市场化经营、人文化管理，这些观念在广大员工当中深入人心。我们刚刚做了一个与国际石油公司的对标，经过认真的观察和翔实的数据分析，基本的结论是，这次低油价对所有的石油公司都造成了冲击，我们在过去一些年里，在发展的规模和质量上均取得了长足的进步，多项指标在国际一流公司阵营里保持在平均水平以上，总体上仍然属于比较优秀的石油公司，但我们确实面临着极大的困难和挑战，需要我们拿出更大的动作、更创新的思路和做法，推动公司更好发展，向着国际一流能源公司迈进。

我们开展对标，是为了看清自己的方位，客观认识和评估自己，既不妄自尊大，也不妄自菲薄。我们的目标和方向从来没有变过，就是要建设成为国际一流能源公司，能够代表国家参与全球竞争，能够在行业中顶天立地、受人尊重，成为一家让人说起来就会翘大拇指的公司，实现我们"让党放心，让社会满意，让员工自豪，让同行认可"的诺言。能够投身到这样一份事业当中，这不仅是我们的荣耀，更是我们的责任。

尽管困难和挑战很大，但这正能彰显我们努力的意义和价值。尽管社会上有那么多的诱惑，但并不是每个地方都有一份真正的事业值得追求。一个真正有事业心、有理想、有追求的人，一定能从公司事业的发展中找到自己的使命。作为党员领导干部，我们更要把事业作为一种追求，用理想和信念超越小我，在建设国际一流能源公司中实现自己的人生价值。

第三句话，党性的突出表现，就是满怀感恩和责任心投入工作。党性是共产党人立身、立业、立言、立德的基石，既是党的先进性和纯洁性的体现，也是中华民族优良品质和优秀美德的体现。党性有着鲜明的时代特征，在革命战争年代，共产党员英勇奋斗、不怕牺牲；在改革开放新时期，主要体现为爱岗敬业，为建设中国特色社会主义而奋斗；在当前，党性最突出的表现，就是要把自己的精力和智慧投入到中华民族伟大复兴的征程中。公司的事业是民族复兴伟业的重要组成部分，公司的干部要满怀感恩和责任心，投入公司的事业发展当中。

感恩是一种美德，是一种境界，我们中华民族历来讲究感恩。感恩是做人的起码要求。大家坐到了直管干部这个位置上，除了自己的努力和能力，离不开组织的信任和领导的认可，离不开他人的帮助和同事的支持，所以我们要常怀感恩之心，让感恩成为一种习惯，这样我们才会倍加珍惜生活和工作中的一切美好，而不会把一切当作理所当然，更不会因为个人的某些欲望没有得到满足而怨天尤人。

我们要感恩党和国家，保持忠诚的品格，如果没有党和国家造就的和平环境，没有经济的发展，就不可能有我们今天享有的美好生活；我们要感恩公司，保持敬业的态度，工作上每一点业绩的取得，都有无数人曾经为之奠基和付出，背后都有着其他人的辛劳和汗水，特别是我们身处的长周期行业更是如此；我们要感恩工作，保持积极的心态，珍惜拥有发挥自己才能的舞台，不断攀登实现自我价值的阶梯；我们要感恩他人，保持开阔的心襟，别人的帮助，同事的支持，以及社会大众的关注，这些是我们取得成绩的动力和基础。我们除了感恩对自己好的人，也要感恩那些曾经对自己不利的人和事，感恩那些批评过自己的人，因为别人的挑剔，我们才会注意自己的不足，因为别人的责难，我们才更加完善自己。一个懂得感恩的人，最大的受益者是自己。一个懂得感恩的公司，也一定是健康的、自信的、有发展后劲的公司。

中国共产党的宗旨就是全心全意为人民服务，我们讲感恩，与党的宗旨意识和人民立场是有着内在联系的，我们都来自老百姓，不能忘记老百姓，要尽可能为群众办实事办好事。感恩也不只是停留在口头上，停留在情感上，而是要付诸行动，我们要把感恩之心转化为履责尽责的行为，用强烈的责任感来驱使自己，承担好自己的责任。

国际一流的公司要有一流的干部、员工队伍，一流的干部、员工要有一流的精神品质和职业素质，其中重要的一点就是对责任的坚守。所谓尽责，就是承担应当承担的任务，完成应当完成的使命，做好应当做好的工作。在座的每一位直管干部，不管是来自上游、中下游还是金融等其他板块，是在国内拼搏还是国外征战，是偏重管理还是偏重技术，是阅历丰富还是风华正茂，每个人都承担着一份沉甸甸的责任，责任只有轻重之分，而无有无之别。这种责任体现在提质增效、改革创新、党的建设、市场开拓、技术攻关、队伍建设等各个方面，都是公司发展当中非常重要的工作，如果每个人都把自己应尽的责任尽到了，公司就会凝聚成为一支战无不胜的劲旅，而如果我们的责任缺失或者淡化了，战斗力也会大打折扣。

我们作为国家能源公司，承担的责任极为重大，包括能源供给的责任，振兴实体经济的责任，国有资产保值增值的责任，维护国家海洋权益的责任，环境保护的责任，拉动社会发展的责任等，这种责任最终要落到每一位员工身上，而领导干部在其中又起到举足轻重的作用。"不能任重，何以道远"，我们不仅要意识到自己的责任所在，更要将责任贯注于日常工作中，以履职尽责的实际行动推动公司的发展。企业犹如航行于惊涛骇浪中的一艘船，全体干部员工好比船上的水手，只有所有的干部员工恪尽职守、齐心协力，才能把船划向成功的彼岸。

责任不仅是企业凝聚力的重要体现和持续发展的重要基础，也是每个个体有所成就的不竭动力。责任是一种人格力量和人生态度，责任意识如果贯穿在一个人的整体意识中，就会逐渐演变成一种为人处世的准则和价值观，说到底就是一种自律的品格、一种认真的态度、一种纯粹的坚守、一种坚定的信念、一种不变的忠诚。在责任心的天平上，最能称量出一个人的人格品质。一个有责任心的人，必定是勤勉、敬业、热忱、主动的人，在责任感的驱使下，会保持最佳的精神状态，会更加勇敢、坚忍和执着，会充满激情地勤奋工作和努力学习，将自己的潜能发挥到极致，所以责任心是催人焕发激情、提高能力的动力之源。一个人最有魅力的时候莫过于他承担起责任的那一瞬间，一个时时保持高度责任感的人，不但能获得心理的坦荡和安然，而且能赢得别人的信赖和尊重，甚至感染和带动身边的人。在尽到责任的同时，也因此有发自内心的满足，这将使工作更有目标和意义。

对人对己是否负责尽责，是衡量一名干部优秀与否的重要标尺，大到倾尽全力地努力完成自己的本职工作，使命必达，小到坚持做到"事毕回复"，件件有着落、事事有回音，可见责任并不是什么高深的东西，但越是朴素的品质越弥足珍贵，它本质上是一种职业精神和人格素养，来自于对自我尊严的呵护，对荣誉的珍爱，对卓越的渴求。责任感体现在很多方面：我们要对公司负责，对事业负责，努力做出更优异的业绩；我们要对自己负责，珍惜组织给予的岗位，不辜负自己的才能；我们还要对家庭负责，对亲人负责，严格遵守党规党纪和公司规定，洁身自好，切实做到廉洁从业和合规经营，坚决不碰红线，不触底线。这种责任感和职业精神一旦养成，我们就将成为更加值得信赖的人，成为可以委以重任的人，也能在职业生涯中获得更多的成功。

有人说，感恩和责任，这是对所有员工的要求，对领导干部来说是不是有点低了。我认为，共产党人党性修养的一个显著特征是实践性品格，换句话说，就是要在实践中去认识世界和改造世界。而我们目前党性修养和世界观建设中遇到的一个突出问题是言行不一，一些人说的是马克思主义，干的是非马克思主义，对他人严格要求，对自己放任自流，公开宣传和实际遵循的价值准则不一致。这是导致一些人对马克思主义信仰危机，对建设中国特色社会主义信心不足的重要原因。习近平总书记提出了好干部五条标准："信念坚定、为民服务、勤政务实、敢于担当、清正廉洁"，非常有针对性，非常具体明确，这就是我们的行为指南。我们要成为真正意义上的好干部，要从扎牢思想意识基础做起；我们要增强党性修养，也需要在"建设"上做文章，从懂得感恩和承担责任做起，少一些空谈和口号，多一些实干和尽责，少说多做，说到做到，表里如一，知行一致，看到了问题就去解决，能做的事情就赶紧去做，立足于此时、此地、此身，锤炼党性，磨砺信念，增强担当，真正坚持求真务实的实践原则，使自己的党性符合时代发展要求，符合公司发展需要。

最后，祝贺大家经过这次学习收获了知识，提高了认识，希望大家能够学以致用，用学到的理论和思想来指导自己的工作，在各自的岗位上做出更出色的业绩，为公司打赢生产经营翻身仗做出更大的贡献，在推动公司高质量发展中实现自己的人生价值。谢谢大家！

第八课

调研报告　看似寻常最奇崛

忙过年初的一段时间之后，大家相对空闲一点。山羊胡琢磨着趁这个时机，到基层单位开展一些调研和走访，掌握一手资料，为日后起草重要文稿提供"弹药"，也能了解情况，发现问题，向领导提出推动发展的对策、建议。

山羊胡为此专门开了个会，讨论调研选题和调研对象，制订调研方案，小文和小异都参加了。经过讨论，大家认为，要围绕公司的质量效益这一主题，选取几个有代表性的内部基层单位开展调研。研究了一番之后，选择了一家多年亏损后经过深化改革扭亏为盈的企业，一家在激烈市场竞争中打拼且面临严峻市场形势和政策环境的企业，准备通过调研访谈等方式，挖掘经验，发现问题，研究对策，形成专题调研报告成果呈报领导，为公司发展建言献策。

山羊胡明确了分工，小文和小异跟随山羊胡参加这两次调研，并分别负责其中一次调研的联系安排工作，在调研结束后撰写调研报告，并大致议了一下时间安排。

这也是小文第一次负责这样的专题调研任务，以前跟随领导也参加过工作调研和现场办公，只是把领导的意见形成会议纪要，相对简单一些。这样自选题目、自行组织安排的调研，并没有多少经验，特别是撰写调研报告，更是"大姑娘坐轿子——头一回"。不过小文心想，自己有过起草工作报告和领导讲话稿的经验，调研报告又能难到哪里去呢？

往办公室走的时候，小文看到旁边的小异一脸肃穆的样子，一副做好了打硬仗的准备，有些不解："小异，你大风大浪经历了不少，这回怎么如临大敌似的？"小异说："你是没写过调研报告，不知道它的难度啊。"

小文有点不服气："我虽然没写过，但也看过不少，我们部门不是订了一些调查研究类的刊物嘛，没吃过猪肉，还没见过猪跑吗？再说了，大稿子我也写过几个了，至于被一个调研报告难住吗？"

小异正色说："从我的体会来讲，某种程度上，调研报告比工作报告和领导讲话稿这两种文体还要难，可以这么说，它看似平淡无奇，但其实是最有挑战性的，可以用一句古诗来形容：看似寻常最奇崛，成如容易却艰辛。到时候写起来你就知道了。"

小文觉得小异说得也在理，但还是为他打气："我看过一些调研报告，觉得这也是最有个性的一种文体，是最能展现写作者才华的文体，写好了不但对自己是一个锻炼，也能给人留下深刻的印象。相信你没问题，得对自己有信心。"小异点了点头。

知识点 调查研究的重要性

下午，小文到山羊胡办公室送文件，又说起这次即将要开展的调查研究的事。山羊胡对小文的精神状态很满意，但也知道这是小文第一次全程负责安排调研工作，怕他思想上不够重视，方法上不够科学，于是抓紧时间与他聊了一会儿。

山羊胡直入主题："我们搞调查研究，是为决策服务的。调查研究是科学决策的前提条件。开展认真、客观、细致的调查研究，获取真实、丰富的调查资料，才能得出真知灼见。

"调查研究的重要性可以从几个层面来理解：对于领导来说，调查研究的实质是认识事物的方法和过程。调查研究是谋事之基、成事之道，没有调查就没有发言权，没有调查就没有决策权。调查研究是实施科学决策的重要环节；对于文字工作者来说，调查研究是发挥决策服务作用的重要渠道和主要工作方式。而对于文字工作本身来说，调研是文字工作的基石、是写好文章的支撑，不搞调研，不明情况，脑子里没东西，巧妇难为无米之炊。

190

"对于我们来说，调查研究形成的成果就是调研报告，这是我们发挥决策参谋作用的一种途径。调研报告是基于某种工作意图，对特定客观事物进行调查研究后，根据所掌握的真实情况以及所揭示的本质规律，对实际工作提出建议和意见、做出判断和决策的一种文体。它是为决策服务的，所以，扎实开展调研，广泛占有资料，深入研究问题，找出背后原因，提出对策措施，是调研报告写作中要注意的要点，也是你这次开展调研时要把握的。"

小文一听，有点兴奋起来："我来了这一年多，主要时间都是坐在办公室里，对基层的了解大多是通过汇报、材料等二手资料，直接的感知并不多。一般的文字工作虽然也能胜任，但要像您说的发挥参谋作用，那还真得多下基层调研才行。感谢您创造和给予我的这个机会。"

山羊胡颔首说："你能想到这一点，很不错。可也有的同志不这么想，他们往往满足于二手材料，不想辛苦下基层，还自诩'秀才不出门，能知天下事'，其实就是闭门造车。还有的同志觉得现在网络这么发达，需要了解什么都可以上网搜索，叫什么'一键在手，万事无忧'，可要知道，通过这些方式得到的信息，泥沙俱下，良莠不齐，依靠它们来了解情况、思考问题，怎么要得？还想要出思想、出观点，怎么可能？一个人的本事再大，互联网思维再先进，都不能代替亲力亲为的调查研究，因为直接与基层接触，面对面地了解情况和商讨问题，获得的认识和感受与间接听汇报、看材料、从网上获取信息是截然不同的。"

小文对这一点很有感触，正在回味，又听山羊胡说："调查研究，包括调查与研究两个环节，前一个是感性认识，后一个是理性认识。调查研究的实质就是用感性认识反复刺激理性思维，从而产生思想'火花'的过程。通过深入实际调查研究，我们把大量零碎的材料经过思考、分析、综合，加以系统化、条理化，透过表面现象抓住事物的本质，找出规律，由感性认识上升为理性认识，写出来的文稿质量和水平才会有保障。所以我一直强调，坚持调查研究、提升调查研究能力，是文字工作者获得正确认识的源泉，也是检验和深化思想认识的根本。"

山羊胡接着说："我们的工作职责中有一项是以文辅政，那么领导的决策就是我们关注的重点。决策之前，应该先行调研，审慎分析；在政策贯彻之中，要摸底调研，狠抓落实；政策落地之后，还要跟踪调研，不断改进。可以说，对文字工作者来说，调研是成就事业的'助推器'。对于你这样的年轻人和一直待在机关单位的同志来说，加强调查研究也能增进对基层群众的感情，是连接基层的'直通车'，还是提升素质的'快捷键'。在现实生活中，有些机关干部不重视调研、不下基层、不晓民情，那怎么能干好工作呢？只有扑下身子，多接地气，多沾泥味，才能感知群众的所思所盼，体味百姓的酸甜苦辣。群众是最好的老师，基层是最好的课堂。我们只要抱着谦虚谨慎的态度，深入一线，甘当小学生，就会从群众的鲜活思想中汲取营养，收获启迪，也能从基层的实践中提炼经验，从而开阔眼界思路，提升自身素质。"

小文说："听您这么一讲，我倒是更清楚了，但压力也更大了。"

山羊胡哈哈一笑："第一次做，肯定缺乏经验，不过你聪明好学，相信你不会有什么问题。我会告诉你怎么做的。正好我整理了一个关于调查研究思路方法的资料，发给你先看看吧。"

小文连忙说："太好了。"

课外阅读　调查研究的基本要素

回到工位上，小文开始认真阅读山羊胡发来的邮件——"关于调查研究的基本要素"。具体内容如下。

第一，调研目的要明确。吃透"两头"，确定调研项目和调研重点。把握"上头"，就是了解党和国家以及集团公司的大政方针和战略部署，确定需要研究探讨的情况和问题；把握"下头"，就是及时掌握基层单位的新做法新经验，了解干部员工关心的热点难点问题，为领导提供决策支持服务。

第二，调研态度要端正。我们要具备饱满的热情、深入的作风和求实的态度。我们要沉到职工群众中，用心地听他们讲，切不可走马观花、人云亦云。我们要以谦虚的态度，甘当小学生的精神，倾听基层群众发表意见和看法，切不可高高在上，好为人师。

第三，调研准备要充分。不打无准备之战是做好调查研究的重要经验。特别要准备好调研提纲，明确所要进行的调研目的、调研范围、调查地点、调查对象和调查的重点。要有大纲和细目，有的还要设计表格。同时还要尽可能阅读相关书面资料。

第四，调研方法要得当。灵活运用有效的调查方法，包括开会调查、设计问卷、个别访问、现场观察、蹲点调查。我们要全面了解，尽量搜集各种素材，多多益善。我们要注意引导，让调查对象围绕调查的主题发言，围绕所要了解的重点发言，不可泛泛而谈。

第五，调研总结要及时。我们要对记录和收集到的材料进行梳理和分类，对有关典型细节和数字反复核实。我们要对调查过程回头望，及时发现遗漏和疑问，开展补充调查。调查者之间还应加强沟通，交流调研收获和体会，提出看法和见解，使调研更加深入、更见效果。同时我们要对调研前的准备工作进行总结，对调研采用的形式和方法进行评估，总结经验教训，以便下一次调研工作的有效开展。

山羊胡真是个有心人，不仅整理了几个方面的要点，而且还找到了一些经典的引述，小文读完思路大开。然后，小文又自己找了一些资料，梳理了提醒自己的十条注意事项，姑且称之为"调研十条"。

1. 认真准备调研提纲。
2. 提前利用各种方式了解调研单位及调研问题的情况。
3. 调研中既要开座谈会，也要看现场。

4. 认真准备好座谈会发言，重点阐明调研目的和要求，让被调研单位和人员清楚获悉。

5. 调研中注意营造气氛，善于提问，获得想要的信息，不轻易发表个人意见。

6. 注意领会调研组领导的意思，必要时提出合理化建议。

7. 调研中注意自身形象，尽量不给被调研单位添麻烦。

8. 调研结束后及时和调研单位联系并表示感谢。

9. 与调研中帮助你的人保持联系。

10. 调研后认真总结经验。

▌画重点　调研工作的"三部曲"

按照既定的计划，小文拟订了这次的调研方案，拿到山羊胡办公室请教。山羊胡拿过来看了看。

· · ·

调研方案

一、调研背景及意义

在低油价冲击导致公司整体效益下滑、经营困难增大的情况下，公司正面临"求生存、谋发展"的重大挑战。在严峻形势下，公司既要千方百计降本增效，提高各业务板块的生产经营效益和资产创效能力，找出风险点、止住"出血点"，努力渡过难关，又要加快推进产业转型升级和结构调整，深化改革创新，努力提高投资效率、经营效益和产业竞争力，为长远健康可持续发展奠定良好基础。××××作为公司中下游板块的并购公司，在提质增效、加快产业结构调整和转型升级方面的任务较为艰巨，而且由于受所处行业产能过剩严重、自身资产质量不高等多种因素的影响，前些年一直处于"求生存、谋发展"的境地当中，在应对危机、破解困局方面也积累了一些好的思路和做法。在当前国有企业改革深入推进的大背景下，在中下游产业面临产能过剩以及市场竞争激烈的形势下，以其为典型案例进行"解剖麻雀"式的深入调查研究，既有助于"把脉"该公司及下游企业的发展现状和存在问题，也有望从中为总公司应对危机、促进改革发展找到"良方"。

二、调研目的

1. 结合该公司所处的××行业，了解行业发展现状，研究和思考公司落实中央经济工作会议"三去一降一补"（去产能、去库存、去杠杆、降成本、补短板）要求的具体举措。

2. 着眼公司推动产业结构调整和转型升级的重点任务，从该公司的具体案例中，深入思考，举一反三，找出有益的经验、存在的问题和可行的做法，结合公司产业发展现状，就公司产业转型升级等方面提出供领导决策参考的意见建议，同时为年中领导干部会议报告起草提前做准备。

3. 根据该公司处于充分竞争市场环境且产能过剩的情况，研究分析公司具有相同特点的产业今后的发展模式和发展路径，特别是在国企改革的新形势下，从其资产管理和资本经营现状出发，探讨建立新的管控模式和市场化经营机制，从中探索公司落实"管资本"要求、深化体制机制改革的可行途径。

4. 在此项调研基础上形成一篇有一定价值的调研报告，并为今后继续开展基层调研积累经验、探索方法。

三、调研内容提纲

1. 该公司所处的××行业的发展形势和主要产品的经营态势；

2. 降本增效的主要做法和成效；

3. 产业转型升级的思路和做法；

4. 改善内部管理、深化改革的主要措施；

5. 员工思想状况及队伍建设情况；

6. 求生存、谋发展中面临的困难和问题。

其中重点围绕：（1）内部承包制度实施情况；（2）"三项制度"改革情况；（3）亏损企业治理和处置不良资产进展；（4）新项目建设的预期前景和化解过剩产能的思路和措施等，进行调查研究。

四、调研方式

一是在公司层面召开小型座谈会，了解总体情况；

二是实地走访工厂车间一线，与干部员工面对面交谈，深入了解实际情况；

三是根据情况查阅与调研主题相关的各项资料。

此外，我们将视情况采取调查问卷、专家咨询等方式，拓展调研的深度和广度。

五、调研安排

（一）组织方式

组成3人调研小组，由山羊胡带队调研，小文具体联系并执行。

（二）时间步骤

按照制订方案—调研准备—具体实施—形成报告—反馈跟进的总体步骤进行。

计划于3月底前完成方案制订和调研准备工作。

3月底至4月初视情况进行现场调研，计划一周左右时间。

4月撰写并提交调研报告。

（三）基本要求

调研工作将按照总公司要求，按照降本增效、轻车简从等原则，突出实效，为基层服务，不给基层添麻烦。

———————————————— • • •

山羊胡看完，觉得还可以，没来得及说话，小异也进来了，急匆匆地说："领导，我已经联系了调研单位，说您带队去调研，对方非常欢迎，就等您确定时间了。"

山羊胡一愣："你火急火燎什么呀？你的准备工作做了吗？情况提前熟悉了吗？资料文件看了哪些？调研方案弄了吗？"

小异嘟囔着说："我都轻车熟路了，就不用准备什么提纲了吧。情况以前了解一些，脑子里有些存货，去的路上还可以看资料嘛。"

山羊胡脸色有点晴转阴，但还是耐心地说："你这有点应付。你虽然有些经验，但该做的事还是不能省略的。进行调研要做的工作很多，计划要制订，日程要安排，这没错，但你要知道，与文字材料相关的案头工作始终是调研中重要的组成部分。这项工作做得好坏，直接关系到调研的质量和水平。"

小异还是有点不服气："您不是说调研就是要了解一线情况嘛，就是避免从文字到文字，怎么又跟文字材料较上劲了？"

山羊胡被弄得哭笑不得："小异，调研是要了解第一手情况，但不等于说调研就要完全离开文字材料了，你这是走极端嘛。文字材料是调研各个环节中不可或缺的，我从准备、实施、总结三个方面来说，就叫做'三部曲'吧。"

山羊胡徐徐道来："先说第一个阶段，要了解情况，查阅资料，'奏'好调研准备'曲'。这就是你们现在要做的。这个阶段的文字材料工作，主要是围绕调研题目抓好上下两头。抓上头，就是学习有关文件，看上级部门和公司领导在这个问题上是怎样部署要求的，有什么突出问题需要研究解决。抓下头，就是收集基层的有关资料，包括他们平常报送给你们的、媒体上报道的，还可以通过上网查询，虽然这些都是二手材料，但阅读这些资料，可以对调研对象有个初步、大体的了解。这些二手资料，只能参考和了解，不能用来划框框、定调子。有些重要的信息还要报告给我，在调研组成员之间共享。"

小异这下明白了，连忙说："是我图省事了。这些工作还是要做的，我会去补课。那接下来'奏'什么'曲'？"

山羊胡说："接下来就到了正式调研阶段，要广泛搜集第一手资料，'奏'好调研进行'曲'。这个阶段是重要的资料积累阶段。我们要通过眼看、耳听、口问、手记，获取大量第一手资料。你们要记得抓住以下三点。第一，要真实可靠，这是衡量材料是否有用的首要条件。如果资料虚头巴脑、似是而非，容易对人造成误导。到时候你们可能会遇到这种情况：讲成绩时海阔天空、夸夸其谈，把蚂蚁说成大象；讲问题时遮遮掩掩、吞吞吐吐，甚至闭口不谈。如果不认真核实和辨识，就会被一些假象所迷惑。第二，要全面，防止片面。兼听则明，偏信则暗。如果只听一部分人的意见，忽视另一部分人的意见，难免产生片面性。第三，要抓住重点。抓住难点、热点、焦点问题，有所侧重，避免眉毛胡子一把抓，这与全面并不矛盾。对一些重点问题，要下真功夫，打破砂锅问到底，透过现象看本质，把有重要价值的资料抓到手。"

小文怯怯地问："现场座谈的时候，主要是您发言和提问，我们记录。我们也能单独提问吗？"

山羊胡哈哈笑了："当然可以，没有调查就没有发言权，反过来，没有发言权也没办法搞好调查。我鼓励你们多提问，提出有水平、有深度的问题，才能证明你们在思考，好的问题也能促进更有质量的交流，获得更有价值的信息，碰撞出思想火花。你们提不提问，提问的水平怎么样，也是我对你们的考察啊。不过也不要太有压力，不要为了提问而提问，一定是有感而问，有惑才问，而且有时候因为时间有限，也不能想到什么都有时间问，这时可以会后再补课，单独找人去问，或者通过电话、邮件等方式再交流，善于在被动中求主动。"

小文说："我明白了。那'三部曲'中的第三曲是什么呢？"

山羊胡说："最后，就是要认真梳理提炼，写出调研报告，'奏'好调研总结'曲'。这是出成果的阶段。写好调查报告，不仅需要深厚的文字功底，更需要较高的思想水平和政策水平。我们要实事求是地对调研过程中的素材和信息进行梳理归纳，形成观点、思路和建议，但也不能像录音机那样，听到、看到啥就写啥，这其中有一个去粗取精、去伪存真、由此及彼、由表及里的过程。落实到文字上，就要在精、新、准上下功夫，即写情况要精，写经验要新，写问题要准。"

山羊胡歇了口气，小异催着说："我还是第一次听您说精、新、准，再详细说说吧。"

山羊胡说："写情况要精，就是要精练、管用，不拖泥带水，不写流水账。调研中获取的资料肯定很丰富，但不能都写到调查报告中去。要提炼加工，去掉有疑问的，留下真实的；去掉一般化的，留下有特点的。在这个基础上，综合分析，找出典型事例说明问题，找出本质性和规律性的东西给人启示。

"写经验要新，就是写出特点，不搞模式化。有的人一写经验就是老四条：一是提高认识，二是有效合作，三是真抓实干，四是加强领导。让人提不起兴趣。这些内容不是不可写，但不能千篇一律。事物是复杂的，经验各有不同，用一个模子去套是懒汉的办法，也不符合辩证法。要在共性里找个性，把有特点、有新意的经验挖掘出来。

"写问题要准，就是敢于正视问题，实事求是，客观公正。有的人怕得罪人，写成绩很具体、到位，写问题却轻描淡写、击不中要害。要解决问题，首先要找准问题、正视问题。这正如医生治病一样，要想治好病，首先确认病人得了什么病，然后才能对症下药，把病治好。把病情掩盖起来，只会使病越来越重。要特别关注处在萌芽状态的问题，古人有句话说得好，明者见危于无形，智者见祸于未萌。我们要努力做明者、智者，增强预见性，防患于未然。"

山羊胡最后说："调研过程中的文字材料工作'三部曲'是一部完整的'乐曲'，三个部分既相互衔接又相互照应。我们只有都'演奏'好，才能实现高质量的调研，才能写出高水平的调研报告"。

小文深有感慨地说："这个'三部曲'让人回味，余音绕梁啊。"

▍课堂讨论 用好"实践论"，做好调查研究

按照山羊胡的要求和指导，小文和小异分别做好了前期的准备工作，联系好了调研单位，确定了时间和行程。没多久，就踏上了正式的调研之旅。

这天上午，阳光明媚，山羊胡与小文和小异坐上高铁，前往调研单位。车上人不多，三人坐在一块儿，看看书，然后就聊起天来。

小文带了一本业务书籍，小异打趣着说："你太勤奋了，路上也不忘学

习，给我们讲讲，学到啥了？"

小文不好意思地说："这本书上讲了一个真实案例：某机关干部下乡调研时，村级公共服务中心凑了十几个村民看书读报，有人不识字将书倒着看，让调研成了笑柄。这个案例虽然是极端情况，但类似的现象应该也不少，确实值得人思考，这种变了味的调研究竟有什么意义呢？"

小异点头赞同："是啊，现在都在贯彻中央八项规定精神，党中央对大兴调查研究之风、提高调研实效也多次发文提出要求，对禁止类似的假调研可以说是三令五申，这种风气确实要刹住，调研不能搞形式，走过场，否则就是劳民伤财。"

小异越说调门越高："从我们听到、看到的，身边发生的，媒体披露的，这种调研失真现象还在不断上演。有些习惯事前发通知、打招呼，结果人还没下去，基层已忙作一团，走访线路、调研对象、汇报材料早已精心备好。有些车马未行，调子先定，主观色彩浓厚，诱导基层群众顺杆儿爬，反对不同意见。有些蜻蜓点水、走马观花，只看前庭不看后院，把表象当实质，把个案当普遍，挂一漏万……这种变味的调研，采不到真民意，导致决策不接地气，还会增加基层负担，引起群众反感，损害调研者的形象。像我们这种准备充分、轻车简从，才是真正搞调研的。"

山羊胡和小文都笑了。小文说："你说了半天，还不忘自我表扬一下。我觉得，要保证调查研究看到实情、听到真话，其实应该多开展这样的随机调研，事先不打招呼，自选时间、路线、地点、对象，采用'一竿子插到底'的调研方式。"

山羊胡说："你说得没错。从我的体会来说，调研很重要，怎么调研也很重要，小异说的这些假调研，既是作风问题，也是没有掌握科学方法的表现。要推动实际工作，刻舟求剑不行，闭门造车不行，异想天开更不行，必须搞好调查研究，深入实践当中寻找问题和答案。我们不是正在学《实践论》《矛盾论》吗，我也有个很重要的启发，就是实践论是做好调查研究的重要哲学指导思想。"

小异又乐了："您这么一说，我们的调研一下变得'高大上'了。"

山羊胡笑着说："要用好实践论搞调研，就要把握好这四个方面。第一，要真到群众中去。我们都听过焦裕禄的故事吧，他下乡从不坐吉普车，全凭一辆破自行车和一双铁脚板，跑遍全县120多个生产队。深入群众，群众才拿他当亲人，愿意和他说真话。我们调查研究，要像焦裕禄一样，坚持从群众中来、到群众中去，多方位、多层次、多渠道地了解情况、搜集材料，与群众一起讨论问题，广泛听取群众意见，感知群众的酸甜苦辣，吸纳群众的经验和智慧。这是调查研究取得成功的根本途径。

"第二，要听得进真话。史书中记载，裴矩在隋炀帝面前溜须拍马，是佞臣。到唐太宗时，正直敢谏，成了诤臣。司马光在《资治通鉴》中感慨：'裴矩佞于隋而忠于唐，非其性之有变也。君恶闻其过，则忠化为佞；君乐闻直言，则佞化为忠。'真话不讲情面，不献媚于人，是带刺的玫瑰，容易让人不舒服。如果到基层调研时不爱听真话，基层干部群众自然会话到嘴边留半句，或闭上嘴巴、闷在心里，甚至言不由衷。"

小文说："调研听不到真情况，表面上看是基层干部群众长了一张不讲真话的'嘴巴'，其实根源在调研者没长两只爱听真话的'耳朵'。如果'耳朵'好大喜功，听喜不听忧，或偏听偏信，听风就是雨，或胸中无数，任凭'嘴巴'胡诌……就不可能听到真话、摸到实情。"

小异接着说："要根治踩点式、作秀式、定调式、彩排式调研，也要从净化'耳朵'开始。既要听顺耳话，更要听逆耳言，真心实意请群众提意见。这样，群众才愿意讲真话，我们才听得到真话。"

山羊胡说："你们说得比我更形象生动，就是这个意思。我们今后所有的调研都要按这样的要求来做。

"第三，要善讲群众语言。言为心声，语言就像一面镜子，能照出你心里所思所想。下基层调研，要善于倾听、学习、运用群众语言，切忌打官腔、唱高调，这样才能很快融入群众，拉近彼此间的距离，才能捉到'活鱼'、挖出'富矿'。

"第四，要尽其所能为基层群众解难题、办实事。调研有没有成效、成效有多大，很大一方面取决于能不能解决问题、推动工作、让群众受益。例如，我们这次在调研单位的选取上就是这样，既要到工作局面好和先进的地方去总结经验，更要到困难多、情况复杂、矛盾尖锐、条件艰苦的地方去研究问题。我们要解剖麻雀，深入研究，从个性问题中看到共性问题，找准问题症结，开出破解良方。

"基层单位往往对上面来的调研人员给予厚望，希望为他们解决难题，当然我们是文字工作者，没有直接的权力，但我们可以为基层反映客观情况，引起领导的重视，推动一些问题的解决。余秋里将军对于调研有句话说，'出门一把抓，中心带其他，人人一本账，回来再分家'，就是说把问题带回来，交给相应的责任部门去解决。但调研时面对群众的期盼，既不能好大喜功、随意承诺，也不能光打雷、不下雨，要客观评估解决困难的条件和可行性，还要敢于担当，真心实意为基层和老百姓办实事，以推动工作和解决问题的成效，赢得基层群众的信赖、支持。"

听完这些，小文感慨地说："您讲得太好了，这不但是一堂关于调研方法的讨论课，更是一堂关于改进作风、贯彻群众路线的党课呀。"

小异又嬉皮笑脸了："实践论讲了，矛盾论啥时候讲呢？"

山羊胡笑着说："吃着碗里的瞧着锅里的，下次有时间再讲吧。"

▍课堂讨论　巧用矛盾论，深入分析问题

山羊胡一行三人到达调研单位，按原定计划，参观了现场，召开了座谈会，大家讨论得很热烈，听到了很多平常听不到的真话，这对第一次参加这种专题调研的小文来说，感触尤其深，这与平时看材料、听会议汇报是完全

不一样的。座谈会后他们又进行了一些单独访谈，并从调研单位获取了一些资料，收获很大，一些原来困惑的问题也有了答案，但同时，也增加了新的困惑。

晚饭过后，三人在住宿的地方沿着一条漫步道一起散步，话题自然谈到这次调研上来。

小文有点苦恼地说："听下来聊下来，脑袋里装了不少东西，可一下子不太能理得清楚，好像只有事实没有观点，反映的一些问题吧，有些感觉也不是拿得很准，对于存在的问题如何去解决，提出什么样的建议，也不是很有思路。这可这么办？"

小异眼珠子一转，狡黠地说："我也有这种感觉。我猜，领导就要教我们用矛盾论来解决这个问题了。"

山羊胡一笑："被你说中了。这种时候要分析问题，确实要用到矛盾论。我们说，调查研究是一项创造性的实践活动，这种创造性就体现在对情况的分析和对问题的处理上。我们调研下来，接触到很多事实，其中充满了矛盾和矛盾运动，这就需要我们注意运用矛盾法则来观察、分析和解决问题。

"具体来说，有这样几个方面。第一，要善于抓住矛盾的异中之同和同中之异，从共性即普遍性中寻找有个性即特殊性的素材，去拓展调研的广度。每个单位都有它的工作特色，对一个具体单位的调研，表面看来视野似乎比较狭窄，但如果能够注意观察和发现这个单位与其他兄弟单位之间工作上的异中之同和同中之异，就能深化认识了。例如，我们这次调研，你们有没有发现这个单位有什么不同的做法？"

小异说："这我倒是留意到，这家单位搞了一个承包制，我没来之前乍一听也觉得没什么新意，都是老黄历嘛，来了一看，这个还真管用，真调动了积极性。看来判断一个事物是不是新，不能完全看它产生的时间早晚，更要看它的应用效果，很多好东西完全可以推陈出新，老调重弹也有新意。

另外，这是一家老企业，背了很重的包袱，所以在主辅业改制方面的压力还是很大的，发达地区的企业大多改完了，而这家企业现在开始做，有客观原因，但如果做好了，能释放的效应也是很大的。"

山羊胡赞许地点头，接着说："小异把我说的思路应用得很好。我再说第二点，要善于抓住主要矛盾和矛盾的主要方面，加以提炼，提升调研的高度。调研中接触的情况可能是错综复杂的，调查研究不能简单化，停留在表面上，而是要站在时代与发展的高度上，把握大局，抓住重点，突出重大主题和重要趋势，抓住关键的变化，找出与大局和趋势相契合的方面，对它进行深入剖析，才能得出有价值的观点。"

小文沉思了一下说："这次调研，我觉得还是要围绕深化提质增效这样的重要主题来思考，通过交流和座谈，从大家的发言和感受中，我认为面临的主要矛盾就是深化改革的动力需求与原有体制机制不匹配的问题，而体制机制中很重要的方面是激励机制和容错机制，要从正反两个方面来激发和保护改革创新的积极性。"

山羊胡说："这是一个很重要的观点，要写到调研报告中去，这不仅是这家单位的问题，也是普遍的问题。看来你们对矛盾论一学就会啊。我再说一点，还要善于观察变化的情况，把握矛盾转化的本质，去挖掘调研的深度。时代在发展，社会在进步，从小到大，由少变多，由穷变富，小与大，少与多，穷与富，这都是矛盾的对立统一体，反映的是量的变化。但仅仅看到量的变化还远远不够，还要由表及里，揭示隐藏在表面现象背后的深层次问题，见微知著，挖掘细微变化所反映的趋势，由此及彼，发现个别现象所蕴含的重大意义，在事物内部的矛盾运动中发现矛盾转化的本质。"

小异说："做到这三个方面，广度、高度、深度就都有了，能抓住特色，提炼重要观点，还能发现本质、规律和趋势。这太棒了，我们跟着您来调研真是不虚此行啊。"

小文接着问："这三个方面告诉了我们思维的路径，有了这个之后，怎样对具体的事实和材料进行处理呢，您能和我们讲讲吗？"

山羊胡笑着说："你这是要把我吃干榨净的节奏啊。"但他还是不厌其烦地解答："要做到这几点。首先，要基于事实归纳进行分析。不能从迎合时髦的概念、精心过滤后的汇报、道听途说的信息出发，去分析实际存在的问题，而要从未经加工的第一手材料着手进行剖析，从鲜活生动的现实事例入手搞好提纯，把情况归纳清楚、总结到位，使它们成为经过理性分析和研究的有用素材。其次，要经过独立思考做出判断。通过深思熟虑，做出抓住本质、符合实际的正确判断，防止拾人牙慧，避免人云亦云，盲从草率。要客观清醒地认识问题，防止先入为主，避免以偏概全，简单武断。经过艰苦扎实的理性分析，得出经得起各方追问的有力判断，为写好调研报告打牢基础。

"最后要注意两点，一是细枝末节方面的情况不能喧宾夺主。座谈当中大家讲述了大量具体事例，能证明一些情况或看法的存在，我们也详细记录了，但撰写调研报告时，则要分清主次，弄清所反映的是多数人的意见还是少数人的意见，在综合分析的基础上做出恰如其分的判断，反映的问题要么是普遍性的问题，要么是虽不普遍但值得高度关注和重视的问题。二是属于偶发性质的事情不应该被当作必然。不能图新鲜感觉、求震撼效果，抱着猎奇心理和曝光心态，选取不具普遍性的事物作为报告内容，尤其不能把个别当一般，把偶然当必然，轻易做出判断，得出过于离谱的结论，影响上级科学决策。"

小异听到这儿，有点忧心忡忡地说："您说到领导决策，那要是我们反映的问题不对领导胃口，提的建议违背领导的想法，那怎么办？是不是要做一些处理，自我审查一下才好？"

山羊胡正色说："你说的不是没有道理，反映的问题应该以实事求是为原则，提的建议要考虑领导的接受程度，这就需要我们了解领导的思路，使建议符合他的想法，这样更具有可行性。但是，这绝对不等于写每句话都要揣摩领导意图，处处去迎合领导想法，如若这样，调研就没有多少价值。在这一点上，我们应该坚持对历史负责、对事业负责、对领导负责的统一。

"对历史负责就是面对过去，不能随意否定历史积淀下来的好经验、好做法，面对现在，不能轻易回避当下产生的新情况、新问题。对事业负责是指，我们要涵养谋公不谋私、真心对事业的立场情怀，把私心杂念放置一边，不因领导偏好、不因关系亲疏而影响对客观情况的论定、对问题性质的界定、对建议对策的选定。对领导负责，就是既要贯彻领导指示要求，也要向领导客观呈报实情，从辅助领导正确判断形势、科学做出决策着眼，及时、准确、恰当地报告需要领导掌握的矛盾问题，提供可供领导参考和选择的可行性建议，真正履行好参谋助手的职责。"

这时，山羊胡眼睛望着前方说："书生报国无长物，唯有手中笔如刀。做我们这一行的，应该有这种情怀，这也是最基本的操守。不光是写作调研报告，进行所有的公文写作都应该记得，我们的笔很重啊。"

小文和小异肃然起敬，脸色也不由凝重起来。

▎课堂作业　两份调研报告

调研回来后，小文趁热打铁，又访谈了与主题相关的一些同事，获得了一些补充材料，经过与小异几次讨论，在小文的主笔和小异的协助下，形成了一份调研报告。

— — — — — — — — — — — — — — — — — — • • •

关于××××改革发展现状及对策建议的调研报告

为贯彻落实公司工作会议精神，围绕求生存谋发展的总体部署，为推进产业结构调整和转型升级提供政策建议，调研组一行3人于四月份前往××××进行了实地调研，通过座谈会、实地走访、个别访谈、查阅资料等形式深入了解实际情况，立足其发展现状，总结近几年该公司求生存、谋发展取得的成绩，分析制约其发展的困难与问题，对保持其深化改革良好势头、提高发展的质量效益提出政策建议，形成调研报告如下。

一、××××近几年来改革发展取得的成绩

××××介绍（略）。

受行业大环境、严峻市场形势以及企业自身产品结构等多个因素影响，公司过去几年面临较大的经营压力。近年来，通过推进内部承包经营机制、集采改革等一系列关键措施，不断深化内部改革，持续开展降本增效，企业顺利实现扭亏为盈。总结经验有以下几点值得借鉴。

一是实施内部承包，转换经营机制，有效调动了员工积极性。该公司在全集团全面推行内部承包和绩效挂钩经营新机制。参照历史和行业最好水平确定承包指标，严格责任落实和挂钩奖惩，企业内部承包所增收益按比例分成，并建立了绩效奖励预发机制，以切实解决企业效益不佳与员工收入偏低的恶性循环问题。持续深化内部承包，适度提高承包指标完成奖励兑现比例，并对部分业务拆分，实施深度承包，同时完善考核办法，将季度考核改为月度考核，增加职能管理专项考核内容，充分体现过程激励和即时激励，进一步提高了干部员工挖潜降本增效的自觉性和积极性。通过实施内部承包，员工人均月收入比上年增长××元，因原材料消耗降低减少成本××

亿元。

　　二是整合采办业务，构建集中采办新模式，降低采办成本。该公司对全集团采办业务实施集中整合，打破原有分散采办的运行模式，构建起了以"采办管理精细化、采办行为规范化、采办权限明晰化、采办手段信息化、采办人员专业化"为核心的集中采办新模式，实现了生产与采办彻底分离，采办质量、效益、管理水平显著提升。其中在大宗原材料采办中，针对煤炭与大型煤企建立直供战略合作关系，实施原盐招标采办的措施，在提高采办质量和降低采办价格方面发挥了重要作用。全年共完成采购额××亿元，与预算相比实现采办效益××亿元。

　　三是深化内部改革，突出主业发展，优化资源配置。该公司本着积极稳妥、分步实施、有序推进的原则，近五年来重点在产业整合、资产处置、公司清理、人员优化及解决历史遗留问题等方面，进行了一系列的实质性改革。突出主业整合辅业，优化产业发展布局。明晰发展战略，逐步清理和退出与主业无关联产业；清理公司压缩层级，优化产权结构。积极推进人力资源建设，优化资源配置。开展了定编、定岗、定员的"三定"工作，优化了管理架构。开展了管理、技术和操作"三支队伍"建设试点工作，构建发展通道，优化成长平台。

　　四是推进技术创新，实施生产线改造，全面降低生产成本。该公司大力实施以提升盐化板块成本竞争能力为目的的技术创新与改造，近几年实施的××××、××××等项目全部投用且效果较好。其中××项目实现了新兴膜技术应用于传统盐化工产业的重大突破，年可节约固态原盐用量××万吨以上。目前二期项目正在实施之中，总投资××亿元，设计产能日产精制卤水××万立方米。该项目对平抑原盐价格、降低纯碱成本将起到较大作用。

通过实施内部承包经营等一系列深化改革措施，该公司不仅初步探索了一条新的发展道路，逐步摆脱了长期亏损的困境和退市风险，而且为总公司其他单位在经济低迷的环境中实现转型升级提供了有益的参考和借鉴。

二、××××当前面临的困难和问题

××××改革发展取得初步成效，但在企业改革发展和生产经营中还存在一些亟待解决的突出问题。（略）

这些困难和问题，都在较大程度上阻碍着该公司的持续健康发展。当前亟需研究制定有效措施，保持其改革良好势头，持续深化改革，进一步深挖内部潜能，充分激发企业内生动力和发展活力。

三、政策建议

（一）选择该公司承担改革试点，引入社会资本，先行先试

该公司与公司其他下属企业关联度较低，发展模式也有较大不同，近几年在改革发展措施上已积累了不少好的经验，由于处于充分竞争的市场环境中，在市场竞争压力倒逼下，广大干部员工有着对改革的迫切愿望，因此总公司可以考虑在市场化改革方面将其作为试点加以突破（如实施股权多元化改革等），建议总公司在管控模式上做适当调整，在不违反基本制度的前提下，将经营自主权适当下放，为其放开手脚积极参与市场竞争提供更好的平台。该公司深化改革目前只是取得初步成效，总公司应鼓励其

加大推进内部深化改革的力度，在体制机制及配套措施上予以政策支持和有效指导。改革试点实施后如取得较好成效，可作为其他公司的参考和借鉴。

（二）实施管理创新，挖掘管理潜能

该公司作为一家地方老企业一直存在管理粗放的状况，近两年通过开展"质量效益年"和"精细管理年"活动在管理提升方面取得了显著成效，但在管理理念、管理制度、管理组织、管理方法、管理措施等方面，与先进企业相比仍存在差距。建议该公司认真学习借鉴先进单位的管理经验，不断创新管理手段与管理方式，全面推进精细化管理，建立精益运营机制，进一步夯实基础管理，最大限度地挖掘管理效益。总公司及相关职能部门应在这方面给予其更多指导和帮助。

（三）建立合理有效的激励机制

该公司通过深化经营承包改革，使企业效益和员工收入都得到了提升，工作积极性主动性明显增强。落实生产经营承包兑现，需要工资总额的支持，建议总公司建立合理有效的改革激励机制，结合公司推进的直管干部任期制改革，以该公司为试点探索实行三年工资总额包干模式，以满足其深化经营承包兑现的实际需求，巩固改革发展成果，有效激发其改革内生动力，促使干部员工主动自觉挖潜增效。

（四）高度重视并切实加强安全环保工作

该公司虽然近几年安全环保工作成效明显，但依然是其管理的薄弱环节。建议总公司督促指导该公司加强安全管理与隐患排查，努力实现本质安全。同时建议总公司在其安全环保方面保障必要的资金支持。

此外，借助国家大力实施供给侧改革的东风，总公司应加强沟通协调力度，积极争取地方人民政府在产业结构调整、产业链延伸、发展多元化产业、转型升级等环节和领域相关的政策和资金支持，如财税优惠政策、"去产能"政府补贴等。

———————————————————————————— • • • •

报告呈交上去之后，姜总给予了肯定，做出了批示，将提出的建议转给相关部门研究和采纳。小文及时与被调研单位联系，进行了反馈和后续跟进，对方的感激让小文也多了一份成就感。

没过多久，小异负责的那次调研也完成了，写完调研报告又经过讨论修改后，交上去也得到了领导的批示，两次调研可以说是成功了。两份调研报告都凝聚了大家的心血和智慧。另外一篇是这样写的。

———————————————————————————— • • • •

关于广东电改及对××××天然气业务发展影响的调研报告

　　广东是东南沿海重要的天然气消费市场，也是公司天然气销售的重要区域。为了解公司广东地区天然气消纳中存在的问题，尤其是近年来广东电力改革给公司天然气业务发展带来的影响，调研小组于5月前往××××、××××等多家单位进行调研，深入了解电改等新形势对公司在粤天然气发电业务的影响，以及公司天然气业务发展面临的问题与挑战，并对公司天然气业务发展提出政策建议，形成调研报告如下。

一、电改使广东电力市场竞争日趋白热化，为天然气业务发展带来一定影响（略）

二、电改折射公司天然气产业发展仍存在一些突出问题（略）

三、几点思考和建议

（一）理性看待电改带来的挑战与机遇。尽管售电侧改革给天然气消纳带来一定影响，但如果应对得当，也可能是公司发展的机遇。考虑到电力作为重要的二次能源在终端能源消费中比重将逐步加大，参与电力交易也应是公司应对能源转型、延伸公司产业链条的重要契机。从国际上看，目前部分跨国石油公司也在积极开展电力贸易。建议公司应积极顺应电力改革，化挑战为机遇，以应对电改倒逼公司破解天然气产业发展中存在的难题，将开展电力贸易作为开拓新业务增长点的重要机遇。

（二）完善天然气产业价格协调机制和考核机制。（略）

（三）坚持以市场为导向推进上游气田开发。（略）

（四）探索创新天然气业务发展模式。公司应积极探索利用"互联网＋"等手段创新商业模式，全力推进天然气终端市场开拓。从目前看，天然气发电仍是公司当前消纳天然气的现实选择。公司要通过开拓大用户直购、提高热电联产机组供热负荷等手段争取更多年度电量指标，探索推进分布式能源等新业务。加快探索创新售电业务模式，开展差异化的增值服务，在为客户提供综合能源解决方案上做出有益尝试。

（五）统筹做好内部电力大用户直供工作。（略）

（六）加大对天然气清洁能源的宣传力度。社会上建议集团层面通过新闻宣传、专家访谈、召开天然气专题研讨会等方式，积极宣传天然气发电在机组性能、环保、调峰、保供等方面的优势，为天然气产业发展和市场竞争营造更好的舆论环境。

•••

▍课堂讨论：调查研究的"负面清单"

两次调研都完后，山羊胡召集开了总结会，总结经验教训，以便今后改进。大家回顾总结了这个过程中一些做得好的做法，也反思了一些还可以改进的地方。山羊胡引导大家说，调查研究是我们的看家本领，虽然取得了一些经验，但更要慎言成绩，看到差距和不足，朝着更好的目标努力。

山羊胡说："我注意到你们每年的工作总结在剖析问题时，都会提到调查研究做得不够，年年都是如此。那我们今天分析一下，到底有哪些不够呢？我们把这些不够的地方找出来作为负面清单，今后在工作中加以避免，希望在今后的年终总结中不再出现调研做得不够这样的表述，但更重要的是，真正通过分析讨论，把调查研究工作做得更好。"

山羊胡先拿自己开刀："我先反思一下，自己对调研重视不够。说实话，在机关工作，稍不注意，就会养成机关病，成天待在办公室，关起门来做事情。有时把调研当作虚活，觉得一天到晚有做不完的事，以忙为理由，很少走下去；有时把调研当成副业，认为搞调研是职能部门的事，我们把文字材料写好就行；有时图省事，打个电话要个材料，或者上网搜索一下，认为既然能这样，何必劳神费力去搞调研呢。这些想法都是不对的，今后首先要在思想上重视起来。"

小异惭愧地说："我觉得自己在调研前的准备还不太够，通过这次我更加明白了，高质量的调研，一定是经过精心准备的调研。如果我们调研目的不太明确，出行前没有认真制订方案，准备工作做得简单粗糙，调研质量就会打折扣。特别是我认识到，调研需要有问题导向，对调研中要重点了解什么问题，研判什么问题，解决什么问题，通过什么方式收集情况，走访哪些对象获取信息等，事先要统筹考虑，不能'走到哪里黑、就到哪里歇'，否则就成了为调研而调研。"

小文也发言说："我这次因为没经验，在设计调研方案和日程安排上考虑不周全，客观上由于时间有限，以及采取事先通知这种方式的局限，也导致调研广度不够，存在覆盖面窄的问题。今后再开展调研还得想办法改进，特别是要避免出现形式主义的倾向，如定点查看多，随机抽查少；见干部多，见群众少；到典型地方轮番调研多，到矛盾集中、群众意见大的地方调研少，到交通方便的地方调研多，到偏远贫困的地方调研少这些情况。现实情况是千差万别的，如果调研不广泛，就容易出现信息失真、脱离实际的情况，得出的结论也会存在以点代面、以偏概全的问题。这是要特别加以注意的。"

小文接着说了一点："这次调研由于做了一些准备，在过程中进行了深入讨论，所以能够形成一些观点和建议，也能推动一些工作，这说明调研的深度是很重要的。反思我们的很多工作调研，往往是听一听汇报、发表一通讲话了事，来去匆匆，慌慌张张，走马观花，没有沉下心来'解剖麻雀'，没有一竿子插到底的精神，把调研搞成了走过场，以为下去了就是调研了，走到了就是知情了。这样就容易只摸到了事物的表面，对发展的'形'和'势'缺乏敏锐观察，对背后的原因及其相互关系缺乏认识，于是按老套路应对新变化；有的没有抓住主要矛盾和矛盾的主要方面，得出的结论放之四海而皆准，全是正确的废话，少有独特的观点和主张。这种缺乏深度的调研等于没有调研。一路风风火火、浮光掠影搞调研，不仅难以了解真实、全面、深层次的情况，而且还会引起基层群众反感。"

小异接着说："我赞同你的观点。这种调研没有深度，其实也因为研究不够。调查研究，顾名思义，既要调查，还要研究，但我们在日常工作中往往重调查轻研究，在调查结束后缺少深入细致的思索，没有进行一番交换、比较、反复的工作，分析研判、去粗取精、去伪存真、归纳演绎做得不扎实。有的人也注意了调查后的研究，但存在个人偏好、主观臆断，先入为主，出发点就发生了偏差。如果我们对工作中发现的问题，对群众反映较多的问题研究不深，不多问几个为什么、怎么办，就难以清楚认识事情的真相和全貌，准确把握问题的本质和规律，提出有见地的解决思路和对策。所以，光调查不研究，或者研究不深，那其实就是'半拉子'。"

山羊胡最后说："你们说得都很到位，我就补充一点，就是我们对调研的成果运用不够。衡量调查研究搞得好不好，最根本的是要看调研成果运用得如何。有时候一些调研看似也有成果，会议纪要、调研报告一大本，但离拿来就可以用的要求差距较大。这主要是因为调研与决策'两张皮'造成的，调研的同志不太了解决基层的意图，调研工作与决策需求不对路，提出的意见、建议针对性不强，辛辛苦苦搞了一堆价值不大的东西，客观上造成调研成果的运用打折扣。还有领导对调研成果重视不够，以及调研成果转化的渠道和机制不健全等原因。对于这些，我们今后在工作中要逐渐加以改进，使调研工作从选题、设计、实施、形成成果到转化运用成为一个完整的链条，进行闭环管理。"

讨论到这儿，大家都默然了，虽然有了一次还算成功的经历，但并没有多少成功的喜悦，需要改进和加强的地方还很多。山羊胡最后说："要真正做好调查研究工作，还任重而道远啊。"

下　篇
Lesson Two

公文选粹

编撰说明

1. 为与上篇内容互相呼应，以及作为上篇所讲述理念、方法等的印证和补充，下篇共选入各类文稿25篇，分为法定公文类、事务性公文类、决策参考类、宣传类、党建类、研究支持类、个人履职类共七大类别。这种分类方法属于因人制宜，并不见于任何一种教科书。

2. 每一大类下又分若干小类，在文种类型上覆盖并不全面，上篇已经讲述过并予以例证的八类文种，下篇不再列入相应例文。相反有一些文种并不见于其他公文书籍，在命名上也不一定完全规范，如决策参考类与研究支持类名目下的文稿，由于个人的经历与偏爱，而选入其中。

3. 每一小类只选入一篇，是为了均衡起见，但难免有削足适履之嫌，由于所选文字量占所撰写总量很小的比例，这也增添了编选的难度。所选篇目不一定是本人所撰写同类文稿中最有代表性的，更多是为了体现该文种的特点。

4. 所选篇目中既有作为撰者的，也有作为署者的。注明使用者以及有明确落款的之外，均为本人使用。

5. 编选原则：个人独立撰写或主要完成的篇目，他人为主撰写或合作完成的概不选入。

6. 所选篇目均为能够向读者公开的内容，其他更合适或者文本价值更高的文稿，只能忍痛割爱。为便于读者阅读，选入的篇目尽量保持全貌，但需做必要的技术处理。

一、法定公文类

1. 通知

--- • • •

关于贯彻落实国务院国资委党委《关于广泛发动职工群众积极开展降本增效活动的通知》精神的通知

各所属单位：

当前，由美国次贷危机引发的金融危机对国际金融市场造成严重冲击，世界经济增长明显放缓，国际经济环境中不稳定因素明显增多，对我国经济的影响逐步显现。为了帮助中央企业广大职工充分认识国际金融危机对国际金融市场和世界经济带来的影响，了解国际国内经济形势和走势以及国际金融危机对我国不同行业企业的影响，进一步统一思想，坚定信心，立足岗位，迎接挑战，近日，国务院国资委党委下发了《关于广泛发动职工群众积极开展降本增效活动的通知》（以下简称《通知》）。《通知》要求各中央企业认真结合当前形势，结合企业生产经营和职工思想实际，在不断提高产品和服务质量的前提下，广泛发动和依靠职工群众，广泛开展以降低成本、提高效益为主题的群众性劳动竞赛活动。现将《通知》转发给你们，请结合各单位实际认真贯彻执行。

一、充分认识开展降本增效活动的重要意义，切实加强领导，确保活动实效

当前，国际经济形势给我国经济带来一定冲击，对许多行业和企业均造成直接影响。我们公司近年来突出抓基础管理、风险管控和作风建设，广大干部员工的成本意识、节约意识进一步提高，各项节约成本措施得到有力执行，降本增效具有扎实的工作基础。但是，当前由美国次贷危机引起的全球金融危机影响还将持续，公司各业务板块将不同程度地受到影响，公司经营面临着一定挑战。广泛发动和组织职工群众深入开展降本增效活动，对于降低成本、增加效益，稳定员工队伍，提高应对风险的能力，促进以人为本和构建和谐企业具有重要意义。

各单位要确保公司平稳健康发展和积极构建和谐企业的战略高度，进一步提高认识，加强对活动的领导。各级党组要高度重视，统筹安排，精心组织，切实做到把降低成本、增加效益作为贯彻落实中央决策部署、扎实推进公司提质增效的重要举措抓紧抓实。

二、加大对广大员工的宣传教育力度，激发员工参与降本增效活动的自觉性

各单位要在深入学习的基础上，认真研究分析当前经济形势下出现的新情况、新问题，通过举办辅导讲座、形势报告、干部培训等多种形式，把广大干部员工的思想统一到中央精神上来。要开展深入细致的思想工作，教育引导广大干部员工既充分认识国际国内各种不利因素的严重性、复杂性、长期性，又充分认识这些不利因素没有改变我国经济发展的基本态势，充分认识公司长期抓风险管理和成本管理所具备的较强抗风险能力和可持续发展能力，进一步坚定信心，积极应对。

各单位要结合自身实际，积极探索，大胆创新，运用行之有效的活动方式和载体，搞好舆论宣传。要采取各种有效形式，特别是各类专项竞赛活动、群众性创新创效活动、职工合理化建议活动等员工欢迎的形式，组织开展好降本增效活动。各类媒体要积极宣传造势，大力宣传开展降本增效活动的重大意义，宣传基层单位和员工中的先进做法、经验和成效，为降本增效活动营造良好的舆论氛围。公司内部网络、电视等媒体要积极配合做好宣传。

各单位要通过班前班后会、宣传海报等形式和载体，积极宣传降本增效活动的意义、工作安排和工作成效，将降本增效活动融入具体的生产经营。各单位要把握重点，特别是引导广大员工主动查找当前生产、经营、管理、安全等环节中的薄弱环节，提出改进目标。各单位要教育引导员工进一步树立危机意识、大局意识和责任意识，进一步增强中央企业员工的责任感和奉献精神，大力弘扬爱岗敬业、艰苦勤俭的优良作风，提高员工参与降本增效活动的自觉性，坚定战胜挑战、度过难关的信心。

三、以降本增效活动为契机，进一步抓好生产节约、风险管控和制度建设

各单位要在生产和投资规划中体现节约意识，按照"有保有压"的原则，保生产项目、保主业投资、保资源性投资，对非生产、非主业的投资要切实降低，做到理性投资、冷静投资；各单位要认真抓好生产领域中的节约活动，进一步减少消耗，降低开支，提高精细化管理程度和风险管理能力，切实抓好安全生产；各单位要对各类采购、科研外包等项目加大审计力度，重点是各项工作制度和程序的完备性和执行情况，在制度建设中融入成本管理理念。

各单位要进一步提高资源配置效率和组织效率，切实提高管理水平，提高资源协调能力和承包商管理能力，理顺组织机构职能，进一步提高组织效率。进一步解放思想，深化改革，根据行业发展规律制定战略，配置资源，提高劳动生产率和生产的技术含量，通过组织创新、服务方式创新和技术创新提高效率，降低成本。

各单位要教育引导广大员工确立"万众一心过紧日子"的意识，在降本增效活动中突出群众性特点，发动员工广泛参与。各单位要大幅压缩行政开支，尽量减少会议和出差，对可利用视频召开的会议尽量不集中召开。要进一步发扬艰苦奋斗、勤俭节约的办事作风，节约每一分钱、每一张纸、每一滴水、每一度电，将"艰苦奋斗、厉行节约"活动中确定的各项节支计划和措施落到各项具体工作环节中。

×××公司

二〇〇八年十一月二十七日

附：国务院国资委党委《关于广泛发动职工群众积极开展降本增效活动的通知》（略）

2. 请示

关于2017年工作会议报告起草工作的请示

年度工作报告是领导谋划思路、实施决策、推动工作的重要手段。协助领导做好重大报告起草工作是政策研究室的重要职能和重要任务。眼下已进入第四季度，为做好2017年工作会议报告起草工作，我们经过认真思考和研究，结合以往经验和当前实际情况，制订初步方案如下。

一、会议报告的组成

年度工作会议主要由两个报告组成，分别由董事长、党组书记和总经理、党组副书记作报告。两个报告是一个整体，都紧紧围绕会议主题展开，共同总结谋划公司整体工作；两个报告从不同角度论述，各有侧重，但相互呼应、相互联系，内容有机结合、内在统一。

除了两个报告，董事长还将在工作会议结束时做总结讲话，主要内容是总结会议收获，强调重点工作，以及对领导干部提要求。

二、2017年会议报告初步考虑

（一）会议主题、报告内容与结构

1. 会议主题

公司在产业发展、深化改革、提升管理、队伍建设等方面的要求已经更加明确，当前最重要的是抓落实，把战略思路和工作要求切实贯彻到具体工作当中，鼓励督促检查干部员工扎实工作，千方百计为事业发展创造条件。围绕这一目标，从思想意识、工作机制、能力作风、营造氛围等方面谈思路、提要求，并对2017年的工作做部署。

党的十八届六中全会对全面从严治党做出了新部署，作为中央企业，我们要不折不扣地落实党中央要求，进一步严肃党内政治生活、严格党内监督。党建工作只能加强、不能削弱，我们要用党建工作促进主业发展。

根据以上考虑，初步建议工作会议主题为：

聚精会神抓党建，一心一意谋发展

以优异成绩迎接党的十九大胜利召开

2. 报告内容

紧扣党的路线方针政策，紧扣当前形势，紧扣公司改革发展和生产经营实际，总结2016年成绩，部署2017年重点工作，围绕从严治党治企和狠抓工作落实两条主线，坚持问题导向，对未来一段时间工作做出总体思考和全面安排。

重点落实党的十八届六中全会和年底的中央经济工作会议、央企负责人会议等精神，重点关注年底的总公司务虚会，把中央精神和公司党组领导好的观点建议体现在报告中。

3. 结构

（1）董事长报告

董事长报告分为面临的形势与任务、需要树立的几种意识和工作思路与部署三个部分。

面临的形势与任务：贯彻落实党的十八届六中全会和国有企业

党建会议精神，分析从严治党的新形势和新要求；结合中央经济工作会议精神，分析公司改革发展、提质增效等方面面临的形势和要求。

需要树立的几种意识：政治意识、责任意识、忧患意识、创新意识。归根结底，就是要抓落实，这是发展的内在需要，是强化责任的关键，是对党员干部的根本要求。

工作思路与部署：把狠抓落实放到重要位置，从认真抓好党建（纪律规矩，政治生态，作风建设）、完善工作机制（目标责任，绩效考核，督办检查）、抓好领导带头（端正态度，创新方法，提高能力）、营造良好风气（用人导向，反腐倡廉，崇尚实干）等方面入手，提出明确的要求和措施。

（2）总经理报告

总经理报告由两部分组成：2016年工作总结、2017年工作部署。

对2016年工作情况进行全面总结，客观准确地把握全年工作主要特点，并与2016年工作会议报告提出的各项工作任务相呼应。

部署安排2017年生产经营的重点工作，结构上基本延续历年固定格式，与主题报告既相呼应又不重复。

以上内容及结构都是初步考虑，我们将密切跟踪年底工作进展和环境变化，在不断加深认识的基础上，进一步明确思路，确定框架提纲。

三、工作安排

（一）组织方式

成立工作报告起草小组，由政策研究室主任担任组长，负责全面主持报告起草，向分管领导和党组汇报工作。

　　起草小组成员以政策研究室调研处人员为主体，并视情况抽调其他人员参与，负责具体的起草、调研等工作。

　　（二）时间进度

　　工作启动阶段（11月中旬之前）：搜集学习重要文件等资料；讨论研究报告主题；草拟报告起草工作方案，并尽早向党组领导汇报。

　　搜集资料和调研阶段（11月中旬至12月中旬）：向各单位、各部门下发报送总公司年度工作会议报告支持材料的通知；选择重点单位开展基层调研；搜集阅读相关资料，关注跟踪和研究分析年底重要信息和会议精神；等等。在此基础上拿出报告提纲，并送党组领导阅示。

　　形成初稿阶段（12月30日前）：起草小组封闭写作，形成报告初稿。

　　征求意见阶段（1月上旬）：以务虚会主要内容观点为重点，听取公司领导、部门负责人和基层党员干部等的意见，把好的意见建议吸收到报告中。

　　提交审议阶段（工作会议之前）：将修改后的报告提交党组审议，并根据党组意见，进一步修改完善并定稿。

　　以上只是根据往年情况所做的初步时间安排，具体将根据工作会议时间等情况灵活调整。

　　妥否，请批示。

政策研究室

2016年11月18日

3. 函

关于征求在沪举办"二〇〇九年国际 化肥工业协会年会"意见的函

上海市外办:

我国是世界上最大的化肥生产和消费国。化肥作为重要农资,在我国农业稳步发展中起着重要作用。基于我国在国际化肥行业的重要地位及近年与国际业界的成功合作,为促进我国农业可持续发展,加强化肥领域国际合作与交流,国际化肥工业协会(International Fertilizer Industry Association,IFA)与作为其会员的我公司商定,在中国共同举办2009年年会。

大会于2009年5月25日—27日在上海举办。与会者千余人,外方代表居多,主要为IFA会员,包括化肥生产企业、研究院所、分销商和用户等。大会主题是世界农业和化肥需求展望;全球化肥与原材料供应及供需平衡。在会上,我们将研讨优化化肥资源、有效使用化肥、促进农业可持续发展以及市场发展等问题。期间还将举行协会各专业委员会会议等活动。届时拟邀请国务院和上海市有关领导出席。

会议代表自行承担国际旅行和食宿费用,会议筹办费用由IFA和我公司共同承担。

特此征求贵办意见,望函复。

（联系人：×××　电话：×××××××××）

×××××公司

二〇〇八年十月二十八日

• • •

二、事务性公文类

4. 致辞

可持续发展报告董事长致辞

（时任××××公司董事长为公司2013年可持续发展报告在开卷致辞）

亲爱的朋友：

2012年正值××××公司成立30周年。首先，我谨代表董事会和公司全体员工，向社会各界长期以来对我们公司的关心和支持表示由衷的感谢！

当今世界，资源、能源和环境压力给人类的可持续发展带来了严峻挑战，减少对能源资源过度消耗的绿色低碳发展模式正在全球蓬勃兴起。作为一家负责任的能源公司，××××积极回应这一重要的全球议题，按照国家新型工业化道路的要求，秉承"贡献不竭能源、创造美好生活"的愿景，坚持"绿色低碳"的发展战略，将可持续发展理念融入企业战略和日常运营，大力提升公司的价值创造力、低碳竞争力和可持续发展能力，以更安全、更环保、更高效的方式，推动企业与社会、环境的共同繁荣与发展。

2012年，我们在继续加大资源开发的同时，扎实推进生态文明建设，大力促进社会和谐，坚持经济责任与环境责任、社会责任的同步履行。在环境责任方面，我们继续加强节能减排工作，大力推进清洁生产，推动传统产业转型升级；我们加快发展LNG清洁能源产业，积极探索新能源业务，不断优化能源消费结构；我们成立"××××海洋环境与生态保护公益基金会"，积极开展海洋生态恢复补偿工作，加大海洋生态环境保护力度。在社会责任方面，我们努力回馈社会，积极参与扶贫、援藏、助学等社会公益事业；在重大自然灾难面前，我们真诚伸出援助之手，对云南、贵州等地受灾群众进行救助；在海外能源投资与合作中，我们服务于当地的经济发展，造福当地居民，全力践行国际"企业公民"责任。

2012年，我们加快了从浅水到深水、从国内到国外、从传统公司治理走向现代企业规范治理的步伐。我国首台自主设计建造的第六代3000米深水半潜式钻井平台正式开钻，深水正成为公司保障国家能源安全的现实接替区。收购海外资产取得重大进展，这项收购将使公司的资产结构大为改善，储量和产量大幅增长，油气资源国际化经营能力进一步提升，可持续发展能力持续增强。首届董事会正式成立并规范运作，公司完善法人治理结构、全面建立现代企业制度取得重大进展，规范治理水平迈上了新台阶，为合规运营奠定了更为坚实的基础。

在取得上述成绩的同时，我们深知，可持续发展是一项长期而系统的工程，与社会各界对我们的期待相比，与国际一流能源公司的标准相比，我们还有很多工作要做。基于对社会责任和可持续发展的进一步认识，在2012年，我们提出了"安全高效，绿色低碳，以人为本，公开透明，奉献爱心，勇于创新"的社会责任观，开展了社会责任专项管理提升活动，积极推进公司的社会责任管理的系统工程，全面提升公司的可持续发展能力。

朋友们，在新的一年里，我们公司将继续秉承使命、勇担责任，追求公司经济、社会和环境的综合价值最大化，与您携手共创人类美好的未来！

5. 信函

尊敬的××院长：

您好！

您的亲笔来函已敬悉。得知××××学院北京分院成立在即，谨表衷心祝贺！

近年来，××××学院在您及各位同仁的擘画筹谋下，人才荟萃，成果迭出，已成为国际知名商学院。在北京设立分院为业内首创之举，您谈及的学院发展目标更令人景仰，学院领导者的气魄和胸怀由此可见一斑。相信在各位的努力下，依托我国经济快速发展，实现学院蓝图指日可待。

承蒙您邀请我前往参加北京分院落成庆典，您及学院各位领导的隆情厚谊令我十分感激。从我目前工作安排来看，学院落成之日极有可能身负公务前往国外，是否能前来忝列盛会，还无法预料。如能得稍许闲暇，我将尽量前来，聆听高位贤达之高见。无法即刻给予确凿之答复，还望见谅。

衷心祝愿××××学院蒸蒸日上！祝愿北京分院落成典礼圆满成功！

恭祝

春安！

落款（时任公司总经理）

二〇一〇年四月九日

6. 汇报材料

积极稳妥推进改革　不断做强做优做大

积极稳妥推进
改革　不断
做强做优做大

7. 情况通报

×××总经理出席援建德阳市人民医院交接仪式的情况通报

2011年4月1日，××××公司援建四川省德阳市人民医院内科综合住院大楼项目落成移交仪式在德阳市举行，总公司总经理、党组书记×××一行出席移交仪式。

"5·12"汶川特大地震发生后，××××公司积极投身抗震救灾和支持灾后重建中，在公司和员工踊跃捐款捐物的同时，党组迅速做出决定，要通过艰苦奋斗和厉行节约，用5年时间节省5亿元资金支持灾区恢复重建，重点援建医院和学校等民生设施。

2008年9月，××××公司援川项目正式启动，并专门成立援川项目组奔赴灾区展开援建。截至目前，首期援建项目罗江县人民医院门诊综合大楼已正式投入使用，德阳市人民医院内科综合住院大楼已竣工交付使用，广元市第一人民医院外科综合住院大楼也已初步验收。二期援建项目德阳市东汽八一中学、罗江县人民医院科研及教学中心、广元中学已正式开始施工，德阳市特殊教育学校也已完成施工图设计，即将动工建设。全部二期工程将于今年9月竣工，原计划五年的援川任务在三年内提前完成。

××××公司援建的德阳市人民医院内科综合住院大楼总投资8680万元，于2009年4月27日奠基。大楼共12层，总面积超24500

平方米，可提供病床500张，配置自备发电机和自备水源，融检查、治疗、住院为一体，是德阳首栋智能化医疗服务大楼。大楼按照抗震烈度8度设防、9度构造进行建设，是德阳市抗震等级最高建筑，工程建设中创造了4天一层的"德阳速度"，并于2010年8月24日获得"四川省结构优质工程奖"。

×××总经理在交接仪式上发表致辞时说，大楼的建成是公司十万职工对四川震区人民的一片心意，也体现了全国人民对震区人民的深情厚谊。德阳市人民医院职工昂扬奋发的精神面貌，是对我们极大的鼓舞和激励。××××公司愿意在力所能及的情况下，继续关注德阳市人民医院的发展，继续支持德阳市人民医院的建设。

四川省副省长×××出席仪式并讲话，他说，作为大型国有企业，××××公司不仅在国家经济建设中发挥了主力军作用，更在回馈社会、扶危济困中展现了企业高度的社会责任感。德阳市人民医院内科住院大楼的正式落成移交，标志着××××公司援建四川灾后恢复重建取得了重大阶段性成果，震区人民将始终铭记××××公司给予的帮助和支持。

××××公司援川项目组总经理×××介绍了项目情况。项目组入驻四川后，始终牢记党组"把援建项目建成灾区人民避难所"的重托，扎根灾区，超常付出，克服重重困难，精心组织，把援建项目建成了优质工程、精品工程。

德阳市委书记×××，市人民医院院长×××也分别讲话。德阳市委副书记、市长×××，市委常委、常务副市长×××等参加了交接仪式。

当天，×××总经理一行还视察了东汽八一中学二期工程工地、东汽地震遗址及汉旺镇地震遗址，并前往东方汽轮机有限公司、中国第二重型机械集团公司和川油华宏等公司参观洽谈。

党组成员、纪检组长×××，办公厅主任×××，人力资源部总经理×××，计划部总经理×××，××集团副总经理×××，办公厅副主任×××，××公司副总经理×××等出席了交接仪式并陪同×××总经理参观考察。

8. 序言

《勤耕蓝疆》序言

（时任总经理名义作序）

当我展开眼前这本书稿的时候，正是××××公司全体员工奋战国内油气产量5000万吨，即将迎来最后胜利的关键时刻。经过几代人的不懈努力，建成一个"海上大庆"油田的梦想终于变为了现实，这是公司发展历程中的一个重大里程碑，也是我们为国家献上的一份厚礼。

××××公司从对外合作起步，经过近30年的发展尤其是近年来的跨越式发展，已经成为国际石油行业的一支劲旅。当回顾走过的历程时，我们最深刻的体会是，公司要想发展壮大，必须坚持解放思想，实事求是，与时俱进，不断强化改革创新意识，敏锐洞察并适应竞争环境的新变化，在工作中体现时代性，把握规律性，富于创造性，使公司发展始终保持旺盛的生机和活力。

"十一五"期间，××××公司以××××为指导，围绕实现5000万吨产量目标，在技术创新、管理创新、体制机制创新、文化创新等方面进行了大量探索和实践，取得了显著的成效，不但保障了"十一五"规划目标顺利实现，也为增强对国家的能源供给能力、促进全面建成小康社会做出了新贡献。这本书是××分公司"十一五"期间创新实践的记录与总结，从一个侧面反映和展示了××××公司艰苦奋斗、开拓创新的身影，我很欣喜地看到它的出版。

××分公司所处的××××油田，是我国××××事业的发祥地。从20世纪50年代开始探索，到1986年生产第一桶原油，到如今实现年产油当量1000万方，其间留下了许多精彩篇章。"十一五"期间是南海西部油田的跨越发展时期，不但油气产量创造了新高，在管理优化、技术发展、文化营造、队伍建设等方面也取得了突出成效。掩卷深思，这些成绩的取得不是偶然的，而是××分公司积极创新、努力实践的结果。

我在前几年的工作会上说过，企业管理者要养成学习和思考的习惯，要善于从日常的繁忙事务中跳出来，冷下来，站到更高的层位上思考影响企业可持续发展的深层次问题。依我看，××分公司的领导层就具有这种良好的素质，他们不但善于创造性地开展工作，而且善于在工作中提炼和总结，并通过有效的形式使之得到传承和推广，从而指导新的实践。这种实践一认识一再实践的过程，为"知行合一"这一深具中国文化底蕴的哲学命题赋予了新的时代内涵。

这是××××公司管理创新和文化建设的崭新成果，也是我们自己的"MBA案例"，我希望有更多的读者来阅读这本书，从中得到启迪和借鉴。

公司事业正处于高速发展时期，未来五年将是建设国际一流能源公司的重要阶段。实践无穷期，创新无止境。我更希望，××分公司在当前和今后一段时间，能够按照转变发展方式的要求，进一步推进创新，积极探索，创造更辉煌的业绩，为这本书续写新的灿烂篇章。

是为序。

9. 贺信

致海南省建省20周年贺信

海南省委、省政府：

喜逢贵省建省办经济特区二十周年华诞之际，我公司谨向琼岛人民致以最热烈的祝贺和最诚挚的祝福！

1988年，第七届全国人民代表大会第一次会议正式批准设立海南省，建立海南经济特区，自此，在党中央、国务院的正确领导下，海南省委、省政府团结带领全省人民解放思想、抢抓机遇、艰苦创业、锐意进取。作为中华人民共和国最年轻的省和中国最大的经济特区，海南勇做体制改革的试验田、对外开放的"排头兵"、生态保护的示范地、构建和谐的探索者。二十年中，海南经历了有史以来最深刻的社会变革，实现了发展史上最伟大、最辉煌的跨越。全省经济实力迅猛发展，特色产业结构逐步形成，改革开放取得重大突破，基础设施日趋完善，人民生活日益改善，社会事业全面进步，生态保护成效显著。如今的海南，在世人面前树立了绿色之岛、开放之岛、繁荣之岛、文明之岛、和谐之岛的崭新形象。

多年来，在开发南海油气资源的过程中，我们公司与贵省结下了深厚友谊。特别是近年来，双方不断推进友好协作、互利双赢的良好合作关系，企地优势互补、携手共进，有力拉动了区域经济增长，也促进了企业高效高速发展。如今，东方化工城已成为我们公司重要的化肥化工产品生产基地，液化天然气、新能源等产业在海南也进展顺利。在发展中，我们公司一直得到海南省委、省政府的深切关注和大力支持，得到海南人民的热情帮助，同时，我们公司也对海南经济社会事业的发展做出了自己的贡献。随着双方友谊进一步巩固和加强，领域合作继续拓展和深化，我们有信心为海南经济社会发展做出更大贡献。

在此吉庆之时，祝海南省经济繁荣、社会进步，与时俱进、再创辉煌！

×××ד公司

二〇〇八年四月二十三日

三、决策参考类

▌10．对策建议

————————————————— •••

关于公司党组领导参与外部高层会议的建议

近几年，××××公司综合实力大幅度提升，国际竞争力不断增强，经营业绩突出，资本市场表现优秀，行业地位、国际化程度及成长性得到了各级人民政府、社会各界的广泛认可。公司的社会形象和影响力稳步提升，国内外知名研讨会、国际会议、业务洽谈会及高层论坛的邀约也随之不断增多。为更好地展现公司的形象，提高公司的国际知名度和影响力，针对公司党组领导参与此类具有前瞻性、权威性、政策性较强的外部高层会议，根据公司领导的要求，政策研究室经研究讨论，提出以下建议。

一、建议参与会议的类型

（1）行业发展类

公司要参与国家部委、著名智库、国际知名咨询机构、国际知名媒体等组织的有关世界经济环境、中国经济发展、产业政策解读、行业发展预测等研讨会。例如，中国经济发展高层论坛、财富全球论坛、剑桥能源周等。

（2）社会责任类

公司要参与国家部委、社会知名基金会等组织的有关公益慈善领域表彰会议。例如，民政部主办的"中华慈善奖"评选活动、中国企业社会责任峰会等。

二、建议参会人员

根据具体会议的内容、规格、社会影响力，由主要领导参加，或由分管相关业务的公司领导参加。

三、参会工作保障

（一）文稿起草工作

政策研究室负责撰写主要领导发言稿和收集准备相关备参材料。分管领导参与的经营管理类会议由专业部门负责撰写，政策研究室协助进一步修改完善。

（二）行政保障工作

办公厅负责总公司党组成员参会的行政事务与后勤保障。

（三）宣传工作

思想政治工作部负责会议的相关宣传工作。

四、会议成果转化

建议将公司党组领导参与的外部会议与调查研究工作相结合，建立更全面的信息资源共享机制。建议由政策研究室负责建立高层会议资料库，进一步加强会议成果的管理和信息交流工作。对一些有分量、有价值、对工作有指导意义的会议成果，采用《参阅件》等形式上报党组、董事会和管理层，并印发全公司进行成果共享，也可推荐给新闻媒体或其他刊物发表。

政策研究室

2013年5月10日

▌11．咨询建议

从竞争加剧的能源世界中寻找未来方向

（2019年剑桥能源周透露的信息）

当地时间3月11日至15日，由IHS Markit公司主办的第38届剑桥能源周在美国休斯敦举办，围绕地缘政治、油气市场、能源转型、技术创新、气候变化、新能源发展等话题，分享和讨论了国际能源界的最新成果和观点。

综合整个能源周所涉及的议题和观点，结合本届能源周的主题"新的竞争世界：重塑能源未来"来看，当今能源世界的变化突出表现在四个方面的竞争关系上。

一是新的能源地缘政治催生更具竞争性的全球能源格局和经贸格局。

随着全球能源市场供需形势变化和地区争端加剧，新的地缘政治正在重塑全球能源格局乃至经贸格局。国际能源署（IEA）认为，地缘政治因素正在对全球能源市场产生深远影响，很多政局动荡地区恰是重要的资源国，地区局势不稳定将加剧油气价格震荡。正如一些专家指出，如今地缘政治问题给能源的市场供应造成很多不确定因素。

二是能源转型导致化石能源与可再生能源竞合关系进一步深化。

众多与会者认为，随着巴黎协议控温计划的实施以及新能源技术的发展，世界能源转型是不可逆转的趋势，大的方向是低碳化、清洁化、电气化，但在转型路径和进程上存在很大不确定性。

IHS Markit提供的报告认为，随着技术不断进步和全球范围项目开发经验的日益丰富，风能和太阳能光伏发电成本预计将持续下降。发电成本的迅速降低提高了人们对可再生能源项目自身及其取代传统能源的信心。随着技术的发展和经济驱动因素的变化，这种取代趋势需要多长时间仍有待进一步观察。

能源公司是推动能源转型的主力军，为应对未来竞争，实现可持续发展，各大能源公司纷纷表示已在能源转型方面有所动作。道达尔上游总裁博雅克表示，道达尔在低碳能源、清洁电力方面已经开始投入；壳牌天然气一体化和新能源总裁魏思乐表示，近几年公司在可再生能源方面主要集中在生物质能和氢能，也认可清洁电力和电动汽车方面的发展潜力；雪佛龙成立了风投公司，重点关注电池、汽车充电、二氧化碳捕捉存储等领域，促进其技术发展和规模化；BP每年在新能源方面的投资已经达到约5亿美元。英国Centrica电力公司正在由一个传统意义上的发电企业向能源服务公司转型。他们认为，未来能源公司发展趋势很重要的一点是去中心化，能源公司未来要做的事情就是改变策略，不仅为客户提供能源，而且为客户提供更多的服务。

来自各大能源公司的领导者们认为，现有能源和未来能源的平衡发展十分重要，其中天然气的协调、调峰和过渡效应比较关键。××认为，低碳和清洁电力是方向，电力储存问题十分重要，但这是个长期的过程，天然气产业仍将方兴未艾；壳牌对清洁电力、氢能、动力电池都会积极投入，但是考虑到资本的短期盈利要求，会有约束；×××公司CEO×××认为，未来能源选择必须协调解决客户在低碳化发展中的经济成本增加问题。××公司总裁××强调，全球石油和天然气行业需要在未来25年内投资超过20万亿美元，以满足预期的需求增长并弥补现有主力油田产量的自然递减。××集团首席执行官××在演讲中认为，天然气与可再生能源协同发展，在电力行业能替代煤炭。石油将继续发挥重要作用，尤其是在航空交通及化工领域。他还提到，××国主权财富基金停止一些类型的化石能源投资，更多的是资产多元化方面的考虑，并不能说明其对化石能源的拒斥态度。

三是技术创新和数字化技术的运用将成为未来能源公司竞争的"利器"。

能源周期间，技术创新的重要性被反复提及，与会者认为持续的技术创新会使传统能源获取成本下降，新能源产量增加，推动能源行业发生深刻变化。

在专设的"创新集市（Innovation Agora）"上，人们集中展示了将对能源行业产生变革性影响的技术和应用，如大数据、人工智能、机器人和无人机、区块链、敏捷设计、增材制造和驱动技术等，与会代表就能源创新项目、新兴技术和解决方案进行深入交流。

关于数字化的讨论也是热点之一。企业领袖们普遍认为，数字化对于能源公司非常关键。一方面要加大资金投入和技术研发力度，形成数字化的基础能力；另一方面要集中统一管理，通过建设示范项目、形成可复制经验，实现规模化应用。有专家认为，数字化不是什么新东西，关键是"数字化＋"，即数字化技术与其他改变石油行业的技术相结合，推动成本降低和效率提高。多数国际石油公司和国家石油公司都已经意识到数字化转型的重要性和意义，普遍开始行动，并已经影响各国政府和机构制定法律，出台管理办法。

四是常规油气与非常规油气对消费市场的争夺将更加激烈。

综合来看，美国非常规油气生产、维也纳联盟（OPEC＋）行动以及石油需求增长是影响世界石油市场的三大因素。从石油需求来说，当今世界，还有20亿人没有用上现代能源，其中12亿人缺乏电力供应，需求还将继续增长。IEA报告指出，未来五年内，全球石油需求仍未见顶，将保持年均温和增长。到2024年，全球原油需求增量将达710万桶/天，主要增长引擎来自亚洲和美国，其中中国与印度的需求将旗鼓相当。随着电动车技术日新月异，汽油需求不及以往，石化产品、航空燃料是需求增长的主要推动力。

在供给端，美国非常规油气快速发展，加速全球石油供应多样化进程，正对传统能源格局造成冲击。预计未来五年当中美国原油产量将占全球原油新增产量的70%。预计到2024年年底，美国石油出口量预计将增加至900万桶/天，出口规模将超过俄罗斯，逼近沙特阿拉伯的水平。

技术主导的美国致密油生产可塑性强，将在世界石油市场中扮演重要角色。技术进步促使生产成本快速下降。另外，维也纳联盟比OPEC更具影响力和行动力，主要生产国沙特阿拉伯、俄罗斯和阿拉伯联合酋长国，将根据市场情况制定产量政策。OPEC秘书长巴尔金都表示，世界需要更多的产量增长，更多的供给，过去几年间，对新的石油生产的投资有明显缩水。能源行业需要克服这一问题，从而进一步推动产量的增长。

埃克森美孚公司和雪佛龙公司前不久各自宣布，他们每天将在二叠纪盆地生产超过100万桶石油。二叠纪盆地是美国致密油增长的中心，该盆地中少数几个炼油厂只能吸收小部分产量，其余的必须转移到更大的市场。联邦政府在2015年年底结束了对原油出口的禁令，但将更多的石油运往国际市场并非易事。首先，连接二叠纪盆地和美国墨西哥湾的管线能力可能会成为瓶颈问题。其次，美国墨西哥湾沿海地区码头可能出现新的堵塞。最后，国际炼油厂如何能够轻易消化美国提供的轻质原油问题。

关于天然气的发展，尤其是对美国天然气产业的认识，佩里表示，当前影响美国实现能源独立的最大问题是为美国的能源产品寻找到合适的销售市场。道达尔、壳牌等公司都认为，美国作为世界天然气的重要生产商，随着更多天然气基础设施的投资建设和逐步完善，储运和供应能力不断完善，正改变着世界天然气市场的透明性与流动性。

无论是美国等新兴LNG出口国，还是俄罗斯等传统LNG出口国，都将目光投向了亚洲市场，这是世界上增长最快的液化天然气市场。也有专家提出，美国非常规油气发展中同样存在着风险。投资过热，是否会造成过度建设，某些资产最终是否会被利用，这些问题很大程度上决定美国非常规油气能否继续保持过去10年的强劲增长。

能源周反映的新趋势、新动向、新观点，对我们公司的发展有以下几点启示。

一是坚定油气主业发展信心，以质量和效益为基础，不断提高核心竞争力。油气在未来较长一段时间内仍将是主要能源，能源转型将是一个缓慢的过程，油气在短时间内被替代的可能性并不大。特别是中国油气对外依存度持续攀升，加大油气勘探开发力度将是坚定不移的方向。我们公司应该坚持发展的战略定力，加大国内外油气勘探开发力度，牢牢把握质量和效益的根本，把成本作为生命线来抓，从而在复杂多变的油价和行业环境中立于不败之地。

二是加大技术创新和数字化技术运用，加快产业转型升级，提升可持续发展能力。在气候变化、技术进步等因素的影响下，能源转型是确定无疑的趋势，我们公司应该借鉴国际大石油公司的做法，顺应趋势，未雨绸缪，着眼未来二三十年甚至更长时间的发展，加大科技创新力度，积极关注和推动新技术的运用，努力打造科技竞争力；加强数字化转型的顶层设计和组织实施，制订明确的总体规划和落实方案，抢抓数字化发展的新一轮机遇；增强危机意识，在新能源、技术服务、化工、综合能源服务等领域，前瞻性布局新业务，实现未来可持续发展。

三是积极稳妥参与中美能源合作，加强国际化业务特别是涉美业务的风险防范。（略）

四是密切跟踪油气市场变化，及时有效调整公司生产经营策略。当前世界油气供应相对宽松，油价处于中低位，考虑到石油需求仍在增长，中东地区局势动荡不安，而美国快速增长的致密油出口存在现实障碍等因素，在前几年油气投资不足的情况下，不排除短中期可能出现供应不足的问题，据一些机构预测，石油为2020年之后、LNG为2023年前后，届时或将造成油价大起大落，给我们公司经营带来较大影响。对此，我们公司应密切关注全球油气市场基本面变化、OPEC＋的政策取向以及地缘政治热点问题的潜在影响等，及时根据形势变化调整生产经营策略，提高适应和驾驭行业周期的能力。

12．政策解读

社会主要矛盾转化背景下的能源逻辑

——党的十九大报告透露的能源政策解读

社会主要矛盾
转化背景下的
能源逻辑

四、宣传类

13. 特约评论员文章

• • •

更多时候，我们都需要那样的"纵身一跃"

——论石油精神在新时期的创造性转化

特约评论员

在帝国主义封锁下，在困难时期，是什么让石油人具有如此的胆魄与激情，为中华人民共和国的经济车轮注入滚滚油流？面对对外合作的波诡云谲，挺进下游的激流险滩，国际化征途的汹涌澎湃，是什么样的精神激励着海洋石油人，敢于披坚持锐、不避矢石，甘愿临渊履薄、探索未知，不惜漂洋过海、转战异乡？

追寻一段段激动人心的征程，我们坚信，最终的答案源自精神、源自信仰，是富足的精神滋润物质的贫瘠，是勇气和信念为精神的领地筑基。石油精神具有的感召力和吸引力，一直闪烁着激动人心、催人奋进的力量。

然而不可否认的是，石油精神的传承受到社会大环境的影响，同时也遭遇着"代际困扰""时空隔阂"和"个体差异"。一方面，人们在困惑，石油精神在新时期如何传承创新，怎么保持队伍战斗力？另一方面，新一代石油人也倍感纠结，他们会为企业光荣历史和"铁人传人"的身份而自豪，但也竭力想知道，如何跨过种种阻碍，离石油精神近点、再近点？

这些困惑和纠结，恰恰是石油精神这个巨大的磁力场所致，也恰恰是石油精神面临的时代新课题。如何让石油精神跨过时空、代际和个体等差异，依然保持强大的生命力？如何使石油精神融入现代管理、契合时代精神，发挥应有的凝聚力？如何瞄准新时代的课题，将石油精神转化为生产力？

——石油精神要想很好地传承下去，不一定要有艰苦的自然环境，但一定要有信仰、有理想、有事业心，激发年轻一代作为石油人的自豪感，自觉将石油精神传承下去。

要让员工产生"我为祖国献石油"的荣耀，认为在石油行业工作很体面、很光荣，员工就不会轻视自己的岗位。有了这样的环境和氛围，石油精神就会产生持久的向心力。

传承石油精神，要做好"传帮带"，让新一代员工在优良的传统、感人的故事中浸润、感悟和体会，一开始就养成良好的职业习惯，"蓬生麻中，不扶而直"，让好传统代代相传，让石油精神在实践的土壤中扎根。

——石油精神的传承要不断丰富其内涵，使产生于艰苦年代的石油精神，在不同的时代主题下生发、升华，与新的时代观念更好地结合，始终成为推动事业最深厚的力量。

要更加提倡责任。责任源自对宏伟目标的孜孜渴望，发自对事业追求的殷殷之爱和对国家、人民负责的拳拳之心。人生最幸福的事，莫过于把应尽的责任尽到。人最有魅力的时候，就是勇敢承担起责任的那一刻。对于我们公司来说，责任是立足于苍天与大海的注脚；对于我们公司的每一个员工来说，责任是最现实的浪漫，永远像海平线一样诱惑着我们。

要更加提倡尊严。尊严来自高贵的心灵，来自对自我人格和价值原则的持守，来自于自律自强而带来的自由意志。尊重自己，尊重他人，尊重历史，尊重规则，用行动赢得别人的尊重和理解，用精神战胜自己的怯懦和消极，这是人的优秀品格的浓墨大写，是浮华社会的固执坚守，是创造无悔人生的高尚追求。

要更加提倡价值。价值是对自我的认知和实现，是个人追求与国家民族命运和时代进程的紧密结合。把员工作为发展的出发点与落脚点，着眼员工健康成长，着眼员工的精神和物质需求，着眼员工归属感、价值感和成就感的获得。

——传承石油精神要建立一个和谐健康、以员工自律为主导、增强员工自我管理意识和创造力的制度氛围，激发每个员工巨大的工作潜能。

建立"革命不分先后，功劳却有大小"的制度环境。从资历本位过渡到能力本位，用业绩搭建员工成长成才的阶梯，建立良好的激励机制，建立绩效导向文化，坚持以奋斗者为本，不让"雷锋"吃亏。

营造"唯改革者进，唯创新者强"的氛围。只有形成"员工创新、领导担责"的文化，才能被年轻人视为有价值的历练，员工才有信心用智慧和勇气拿出"绝活"，积极向上，攻克难关。

坚持"愉快投入，激情创造"的工作理念。石油精神不是只有无私奉献的一面，在悲情中渲染崇高、在沉重里衬托伟大就是最好的打开方式。我们要在工作中体会到孜孜以求、奋斗不息的快乐，体会到创造性工作带来的愉悦和满足。石油精神不能是由外而内的强制律令，而是在内心展开的精神体验。

在异常艰苦的创业阶段，石油人喊出"宁肯少活20年，拼命也要拿下大油田"的誓言，是那个时代的石油人用意志和信仰战胜困难的精神壮举，有那个时代特有的烙印。

今天，石油工业发展的环境已不同往昔，石油工业的使命和目标也不同往昔，但变化的只是外在的形态，内在的精神却不应变异和流失。企业发展的征程依然道阻且长，依然要求我们用激情、用信念、用奋斗来捍卫尊严，赢得未来。

抵御油价"寒冬"的任重道远，市场竞争的惊涛骇浪，科技攻关的艰难险阻，国际博弈的明枪暗箭，增储上产的压力挑战，转型升级的险隘重重……有太多的困难挑战需要攻克和突破，需要我们奋力杀出一条血路。这仍是一个需要艰苦奋斗的年代，仍是一个需要攻坚克难的年代，仍是一个需要高举精神旗帜去战斗的年代。

曾经，当井场遭遇井下事故时，"铁人"王进喜不顾冬季零下30摄氏度的严寒，纵身一跃跳下泥浆池，用身体搅拌泥浆。那时还没有"石油精神"这个词，没有激励机制，更没有什么容错机制，有的只是一腔热血和满身激情。历史永远记住了那一幕，那是中华民族精神的高光时刻。

面对"严寒"，面对困难和挑战的"泥浆池"，更多时候，我们都需要那样的"纵身一跃"。

14. 报纸寄语

助推经济发展　促进和谐共赢

（时任总经理于2009年6月在《南方日报》发表的寄语）

经过四年多的艰苦建设，××××公司惠州1200万吨炼油项目已经正式投产。能为珠三角"经济列车"的飞驰注入更强劲的能源动力，能为保障国家的能源供给做出更大的贡献，我们公司所有人无不为之欢欣鼓舞。

惠州炼油项目是××××公司兴建的首个大型炼油项目，是一个技术、管理和环保标准都达到国际一流水准的项目。初涉这一领域的我们曾经经历了太多的艰难曲折。从立项到论证，从建设到投产，我们有太多的未知需要探索，有太多的困难需要克服。但是，我们始终目标如一，信念不变，因为我们深知，这一项目承载了太多的希冀和企盼。

国家经济社会发展加快带来了日益增加的能源需求。提供更充足的能源供给、保障国家的能源安全，是我们义不容辞的职责。作为一家有志于参与国际竞逐的石油公司，大力发展中下游产业，实现上中下游一体化发展，也是我们提高国际竞争力、打造国际一流能源公司的重要步骤。

今天，因为惠州炼油项目的投产，我们终于可以自豪地说，××××公司实现了从上游到上中下游一体化的重大跨越。我们由此告别了独立油气勘探开发公司的历史，正式进入了国际综合型石油公司的行列。这是我们公司发展史上一件具有里程碑意义的大事，也将是我国能源工业发展史上的一件大事。

我们很荣幸的是，这一历史篇章是在南粤、在惠州书写的。惠州炼油项目的成功投产，绝不是我们公司的员工们孤军奋战的结果，它凝聚了党中央和国务院的亲切关怀，得到了广东省委、省政府的热情指导，离不开惠州市、大亚湾区党委和政府的全力支持，离不开惠州乃至广东人民的热切关注和无私帮助。

××××公司与广东省在长期的合作中结下了深厚友谊。我们公司从成立之日起，就将广东作为最主要的战略发展基地之一。迄今为止，我们公司在广东投资已经超过××××亿元，未来五年预计总投资将超过××××亿元，预计纳税超过×××亿元。我们公司曾经为、还将继续为广东的经济社会发展做出自己的贡献。

广东是全国第一经济大省，经济活跃，能源需求大，当前珠三角地区处于产业结构转型升级的关键阶段，正着力建立现代产业体系。××××公司也正处于快速成长期，产业结构在不断完善和优化，双方有着广泛的合作空间。

坚持高质量发展，促进和谐共赢，勇担社会责任，一直是我们重要的经营理念。致力于促进地方的经济社会发展，追求企地和谐共赢，是我们增进社会和谐、履行社会责任的重要体现。基于这一理念，一段时间以来，在广东，在河北，在山西，在福建，我们在金融危机带来的寒冬中逆市出击，不断加大投资力度，助推地方经济增长。

我们将秉承互利共赢的理念，继续加快在广东的投资和发展，在油气勘探开发、炼油化工、液化天然气、清洁能源等诸多领域与广东深化合作。我们将把惠州作为发展中下游的重要战略基地，以其为支点构建"两洲一湾"炼化格局，在1200万吨炼油项目投产基础上，加快推进二期项目建设。我们将通过自身的努力，助力广东经济发展，满足广东的能源需求，让广东人民远离"油荒"。

和谐成就事业，共赢铸造长久。我们在发展过程中始终追求企业与社会、与自然、与民众的和谐，时刻牢记尊重自然，关爱环境，通过发展拉动一方经济，促进人员就业，为地方多缴利税，切实承担社会责任。我们信奉"心中有他人，他人就会送你微笑；眼中有世界，世界也就为你敞开"，与地方彼此尊重、相互信任，实现友好合作、和谐共赢。

我们始终把自己看作南粤这块热土的耕耘者和建设者，与广东人民一道，参与着脚下这块土地的建设，推动它的发展，为广东的经济腾飞、为国家的繁荣富强、为中华民族的伟大复兴贡献一份力量。

▌15．公开信

劳动伟大　劳模光荣

——致全体员工的一封信

（2009年4月时任总经理使用）

亲爱的员工同志们：

在"五一"国际劳动节即将到来之际，我代表总公司党组和管理层向公司广大员工致以节日问候！向荣获2009年中央企业劳动模范和先进单位荣誉的同志们表示热烈祝贺！向公司历届劳动模范和先进集体表示亲切慰问！向长期以来一直关心和支持公司发展的广大员工家属表示诚挚谢意和良好祝愿！

劳动是文明的基石，劳动是财富的源泉，劳动创造了世界。劳动群众通过自己的勤劳和智慧，创造了社会发展的物质基础，创造了璀璨夺目的文明成果，推动了社会的发展和历史的进步。在企业，广大员工始终是创造价值的主体，是企业最为重要最为宝贵的资源。

在我国海洋石油工业数十年的艰苦创业历程中，在公司27年发展壮大的历史进程中，一代又一代奋战在海洋石油工业战线上的普通劳动者，通过自己的艰苦奋斗和勤勉奉献，谱写了我国海洋石油工业辉煌的创业史，广大海洋石油工人作为我国千千万万普通劳动者中的重要组成部分，通过自己的辛劳和创造，为我国经济社会的全面发展做出了自己应有的贡献。

在"五一"国际劳动节前夕，在由人力资源和社会保障部和国务院国资委组织的中央企业先进集体和劳动模范评选活动中，我们公司共有九位员工被评为劳动模范，四个基层单位被评为先进集体，在由全国总工会组织的评优活动中，××油田荣获"全国五一劳动奖状"，两位同志获"全国五一劳动奖章"。劳动模范和先进集体是奋战在海洋石油工业战线上五万余名劳动者的优秀代表。劳动伟大，劳模光荣。劳动模范和先进集体都有着不平凡的精神和品质，他们以自己的实际行动，传承了石油战线老一辈劳模的讲责任、讲实干、讲奉献的光荣传统，谱写了新时代艰苦奋斗、勇于创新，爱岗敬业、争创一流，团结拼搏、知难而上，不求名利、无私奉献的劳模精神的新篇章，他们不愧为我们公司工人优秀的代表、广大员工努力学习的榜样、公司高效高速发展的中坚。

当前，我们公司正处在由综合型能源公司向国际一流能源公司迈进的提升时期，向"十一五"规划目标冲刺的关键时期，努力抗击国际金融危机、打造发展新优势的特殊时期。在建设国际一流能源公司进程中，我们要奋发图强，知难而进，牢记使命，敬业奉献，以劳动模范和先进集体为榜样，认真向劳动模范和先进集体学习，学习他们忠于祖国、忠于人民、忠于企业、忠于事业的美好情怀，爱岗敬业、甘于奉献的优良品格，脚踏实地、埋头苦干的务实作风，开拓进取、勇于创新的时代风貌，干一行、爱一行，钻一行、精一行，一步一个脚印，勤恳踏实地干好本职工作，努力创造更加优异的工作业绩，为我国海洋石油工业的发展再立新功，为开创公司高质量发展新局面，为推进国际一流能源公司建设迈上新台阶做出更大贡献。

五、党建类

16. 党建交流材料

全面从严治党　强化海外党建

努力建设中国特色国际一流能源公司

（时任党组书记使用）

全面从严治党
强化海外党建

17．党建评论

• • •

学风弥正，初心弥坚

学风问题至关重要。进入新时代，由于坚持思想建党、理论强党，学风的重要性也更加凸显。

着眼全社会来看，良好学风是引领社会风尚的"风向标"。一段时间以来，学风问题受到越来越多的关注和讨论。前不久，华为掌门人任某某在接受采访时说，奠定我国的基础科研竞争力，要从改造学风做起，摒弃毛毛糙糙、泡沫化的学风。清华大学也强调，学风是立校之本，是学校传统底蕴、治校风格和办学理念的集中体现，是师生精神面貌的全面反映，为此确定2019年为"学风建设年"，在新时代弘扬清华学风优良传统。这些都反映了社会对改造不良学风、树立正确学风的呼唤。

从历史上来看，一个时代学风的好坏，反映了时代精神的进步或倒退。清朝乾隆、嘉庆年间，由于文化高压政策，学者流连寻章摘句而不问世事，形成了所谓的"乾嘉学风"，整个社会的文化思想创造力几乎被扼杀。钱基博在《近百年湖南学风》中，则阐述近代以来湖南学风"独立自由之思想，坚强不磨之志节"的核心要义，从而揭开了近代湖南开风气之先、人才辈出的奥秘。

回望我们党的历史，从延安时期"把全党变成一个大学校"，到中华人民共和国成立后"使我们的干部既懂政治、又懂业务、又红又专"，再到改革开放初期"善于重新学习"，围绕党和国家的中心任务加强全党特别是领导干部的学习，成为我们党以党的建设推动党和国家事业发展的一条成功经验。

从党的建设角度来说，良好学风是建设学习型党组的关键。应该说，大部分党员干部学风是好的，但我们视野所及，不良学风也有很多表现，如不联系实际、不带着问题，漫无边际、偏离目的地学；断章取义、寻章摘句、不求甚解、实用主义地学；虎头蛇尾、有始无终、心浮气躁、蜻蜓点水地学；照搬照抄、鹦鹉学舌、学而不思、生吞活剥地学；言行不一、表里不一地学；等等。

凡此种种不正学风，影响了党风建设，影响着党组和党员干部的形象。只有彻底摒弃这些不良学风，才能学有所获，学有所成，学有所得，才能提高各级党组的凝聚力和战斗力。

学风看起来是无形的，却起着"润物细无声"的作用，党风建设要从学风建设做起。推进新时代党的建设伟大工程，很重要的一点，就是要大力弘扬马克思主义学风，为党的事业发展提供有力的作风保障。党员干部更应该在树立良好学风方面做表率，更好地践行共产党人"为中国人民谋幸福，为中华民族谋复兴"的初心和使命。

我们要坚持全面系统学，提高本领、增强才干，筑牢践行初心和使命的前提保障。当前，中国特色社会主义建设进入新时代，改革、发展、稳定面临的形势更复杂、挑战更严峻、任务更艰巨，各种新知识、新情况、新事物层出不穷，很多党员干部面临着"本领恐慌"问题。如果不善于学习，不坚持良好学风，就难以增强本领，就会陷入少知而迷、不知而盲、无知而乱的茫然状态。

广大党员干部要大力弘扬马克思主义学风，坚持全面而不是片面地学，系统而不是零散地学，困知勉学，持续精进，不断提高理论水平、拓展知识视野、增强实践能力，才能把握新形势，应对新挑战，勇担新任务，创造性地执行党中央大政方针和决策部署，推动思想再解放、改革再深入、工作再落实，在更高起点、更高层次、更高目标上推进各项工作，为社会主义现代化强国建设做出更大的贡献。

我们要坚持深入思考学，坚定信念、锤炼党性，强化践行初心和使命的精神动力。邓小平同志说过："不注意学习，忙于事务，思想就容易庸俗化。如果说变质，那么思想的庸俗化就是一个危险的起点。"对每个党员干部而言，克服精神懈怠，增强党性修养，途径只有不断学习、深化学习、改造学习，特别是要学深悟透习近平总书记的重要讲话精神，做到真学、真懂、真信、真用。

现实当中，有一些党员干部看起来也学了很多，但没有深入思考、研机析理，没有带着困惑求解，没有把马克思主义的思想方法、立场观点真正融入自己的知识结构，所以虽然夸夸其谈，实际并未入心入脑。这种学而不信、学而不行的形式主义，造就了许多"阴阳脸""双面人"。

这其实涉及一个学习动机和学习方法的问题。孔子说："古之学者为己，今之学者为人。"为己，履而行之；为人，徒能言之。真正的学习是出于内心需要，融入自己的思考，并且将学到的知识在实际工作中加以践行，这才是学思用贯通、知信行合一的"为己之学"，才能达到坚定理想信念、增强党性修养的目的，才会有从"要我学"到"我要学"的思想自觉和行动自觉。如果奉行的是"徒能言之"的"为人之学"，为了表演和作秀，这样的学习是不但无益、而且有害的。

我们要坚持联系实际学，求真务实、为民服务，夯实践行初心和使命的牢固基础。理论联系实际是马克思主义的基本原则。中国革命、建设和改革的历史进程已经充分证明，坚持马克思主义学风，是党的事业不断开拓前进的重要法宝和优良传统。凡是马克思主义学风蔚然成风的时期，我们党的事业就会兴旺发达；反之，如果主观主义、教条主义学风大行其道，我们党的事业就会遭到严重挫折。回想改革开放的大幕之所以开启，正是因为我们党恢复了实事求是的思想路线，坚持和弘扬马克思主义学风，才冲破了"两个凡是"的思想禁锢，团结带领人民进入社会主义现代化建设新时期。

联系实际学要坚持实践导向。"一语不能践，万卷徒空虚"，实践是学习的归宿，也是新的学习的起点。坚持实事求是的马克思主义学风，必然要旗帜鲜明地反对脱离实际的本本主义、僵化呆板的教条主义、繁文缛节的形式主义和高高在上的官僚主义。当前，特别要反对形式主义和官僚主义，如果学习不注重效果，只看记了多少笔记，留下多少记录，处处留痕、层层加码，只看数量不看质量，那就是本末倒置、缘木求鱼。这样对学风的影响是极坏的，也与中央要求基层减负背道而驰。

联系实际学要坚持群众导向。"从群众中来，到群众中去"，既是党的工作作风，也是党的学风建设的重要途径和方法。党员干部要树立向群众学习的观念，甘当群众的小学生，不断从广大群众中汲取智慧，丰富自己、提高自己，尊重群众的首创精神，善于总结、提炼、概括群众创造的新鲜做法和经验，使自己在学习上更接地气，获得活水源头。

联系实际学要坚持问题导向。党员干部加强学习，不是为了孤芳自赏和自我陶醉，而是为了破解难题，推动实践。问题是时代的声音。要带着问题学，奔着问题去，关注改革发展中的疑难问题、党和人民关心的重要问题以及人民群众反映的突出问题，担当尽责，积极作为，敢于向顽瘴痼疾开刀，敢于触及深层次矛盾。在解决实际问题上交出了好的答卷，就是学习和学风最好的答卷。

18．党建工作计划

办公厅第三党支部2019年工作计划

2019年4月1日下午，办公厅第三党支部书记×××同志主持召开新的支委会成立后第二次会议，研究讨论第三党支部2019年工作计划，主要情况如下。

一、工作原则

坚持把党的政治建设摆在首位，坚持以习近平新时代中国特色社会主义思想为指导开展支部工作；坚持支部工作制度化、规范化，支部重要工作由支委会讨论决定，重要事项报办公厅党总支批准或备案；年初制订全年支部工作计划，年底回顾检查落实情况；坚持支部活动务实性与创新性相结合，有效调动党员参与支部活动的积极性，引导党员在工作实际中发挥先锋模范作用，充分发挥党支部的战斗堡垒作用。

二、工作计划

1. 抓好政治学习。继续组织学习习近平新时代中国特色社会主义思想，坚持集体学习与党员自学相结合，集体学习以《求是》杂志每期刊发的习近平总书记文章和《习近平新时代中国特色社会主义思想三十讲》为主要学习教材，结合一段时间的党中央重要文件精神，统筹考虑学习内容，按照每月一次排出学习计划；提倡党员自学，用好《学习强国》App。由宣传委员、各党小组组长牵头负责。

2. 抓好"三会一课"。每月召开一次支委会，讨论确定支部重要事项；每月第一个周五召开支部党员大会和党小组会，组织支部与党小组集体学习，根据学习内容确定主题党日；每半年组织一次党课，其中支部书记讲党课不少于一次。由各支委、各党小组组长牵头负责。

3. 抓好党性教育。全年安排一次到两次支部外出参观学习活动，结合纪念五四运动100周年和纪念中华人民共和国成立70周年活动安排，上半年组织在京学习活动一次，下半年视情况组织京外学习活动一次。由组织委员牵头负责。

4. 抓好支部共建。邀请共建支部到集团公司机关回访参观。由统战和青年委员牵头负责。

5. 抓好党风廉政建设。坚持以问题为导向，反对形式主义、官僚主义，加强对纪律红线要求的解读，做到防微杜渐，警钟长鸣。由纪检委员牵头负责。

6. 配合党总支抓好相关工作落实。根据上级党组织要求，抓好党员过政治生日与重温入党誓词活动、"一支部一主题一品牌"活动、支部达标工作、民主生活会与组织生活会等工作。由各支委、各党小组组长牵头负责。

六、研究支持类

19．管理课题报告

• • •

对总公司加强降本增效管理的研究课题概要

一、缘起

低成本一直是我们公司的重要竞争优势，近年来随着成本费用的不断上升，这一优势有逐步弱化的趋势。在"二次跨越"发展纲要中，我们公司依然把"成本领先"作为五大核心战略之一，体现了党组和管理层对成本管理的高度重视。

我们公司在多年的发展实践中，积累了很多成本管控方面的好经验、好做法。面临目前成本持续攀升的新形势，各生产经营单位也结合正在开展的管理提升活动，采取各种有效措施努力降本增效。在2014年工作会议上，董事长在主题报告中提出"以降本增效为重点，提高公司生产经营效益"，总经理在生产经营报告中强调"着力抓好降本增效，有效遏制成本快速上涨态势"，在会议结束时董事长再次强调"着力抓好降本增效工作"，要求认真开展好"质量效益年"活动，在我们公司上下兴起一个处处讲质量、人人讲效益的高潮。

政策研究室（能源经济研究院）2012年成立青年学习小组

后，即关注并进行了有关降本增效的研究，并以此为题目申报了京直地区团委的青年科技与管理创新研究课题以及总公司青年创新创效项目。课题以我们公司降本增效管理为研究对象，着重考察我们公司近年来成本费用快速上升造成经营压力增大、竞争力趋于弱化这一现象，从理论层面拓展降本增效的内涵，运用系统思维和实证方法对造成成本上涨的因素（包括客观因素和非客观因素）进行结构性分析，按照降低综合成本（会计成本、交易成本、隐性成本和机会成本）的思路，明晰我们公司有效遏制成本过快上涨、保持竞争力的现实路径，找出降本增效管理的着力点，提出有效遏制成本费用快速上涨的政策建议。

二、现状与挑战

低成本战略是我们公司快速发展的重要法宝。但是，受多重因素的共同影响，近年来我们公司成本费用上涨的势头仍然较快。

油气是我们公司的主业，桶油成本是我们公司核心竞争力的主要指标。对我们公司上游业务成本上涨的现象和因素分析是对总成本进行分析和控制的核心环节。

对于石油公司而言，税收项目（包括特别收益金、资源税、所得税以外的其他税金）属于不可控成本要素，而作业费用、勘探费和DD&A则是可控成本要素。就三家石油公司可控成本要素近年来的上涨情况进行对比，发现：（具体内容略）。

分析成本费用上涨的原因，其中既有经营规模扩大、税费增加、折旧折耗增加带来的成本上升，也有生产周期不均衡、投资成本上升等带来的影响。成本费用的较快上涨给生产经营带来了很大的压力。

三、对策建议

在降本增效总目标上，我们公司要牢固树立"成本领先"的理念，努力保持并强化成本优势，使成本管理成为我们公司的重要竞争力；在具体目标上，应该把桶油作业成本等主要指标控制在同行业领先水平。在成本管理的基本原则上，要坚持统筹兼顾，多措并举，综合施策；既要关注当前，也要注重长远；该节约的厉行节约，该花的钱则一分不省。在总体思路上，要紧密结合生产经营实际，认真查找成本管理工作中的薄弱环节和可控因素，积极转变发展方式，处理好规模与效益、速度与质量、当前与长远、整体与局部几个关系。要在科学认识成本内涵的基础上，多角度、多侧面衡量和控制成本，以科学方法控制成本，把降本增效融入生产经营全过程。

为此，我们从不同的层面提出如下建议。

（一）合理挖掘会计成本的潜力

会计成本部分是成本控制的重要组成部分，是我们公司生产经营的核心环节和关键领域。我们必须在成本产生全过程中，全方位来控制会计成本。

一是将降本增效融入生产经营全过程，突出抓好精细化管理。降本增效是一项复杂的系统工程，涉及生产经营全过程以及相关的方方面面，需要全员参与、全过程联动，做到纵向到底、横向到边，不留死角、不留空白。要使降本增效取得最佳的综合效益，一定要树立全局意识和系统观念。各单位要进一步细化完善成本、费用和效益与国内外一流企业的对标机制，定期分析与一流企业的差距，做好浪费辨识工作，精简或消除不创造价值的活动，研究实施降本增效的重点措施。

二是根据市场行情合理安排生产经营。要正确处理产量与效益的关系，牢固树立"以经济产量为中心"的思想。始终坚持产量、效益统一的原则，增加经济产量，提升企业的经营绩效和可持续发展能力。要体现资金的时间价值，对投入产出要注重投资回报，增加生产运营的安全性。

三是要加强采购和库存管理，控制原料成本。加强集中采办和集中招标，通过规模效应降低成本。同时注重采办的效率，实现效率和风险的平衡。加强库存管理，从物资消耗定额的制定到物资的发放都要实行严格的控制，对原材料等各种物资的消耗要实行定额分类管理，在订货批量和库存储备等方面实行重点控制，要按照适用、及时、齐备、经济的原则下达使用计划，并与财务收支计划、订货合同相结合，纳入经济责任制考核，对影响成本的各种消耗进行系统控制和目标管理，既保证生产的合理需要，又减少资金占用。

四是要加强财务资金管理，控制支出、节约费用。要建立健全财务监督体系，模拟市场核算降低成本，避免用钱无计划、开支无标准，特别要加强行政费用及一些事业性费用的核算，包括管理部门的行政费用、差旅费用、办公费用等的开支。

（二）努力增储上产，降低边际成本

储量和产量是我们公司的核心指标，也是影响桶油成本的关键因素。由于上游油气主业的龙头作用，上游的成本费用直接影响我们公司的效益。因此要降本增效，很重要的途径就是通过强化勘探开发，大幅增储上产，提升油气产量规模，做大分母，从而降低边际成本。但是我们也要看到，随着油价继续走低，油气开发成本不断上升，所增加的产量成本也已很高，所以产量的增加并不能带来足够的成本下降。我们在上游增储上产的同时还需要加强上下游的协同，优化价值链，更好地平衡风险和收益，才能有效控制成本。

（三）深挖隐性成本空间

企业的成本可以分为显性成本和隐性成本两大部分，与企业的显性成本相比，隐性成本由于不能以财务数据来反映，控制起来更难。

从体制机制角度，公司要实现集团的有效管控，完善公司治理，提高公司的整体运营能力；加强内部资源整合与业务协同，大力推进一体化；理顺上下游板块之间的产销价格链条体系；优化应税品种，加强税收筹划，探索油气主业与地区经济发展的紧密融合；整合重组集团内部的交叉重叠业务，提高资源配置效率，有效降低成本。

从文化角度，公司要转变观念、解放思想，树立降本增效全员参与的理念。真正在思想观念上牢固树立"所有成本都有优化空间"的理念，按照"从严从紧、精打细算、重点突出"的原则，增强紧迫感、压力感和责任感，做到千斤重担众人挑，人人肩上有指标，瞄准行业一流水平，建立降本增效长效工作机制。

从管理流程角度，公司要以提高运行效率为目的，推动现有业务和管理流程的优化再造，形成顺畅、高效、可控的流程化管理。我们要适应现代化、大规模生产节奏，进一步理顺管理机构和职能划分，提高管理效率，切实降低人工成本，不断挖掘管理潜力。我们要以减少层级、提高效率、优化资源配置、促进发展为原则，理顺总部与二级单位权责界面和管理关系，并形成有效的分工协作及监督机制；逐步完善项目管理体制机制，探索业务板块区域化、专业化管理模式。

（四）注重资源配置的机会成本

企业的经营目标是以较少的会计成本，赢得较多的市场利润，通常忽视了损失的机会成本与时间成本。为使各类资源获得最为有利的使用途径，提高企业利润，我们应全面考虑资源的优化配置。

一是加强成本的战略管控。我们要加强对企业内部和产业价值链的深入分析，重新确定自己具有优势的核心业务，进行适应性的价值链重构，为我们公司取得成本优势和竞争优势提供条件。要持续推进产业结构调整和优化重组，做到业务能进能退，资产能买能卖。

二是提高投资科学化水平。我们要通过强化科学决策，从源头上控制成本。加强投资决策中的机会成本分析，充分考虑资源的多用性，在比较分析的基础上把握最佳投资机会，降低机会成本。对投资管理的重心要适度前移和后延，通过前期充分研究论证和加强决策咨询，提高项目研究质量；通过后端的跟踪评价，强化项目经济性与执行情况的监督检查。

三是重视资金的时间价值。企业现金流对于降低企业经营风险和财务风险十分必要。由于现金为企业非营利性的资产，我们应全面衡量其可能发生的相关成本，包括持有成本和转换成本。其中，持有成本是指企业因保留一定现金余额而增加的管理费用及机会成本。我们要对公司持有资金成本进行全面分析，减少不必要的资金沉淀，以增加资金获利能力。

（五）建立成本责任控制制度

成本的可控与不可控是相对的，我们要建立成本责任控制制度，区分不可控成本和可控成本，划清成本责任者应负的经济责任，对成本实行有效控制。

一是明确可控成本的责任中心。我们要将各部门、各单位划分成不同的责任中心，规定其责任成本任务，并明确各责任中心的权、责、利关系，成本中心只对可控成本负责，不负责不可控成本，我们要求各部门、各单位把可控成本降到最低。

二是建立完善科学的评价体系。对指标设定与选取，我们要结合公司的实际和行业的发展变化、瞄准同行业同类型公司，主要方面包括技术研发、工艺、产品、管理、人力资源等参数。

三是建立激励约束机制。我们要根据市场经济规律，充分运用各种杠杆和手段，建立能够充分调动职工积极性的激励约束机制和奖惩手段，坚持赏罚分明，兑现到位。

四是建立风险控制机制。我们要加强对生产经营活动的整体规划监控，增强对外界环境变化的感知和应对能力；进一步完善全面风险管理体系，确保公司合规运营。

四、一些思考

在研究过程中，我们强烈地感到，中国企业在降本增效问题上还应有更广阔的视野和更强的忧患意识。世界经济论坛的国家竞争力模型把国家发展分为要素驱动、效率驱动和创新驱动三个阶段，中国目前属于典型的要素驱动阶段。因此，在谈到降本增效这一问题时，我们也要超出单纯地降低要素成本价格这一思维范畴，而着眼于效率驱动和创新驱动，从更高层次思考降本增效的内涵与路径。

沿着这一思路继续延展，我们认为还有一些值得继续深入研究的内容，包括：（1）通过改革创新推进降本增效，特别是在内部的集团管控、产业规划、资源配置等方面，如何更加合理地用好计划和市场两种资源配置手段，通过管理体制、组织体系、运行机制的变革，进一步降低交易成本，提高生产经营总体效益；（2）差异化是"二次跨越"确立的三大原则之一，"成本领先"则是公司五大核心战略之一，二者之间其实存在内在矛盾，因为从理论逻辑和实践经验来说，降低成本必须依靠标准化，差异化只会带来成本的增加，如何准确把握二者的理论内涵，处理好相互的逻辑关系，确立它们在实践中的边界条件，值得深入研究；（3）课题中提出了关于降本增效的经验和措施，需要进一步归类梳理，确定重点，甚至在结合公司历史数据进行反向推演和复盘的基础上，通过量化分析进行优先排序，进而通过系统循环图的方法找出其间的逻辑链条和关键环节；（4）结合石油行业的特点和特殊规律，引入迈克尔·波特的竞争优势模型，从我们公司的要素禀赋、市场需求、产业条件、战略结构等方面入手，对成本做深入的结构性分析，找出我们公司的相对优势，可以得出更有深度和现实意义的结论，有利于把公司潜在的比较优势转化为竞争优势，实现投入回报的最大化；（5）课题依据"本"和"效"两个维度做了四个象限的分析，具有一定的理论意义和实践价值，在此基础上我们还可以进一步深化，如对"本"和"效"的变化进行函数分析，通过寻找"定义域"的变量，考察"值域"的变化，从而筛选变量因素，找出可控因素，这可以为精细精益管理和科学化运营提供理论依据；（6）在我们公司由过去单纯注重生产转变力生产经营并重的过程中，提高经营公司的意识和能力对于降本增效极为重要，如利用金融杠杆和工具放大公司价值，优化资产组合，降低交易成本，推进"产贸融"深度融合挖潜增效，运营好品牌等无形资产追求价值增溢等，这些都是值得认真关注和在今后继续深入研究的课题。

（该课题为共同完成，2012年年底立项，2014年4月结题。）

20. 行业研究报告

石油公司如何培育新经济增长点

最近，由于国际油价不给力，石油公司的经营压力骤然增大，不但眼前的现金流减少，效益下滑，还得忧心未来几年的经营业绩如何保持良好。在这种情况下，国内外一些石油公司着手考虑培育发展新的经济增长点，这既是拓展新的利润来源的现实选择，也满足了石油公司在低油价下战略调整的内在需要。但是，知易行难，要选择并发展好新的经济增长点，对于石油公司来说，并不是一件比应对低油价的不利局面更容易的事。

一、怎样的业务能成为新经济增长点

新经济增长点最初是经济学家为了实现一国经济快速增长而提出的，即具有较大的或潜在的市场需求、较好的现实成长性、较高的附加值、较强的经济带动作用的新兴产业部门。对于石油公司而言，"新经济增长点"是指那些由新的产业、产品、区域、细分市场以及新的商业模式等带来的生产力及增长空间。

石油公司发展新经济增长点的诱惑在于，一旦培育成功，将增加新的支柱性产业，不但能提升石油公司的效益，而且新经济增长点往往有较强的带动效应，会为原有产业的发展带来新的机遇。同时，由于新经济增长点往往处于产业的幼小期阶段，其高速发展将会持续较长时间，从而增强了石油公司的可持续发展能力。

回顾商业历史，能找到不少开拓新经济增长点的成功案例，如和记黄埔的欧洲3G业务，腾讯的微信等。但是对于石油公司来说，并不是所有的新业务都能成为新经济增长点。称得上"新经济增长点"的新业务，必须符合以下几个特征。

一是能够构成石油公司的长期竞争优势（时间约束）。它不是试探性地做出一些尝试，也不是策略性地获得一定时间内的收益，更不是为了实现特定目标的权宜之计，而是战略性的、长期性的石油公司利润增长点，是有利于石油公司可持续发展的一种新业务。

二是能够成长为石油公司的支柱业务（规模约束）。新业务的预期规模必须足够大，哪怕初期规模可能很小，但是必须保持较高的增长率，足以发展成为石油公司的支柱产业。

三是盈利前景要基本明朗（效益约束）。新业务要位于市场前景不错的领域，潜在需求强劲，未来盈利可预期，当然商业模式可能需要在实践中探索创新。

二、发展新经济增长点要注意什么

对于目前的石油公司而言，寄希望于发展新经济增长点更多是对低油价做出的应激反应，而非明确战略支配下的主动选择。不是说这样做就一定没有成功的可能，但要达到预期的目的，应该坚持以下两条原则。

一是必须紧紧围绕主业，依托现有产业基础。油气产业的发展前景依然较为乐观。至少在未来几十年内，包括石油、天然气在内的传统化石能源还会是全球主要能源消费品种，石油将继续保持世界"第一能源"的地位。因为受技术、经济等因素制约，新能源大规模替代化石能源的道路仍将曲折而漫长。在我国积极治理大气污染和提高经济发展质量与效益的大背景下，油气特别是天然气作为清洁能源，具有很大的发展潜力，油气产业不存在产能过剩。当前，"归核化"战略成为国际石油公司全球化经营的主要模式。国际金融危机爆发后，过长的产业链成为国际石油公司经营的负担，石油公司巨头开始纷纷出售和剥离非核心业务，以确保资源集中，现金流充裕。虽然目前全球油气产业普遍面临成本上升的挑战，加之油价下跌，盈利能力有所下降，但这是石油行业"景气周期"的必然产物，油气行业的盈利能力相对其他产业仍然是有竞争力的。

在这种情况下，石油公司尤其需要增强发展的战略定力，稳住心神，站稳脚跟。反观国际石油工业发展史上，跨国公司曾热衷多元化发展，效果都不理想。最为明显的一次是20世纪80年代在"石油危机"后的高油价刺激下，石油公司纷纷进入高风险的油气领域，甚至进入种植业、马戏娱乐业等风马牛不相及的陌生业务，但随后由于墨西哥湾和北海石油的大规模开发导致油价下跌，盲目开展多元化业务的各大石油公司损失惨重。

二是必须坚持正确的投资导向和策略，确保风险可控。新经济增长点的培育需要有适当的超前意识，在新业务的萌芽期进入，才能占据市场的领先地位，从而获取更高收益。但是新业务常常面临需求不确定、技术不成熟和政策不配套等不利条件，能否发展壮大存在一定风险。所以培育新经济增长点必须从严从紧控制投资，对于看不清楚的行业要缓一缓，对于行业发展前景不好、产能严重过剩的行业要谨慎进入，进入新产业时规模要适度。

三、如何优先选择新业务

石油公司在遵循以上两条原则的基础上，还要积极探索新业务选择的有效方法。关于石油公司多元化发展的业务选择，企业管理理论中已经研究开发了波士顿矩阵法、价值链分析法等几种方法，但是就新经济增长点业务的选择而言，这些方法的适用性都不强。本文试从两个层面提出发展新经济增长点时进行业务选择的方法论。

第一，明确选择标准。一是要符合石油公司战略目标（战略相关性）。石油公司战略决定业务的增减，新业务的选择是石油公司战略的一部分，必须服从于石油公司的最高战略目标，一项业务是否发展的衡量标准是它能否为石油公司整体价值做出贡献。二是要充分利用现有资源和潜力（比较优势）。石油公司的资源是进行业务扩展的基础。因此进入新业务的立足点是石油公司现有资源，以便新业务成功的大部分资源在石油公司内部都能找到。这也意味着新经济增长点的选择必须立足石油公司实际，充分发挥石油公司的比较优势。三是对现有业务具有较强的带动辐射作用，能够带动相关产业和业务的发展（协同效应）。石油公司的业务协同可以实现能力和资源共享，进而增强营运能力。所以新业务的发展对原有业务是否有促进作用，是否会为石油公司带来新的资源和能力，是选择新经济增长点的重要标准之一。

第二，与石油公司核心能力的匹配度分析。在战略管理研究中，普拉哈拉德和哈默尔提出，企业应以核心能力为基础实施适度多元化战略。一项新业务只有具备发挥企业现有资源和能力的价值，或者能够对企业内部资源和能力的积累和更新做出贡献，它才具有存在的必要。同时，石油公司的核心能力与其进入的业务领域之间存在着某种"适应性"，这是新业务成功扩张的基本要素。关键成功因素是指对新业务经营业绩和竞争优势起关键作用的那些因素。新业务的关键成功因素和石油公司现有核心能力匹配的程度越高，石油公司进入新业务成功的可能性就更大。就石油工业的特点而言，资源占有和控制能力、技术创新能力、市场营销能力、基础设施支撑能力、成本控制能力等是一个石油公司的核心能力，在发展新经济增长点时，一个重要工作就是要在客观评估、审慎研究的基础上，找到新业务关键成功因素与石油公司核心能力的"交集"，交集越大，新业务成功的可能性也越大。

四、需要哪些保障措施

选择了对的业务领域，也并不能一劳永逸地保证新业务就一定会成功，毕竟发展新的业务总是面临更多风险与挑战。石油公司在谨慎选择了适合发展的新业务之后，还需要相应的体制机制和政策保障，为新经济增长点的成功培育"保驾护航"。

一是强化战略管理和政策研究，增强发展新业务的投资决策科学化水平。加强决策支持研究，搞好市场调研，准确预测市场需求，对产业和产品的市场前景做出科学评估，保障决策的科学理性。

二是找准市场的楔入时机和力度，石油公司要把握进入新领域的节奏步伐。时机不成熟或错过了时机都会造成战略上的被动，过早进入不成勇士反成"烈士"，过晚进入又坐失良机。石油公司要把握好节奏，进入新领域速度要适宜，否则容易造成资源紧张，或者为未来留下隐患。谨慎选择合作对象，尽量选择与公司优势互补、有特长的合作伙伴。选择好多种业务的优先次序。周密谋划新业务的发展重点和顺序，尽量避免同时进入多个新领域，实现资源的最优配置。

三是建立风险投资机制和退出机制，提高风险管理水平。新兴产业在培育阶段具有很大的风险性，可以考虑适度采用产业投资基金的形式，用小部分资金撬动多个项目，实现发现投资价值、规避投资风险的作用。同时石油公司要加强风险评估和预警，提前考虑退出风险，完善退出机制。

四是出台有效的激励机制。对于已经确定要发展的新业务，石油公司应给予必要的资金、人才等支持和倾斜。同时，为保障新业务的有序发展，石油公司要完善新业务发展的考核评价机制，逐步建立以市场绩效为出发点的新业务指标评价体系，确保业务有进有退。

七、个人履职类

21．管理制度

————————————————————————　· · ·

关于加强基础工作的八项规程（试行）

2013年，政策研究室调研处将围绕"基础工作年"这一主题，着力加强基础管理，全面提升业务技能，努力锻炼严谨细致的工作作风，促使工作更加规范化、制度化、精细化和标准化，进一步提高工作质量和水平。为此，政策研究室调研处特制定以下八项工作规程。

一、实行"AB"角工作制。除处长外，处内人员两两组对，互为"AB"角。A角为某项工作主办人员，对此项工作负主要责任，B角为协办人员，对此项工作负次要责任。两人在工作中互相协助、互为补充，一人离岗前，要交代好工作，另一人在其离岗期间代为行使岗位职责，确保工作无空当。遇有紧急任务或重要工作时，AB角协同处理；对重要文稿，AB角需互相进行校对。

二、实行重要文稿审核"三级把关制"。本条所指"重要文稿"包括工作报告、公司领导对外发表的文章、公司领导的重要讲话、公司重要发文、以总公司名义报送外部单位的文件等文稿的最终定稿。处室设立"第一读者"，负责重要文稿印发或呈送前的质量把关。"第一读者"实行轮值制，半年轮换一次。公司落实文稿执笔人、"第一读者"、处长对公文质量的三级把关制。执笔人打出清样后，填写"文稿签发审批表"（见附件一），由"第一读者"复核并填写后，送处长审核。

　　三、严把文稿质量关，努力减少差错。严把文稿政治关、政策关、文字关、数据关，确保准确性、规范性和缜密性。包括但不限于以下内容。

　　（一）各环节按"消项作业法"对文稿需重点核对事项进行逐一核对（见附件二），确保无遗漏后，随"文稿签发审批表"流转到下一环节；

　　（二）单位名称、会议名称要使用全称或规范化简称，单位排序要有依据；

　　（三）人物职务、排序等要准确；

　　（四）文稿中的任何引用均需核对原始出处；

　　（五）事件与发生日期要匹配一致；

　　（六）数据引用必须保证权威性和时效性。对外公布的公司业绩数据要使用每年的决算数据；各项业务数据需与相关业务部门和单位进行核对，确保准确无误。

　　执笔人在起草完文稿后要认真核对，尽量不把差错留给下一个环节。AB角和"第一读者"在校核稿件时，重点查找差错和疏漏，在原稿中做出标注，并在"文稿核对事项表"上相应条目中注明有修改；对文稿的立意、内容、结构等有不同意见时，可与执笔人沟通，或提交处长共同讨论修改。

四、加强标准化建设，提高工作效率。按标准和规范开展工作，并不断完善新的业务标准。包括但不限于以下内容。

（一）统一文稿的字体、字号、数字等格式（见附件三）；

（二）统一文稿的编号，每个Word文稿命名时按照"标题.年.月.日"的形式命名。例如，当天数易其稿，则按先后顺序排号；

（三）PPT使用公司发布的标准模板；

（四）对文字、数据等内容进行技术处理时（如采用专业术语、单位换算、数据取整等），需遵循规范的业务标准，遇到不清楚的问题要与相关业务部门进行沟通；

（五）定期撰写的通用公文（如通知等）完成后，要将成熟的范文保存归档。

五、加强文件资料的归档整理。凡是有部门以上级领导批示的文件、总公司领导做出修改的文稿、被采用或刊登的文稿定稿，均需归档保存。文件归档时，正式文稿、重要底稿、领导签批意见、附件等必须齐全。经办人可复印保留一份，原件在事项处理完毕后交处长归档。每年将全年起草的重要文稿终稿以及重要归档文件汇编整理成册。对搜集获取的业务资料、起草撰写的各类材料等，定期进行归类整理。

六、加强信息搜集和报送工作。实行信息定期报送制，处室人员将按照既有分工跟踪各业务板块的重要信息、撰写文稿中形成的重要信息以及参加会议等途径获取的信息，及时归纳整理信息要点和信息来源（见附件四），于每月报送工作月报之时一并报送至汇总人，经处长审核后随工作月报告知处室全体人员。汇总人实行轮值制，半年轮换一次，在交接工作时，负责完成对半年内的报送信息进行归类整理。

七、建立信息定期分享机制。为定期讨论工作、交流信息，每月于当月第一周的周一下午2:00召开处室例会。具体时间安排见会议安排表（见附件五），因特殊情况未能召开，顺延至周二下午2:00。每季度召开一次文稿分析会，与当季度的第一次工作例会一并召开，以总结文稿写作经验、分享写作心得。

八、切实增强工作责任心，提高执行力。高度重视基础工作，增强工作责任心，严格执行本规程，养成良好的工作习惯。文稿起草质量、差错率和基础工作投入量等将作为年度绩效考核的重要依据。

本规程于2013年2月16日起试行，供政策研究室调研处内部使用，今后将视实际情况再做调整。

附件一：文稿签发审批表

附件二：文稿核对事项表

附件三：文稿标准格式

附件四：公司业务信息月报

附件五：会议安排表

政策研究室调研处

二〇一三年二月

22．经验总结

"合作共赢"理念引导信息工作"五度"提升

2019年3月

×××公司是我国改革开放的产物。该公司从对外合作起步，始终坚持"合作共赢"理念，这是该公司发展壮大的文化基石，也是融入公司各项工作的不变基因。办公厅作为信息工作的归口管理部门，立足于服务公司生产经营、当好领导的参谋助手，充分将"合作共赢"理念融入信息工作，最大限度调动各方积极性，有效促进了信息工作高质量发展。该公司在近几年国务院国资委信息工作考核中一直处于央企前列，该公司的信息工作体系构建在2018年荣获全国石油石化企业管理现代化创新优秀成果（行业部级）二等奖。

一、聚集研究力量，提升信息工作的深度

该公司按照"问题导向、突出特色、打造精品"的工作思路，加大综合类信息的报送力度，建立供公司领导深度阅读的信息刊物《要情通报》，不定期刊发工作经验交流、专家观点、政策建议、行业形势分析等方面的综合类信息，为公司领导决策提供更丰富、科学的参考依据。

一是关注智库单位。将公司内部的研究总院、咨询中心、政策研究室等智库单位定位为"决策信息重点支持单位"，充分发挥他们在宏观研究方面的优势，共同策划综合类信息选题。

二是关注行业专家。每年优选集团各个业务领域的专家，选聘为"信息报送特聘专家"，引导他们结合公司生产经营、改革发展的重点、难点问题开展信息调研，撰写信息成果，从而广泛凝聚智慧。

三是关注科技领域。海洋石油工业是高科技行业，很多科研成果具有从信息角度深度挖掘的价值。信息工作人员积极与适合推广应用的课题进行定向约稿，组织管理或技术经验交流类综合信息，充分放大科研成果的价值。

二、联合宣传队伍，提升信息工作的广度

该公司充分借鉴宣传工作体系和方法，贯彻落实"先信息后宣传"的工作要求，扭转以往存在的"重宣传、轻信息"观念，努力推动信息互通、经验互鉴，逐步构建上下贯通、左右联动的信息工作渠道和机制。

一是选题共研。建立与内部宣传部门的定期交流机制，共同梳理重点选题计划，加强动态类信息与新闻类稿件、综合类信息与观察分析类稿件，以及综合性文字材料的共享，努力做到"一稿多用、一源多流"，形成内外协调、配合报送、共同发声的工作模式。

二是渠道共建。加强新闻通联站与信息直报点、决策信息重点支持单位，特约记者与特约信息员、信息报送特聘专家等的相互依托交流。发挥宣传工作广覆盖、快传播、宽受众的优势，切实提高信息报送效率，帮助公司领导更全面及时地了解公司各个领域发生的重要情况，间接放大宣传成效。

三是人才共育。统筹考虑信息员、宣传员的培养、选拔和任用。探索专题会议、工作体验和线上互动等多种培训模式，借鉴新闻现场采风的做法，在惠州石化厂区举办信息报送实务培训班。选拔表现优秀的宣传员到办公厅借调工作，推动人才紧缺单位中信息员、宣传员的互通互用。

四是资源共享。每个季度下发信息报送要点，围绕集团公司重点工作征集信息选题，帮助信息员、宣传员准确把握公司工作重点。制作并下发信息范例、报送指南等材料，每年出版信息工作汇编，供所有的信息员、宣传员参考，提高信息报送质量，增加有效信息比例。

三、服务生产单位，提升信息工作的效度

为进一步推动公司领导需求信息与基层单位上报信息的高效匹配，该公司建立了与基层单位常态化的沟通机制，每年分板块、片区组织调研沟通会，采用面对面的形式，深度挖掘重点信息，努力报基层单位之所想、报公司领导之所需。

一是为优秀企业"报喜"。围绕公司生产经营热点、公司领导关注点报送信息，展示基层单位的优秀实践做法，供公司领导了解情况、兄弟单位分享经验。2017年，渤海油田研发微压裂解堵技术取得初步成效。公司通过信息报送途径上报并获得集团公司董事长的批示，大力推动了该技术的推广应用，累计实施140多井次，为公司节支4000余万元。

二是为困难企业"报忧"。坚持以问题为导向，及时将公司发展诉求报送给公司领导和上级主管部门，寻求高层理解和政策支持，如积极反映渤海油田和谐用海、天然气产供储销体系建设等面临的挑战。上报的"我国海洋工程装备产业发展现状分析及政策建议"引起国务院国资委相关领导的关注，并专程赴青岛海工基地调研。

三是向公司领导"报平安"。进一步完善突发事件信息报送机制和紧急信息报送制度，保证在应对突发情况和紧急材料时，能够形成快速响应。要求各单位进一步增强规矩意识，加强和改进突发事件情况报告和信息报送，即使没有发生人员伤亡和财产损失，也要及时报平安，切实把"有事报情况、无事报平安"的要求落实到信息报送当中。

四、推动考核表彰，提升信息工作的力度

该公司加强顶层设计，强化信息工作责任落实，建立科学有效的考核、评价与激励方案，通过正向表彰激励与反向考核约束相结合的办法，提升各单位各部门特别是"一把手"对信息工作的重视程度和支持力度。

一是加强顶层设计。围绕公司关于建设中国特色国际一流能源公司的战略目标，研究形成信息工作争当"央企一流"工作方案，明确信息工作发展的短期、中期、长期目标和5大类28项重点工作，努力把办公厅（室）系统打造成信息流转的集散地和信息处理的"中央厨房"。

二是正向表彰激励。每年评选信息工作先进单位、先进个人、信息报送优秀成果等，在集团公司层面进行表彰。根据信息员全年完成信息报送得分情况，评选优秀信息员、特约信息员，颁发聘书并给予一定奖励，提供短期借调培训的工作机会。

三是反向考核约束。将信息工作纳入二级单位约束性绩效考核指标，从信息工作责任、工作机制、刊物管理、报送积分等方面进行全面考核。结合各单位业务特点和人员情况，下发信息报送达标积分，以自然年为周期进行考评。通过信息报送系统实时发布各单位信息采用和得分统计情况，增加泄密、漏报、错报、迟报信息的扣分项，年底对未达标的单位进行绩效扣分并通报公司领导。

五、统筹政务管理，提升信息报送的高度

文稿、信息、督办，被喻为办公厅工作的"一把利剑、两个拳头"。目前，公司正着力打造"智能文传系统"，把公文、信息、督办等整合到一个数字化系统平台上，建立各模块之间的内部联系，推动"大信息"工作格局的形成，为公司领导量身定制信息，切实提高信息工作水准。

一是与请示汇报结合。了解上级主管部门信息约稿要点，提高信息外报的针对性。定期给集团公司领导汇报信息工作进展和下一步工作思路，保证信息工作始终围绕核心工作开展。每月通过《月度工作摘要》将集团公司的信息外报和采用情况向公司领导报告。

二是与公文处理结合。贯彻落实中央八项规定精神要求，减少发文数量，将部分会议精神、工作要求通过《办公厅通报》等信息刊物印发。统筹公文核稿与信息报送，掌握公司近期发生的重要事件，辅助做好信息选题。整理公司领导在各类公文上的批示精神，定期通过信息刊物进行通报，帮助各单位各部门了解公司领导的工作思路，落实批示精神要求。

　　三是与督察督办结合。公司全年工作重点督办事项是信息工作的重要选题来源，涵盖动态类信息、综合类信息各类信息的刊物也为督办情况反馈提供了丰富的载体。以会议重要事项督办为例，通过每周二、周四刊发的《值班信息》可以保证会上要求、会后立刻上报。建立重点关注信息跟踪表，明确信息来源、跟进周期以及联系人，定期向公司领导反馈重点工作事项进展，共同督促推动工作落实。

23. 述职材料

2018年个人述职材料

第一方面，政治理论学习情况

　　注重加强政治理论学习，积极参与或组织党总支、党支部、党小组各个层面的学习活动，认真学习习近平新时代中国特色社会主义思想，牢固树立"四个意识"，做到政治上忠诚；通过参加直管干部轮训、新任直管干部培训等机会，在学思践悟中提高思想认识，力求学懂弄通做实，坚定"四个自信"，增强政治定力；认真学习贯彻全国国有企业党的建设工作会议精神，坚持原则，抓好落实，提高自我党性修养，在政治问题上敢于担当；注重政治能力的培养，把政治理论学习成果转化为做实际工作的能力，提高从政治上看问题、办事情、抓工作、带队伍的水平。

第二方面，工作履职情况及主要成效

2018年我主要做了以下几个方面的工作。

第一，着眼当好参谋助手，抓好以文辅政、服务决策的各项工作。

一是高质量做好重要文稿服务工作。带领大家完成了每年两次全系统最重要的工作会议和领导干部会议报告的起草，报告对建设中国特色国际一流能源公司做了深入阐述，对公司高质量发展做了系统安排，对深化改革创新转型做了有益探讨。我协助党组完成了年度民主生活会对照检查材料、党组工作报告、班子述职材料等重要综合性材料，我协助公司主要领导及有关领导完成了一些重要会议讲话和汇报材料以及对外活动的演讲致辞等数十篇。通过这些工作，我积极服务好党组贯彻落实党中央精神和决策部署，服务好党组带领公司高质量发展，发挥了统一思想、部署工作、传递公司声音、塑造公司形象等以文辅政的作用，得到了上级、领导和干部员工的广泛好评。

二是积极主动做好文字支持增值服务。我协助公司领导起草高质量发展稿件，以领导署名文章形式在中央党校《学习时报》上发表；我牵头组织完成公司庆祝改革开放40周年的系列稿件，分别以党组署名文章或领导署名文章形式在《学习时报》《经济参考报》《科技日报》等上发表。我积极做好公司领导参加党和国家重要会议活动的文字支持工作，备参材料的质量和精准度大幅提升，全国"两会"和中国国际进口博览会期间，我组织完成的宣传稿件反响良好。我牵头完成公司领导作为全国人大代表参与地方代表团调研的工作方案等。

三是围绕服务决策抓好信息工作。在继续做好向上级部门报送信息的同时，我探索加强对公司领导层的决策信息服务和信息共享与反馈。着眼于"领导想知道"和"领导需要知道"的内容，我积极挖掘典型经验、行业分析、问题建议、政策解读等方面的综合信息，形成20期《要情通报》。我组织推动《月度工作摘要》改版，优化内容栏目，增加领导批示反馈、上级领导调研情况、对外信函、报送信息及文件等信息。改版提质的信息刊物和内容，得到主要领导多次批示肯定。

四是精心组织做好日常文字支持。我认真细致做好日常文字材料把关，全年审核或修改完成领导讲话致辞、信函、请示报告和工作汇报、会见和活动备参等文字材料超过300份，审核各类会议纪要100余件，各类信息刊物300余件。我着力在提高日常文字支持的规范性、时效性、针对性上下功夫，做到及时响应、主动沟通、确保质量，积极探索优化文字支持工作流程，完善保障机制，根据工作实际及时提出合理化建议，推动工作的提质增效。

第二，立足于确保工作落实到位，切实发挥好督促指导管理职能。

一是加强和规范督办工作，保障公司重大部署贯彻落实。我按照党和国家以及国务院国资委的一系列文件要求，围绕加强和规范两条主线，组织落实"分级实施、督办分离、手段先进、信息透明"的督办工作新思路，着力构建两级督办架构和大督办格局，完善相关机制，增强工作合力，使2018年督办工作效率和质量都得到大幅提升，包括战略规划完善细化、国际公司改革整合、天然气重大基础设施建设和产业布局、新能源产业探索发展等在内的两级机关27项重大一级督办事项均见到成效，督办成为推动公司重点工作落实的有效推进器。

二是强化考核作用，促进有关工作要求落实到位。首次实施信息工作考核，严格按照《2018年集团公司二级单位信息报送考核细则》的要求，强化二级单位信息工作责任落实，推动各单位更加重视信息报送这项工作。完善督办工作考核，坚持抓大放小、重心下沉，着重在政策制定、业务指引上发挥作用，优化考核内容，引导各二级单位在落实一级督办和抓好二级督办上下功夫，较好地发挥了考核的指挥棒作用。

三是统筹协调和加强督促，落实信息公开、党务公开、请示报告等各项工作要求。根据上级要求，发挥办公厅牵头作用，积极协调推动上述工作在公司的开展。目前，信息公开的专栏已经在公司官网开通，相关制度文件和内容清单正在按计划制定。党务公开的规范性文件已经下发。对请示报告工作要求进行了宣贯，在工作中认真执行制度要求，向上级报告频次远超过央企平均数。

四是进一步明确公文和档案工作的规范化要求。进一步推动转变文风和精简文件；根据公文核稿中发现的问题和国务院国资委关于规范公文的要求，及时要求发布相关业务指引，提高全系统公文拟写的质量和流转的规范性。根据公司当前业务现状和需求，进一步明确新时代档案管理的相关要求，紧盯档案统计信息、档案验收等环节和工程项目档案、海外项目档案等重点领域，以点带面，积累经验，推动档案工作管理水平进一步提高。

第三，注重做打基础、利长远的工作，优化制度流程，夯实工作基础。

一是梳理和优化各项工作流程，为提质增效打基础。根据新时代形势需要和领导要求，逐步梳理信息、督办、调研、会议服务、文字支持等各项工作的流程，明确工作标准，完善工作机制，为各项工作的提质增效和今后的信息化改造打牢基础。

二是大力推进集团公司档案室建设。随着公司业务发展带来档案增多，档案库房面积不够、分散存放、保管条件差等问题日益突出，集中建设规范档案室迫在眉睫。我主动前往有关单位进行沟通和磋商，并积极将情况和建议向领导汇报，得到了公司领导的支持，使档案室建设终于提上了日程，目前集团公司未来科学城档案室正在按计划实施，明年初将建成竣工。

三是积极推进智能文传系统建设。从各项业务的信息化建设需求出发，牵头组织办公厅和信息化部两个部门的多个处室，认真研究并立项了集团公司智能文传系统建设，目的是用信息化手段整合公文、信息、督办、会议等各项工作，改变目前很多工作靠手工操作的传统做法，打破信息孤岛，全面提高工作效率和管控能力。目前该系统正在扎实推进当中。

以上这些工作不显山、不露水，有些也不是短期内能见效的，但对于提高工作效率和质量很有帮助，我认为就应该坚定不移去做。

第四，持续加强队伍建设，努力打造团结协作、能打硬仗的队伍。

　　为提高分管处室人员的文字能力、运筹能力、协调能力、执行能力等，我有针对性地采取一系列措施：通过工作例会和日常沟通，加强工作中的指导和要求，让大家在干中学、干中提高；在调研处开展两周一次《观察与思考》写作练习和重要文字任务模拟演练，促进业务能力快速提高；加强内部的工作轮换，给有潜力的同志压担子，加快人才成长。积极营造良好的学习干事成长氛围，完善跨处室的工作协作机制，如工作报告起草的小组模式，重要专项工作的项目制模式，服务领导参加重要会议及贯彻落实和报告工作全流程的分工合作模式等。同时，我加强对全系统信息、督办、文字、公文、档案等几支队伍的指导培训，提升工作合力。

　　通过以上的工作，我取得了以下几个方面的主要成效。

　　一是一些工作成果得到了上级机关和领导的肯定。重要文稿起草继续保持了高质量；信息报送得分位居央企第9名，在今年7月国务院国资委举办的中央企业信息工作培训班上，对公司信息工作作书面交流；在今年8月召开的中央企业地方国资委办公室主任会议上，公司督办工作受到国务院国资委办公厅领导点名表扬，督办案例入选《国务院国资委、中央企业督查工作优秀案例汇编》；信息特聘专家、信息直报点、信息业务实操演练培训等创新做法得到国务院国资委办公厅肯定。在国家档案局组织的"全国企业档案工作管理创新优秀案例"评选中，全系统有2个案例获优秀奖，集团公司获组织奖；向国家档案局报送8件档案工作专题片和微视频作品，全部入选国家档案局专题片展映。

　　二是初步构建了信息和督办两项工作体系。信息工作从载体建设、内容建设、制度建设、渠道建设、队伍建设、信息化建设等方面入手，全面优化构建新的工作体系，信息管理成果被评为行业部级现代化管理优秀成果奖。督办工作从顶层设计入手，建立任务驱动的纵向管控、横向协同的两级督办架构，初步形成多来源归口管理、各责任主体各司其职的"大督办"工作格局，分级督办要求得以落实，并在实践中持续动态优化。

三是工作制度化、制度流程化、流程表单化、表单信息化的理念得到逐步落实。针对各项工作头绪多、工作量大、时间紧、要求高等特点，着眼于新时代新形势的要求，我提倡规范、高效、协作的工作理念，大力倡导工作制度化、制度流程化、流程表单化、表单信息化的工作思路和要求，用制度管事管人，为每项工作明确相应的流程，推行有效的表单式管理，并探索用信息化手段固化和提效，加强各路工作的协调联动和信息共享，促进工作进一步规范化、科学化、精细化。

第三方面，作风建设与廉洁自律情况

我坚决执行中央八项规定和实施细则精神，遵守党的政治纪律和政治规矩，严格遵守公司各项规定和制度，认真申报个人事项。克己奉公，廉洁自律，严格要求自己，切实筑牢拒腐防变的思想防线。在工作中力戒形式主义和官僚主义，充分发扬民主，注重听取意见建议；深入基层一线调研，了解实情，工作务实担当，履职尽责。

第四方面，履行党建工作"一岗双责"情况

我认真履行党建责任，做好总支安排的工作，在担任总支纪检统战委员期间，及时督促提醒；改选后担任宣传委员，认真贯彻落实全国宣传思想工作会议精神，学习传达中央企业党的建设工作座谈会精神，牵头组织完成办公厅高质量发展大讨论活动，取得较好效果。

作为第三支部书记，我坚持政治性、规范性、实效性和创新性相结合，紧紧依靠全体党员，形成支委、处长、党小组组长带头，全体支部成员共同参与的党建工作良好局面。认真组织"三会一课"，创新学习方式，加强内部分享交流，我为大家进行了知识分享，并以"青年成长成才要避免的几个误区"为题为支部党员讲党课。组织党员到"渤海世纪号"生产一线开展主题党日和支部共建活动，增强大家对基层一线的感情。我把"渤海世纪号"作为基层联系点，保持经常性联系，认真听取基层的意见建议。促进党建工作与业务攻坚相结合，推动重点难点工作取得进展，切实发挥党员先锋模范作用和党支部战斗堡垒作用。

第五方面，改进措施

下一步我将从以下几个方面加以改进。

一是继续加强政治理论学习，提高思想认识和工作站位。尤其是学习贯彻习近平新时代中国特色社会主义思想，做到入心入脑、真学真懂。

二是积极主动发挥参谋助手作用。探索有效的方式和途径，不断提高以文辅政、以研辅政、以策辅政的能力和水平。

三是开展深入的调查研究，提高调研工作水平。抓住公司发展中的重点难点问题，开展专题调研，提供对策建议。

四是加强工作效能建设，提高体系化管理水平。自觉以新时代的机关职能为目标，以业务能力为基础、机制流程为保障、信息化工具为手段，提升各项工作的效能。继续完善信息、督办工作体系，加强对全系统调研、公文、档案各路工作的管理，提高包括制度体系、业务体系、管理体系在内的体系化管理水平。

五是始终抓住队伍建设不放松。持续提升队伍的业务素质，在重点工作上放手培养打硬仗的能力，锤炼扎实的工作作风，营造团结协作的工作氛围。

我将继续加强学习，围绕大局，扎实工作，切实履行好职责，不断提高工作水平，为办公厅的效能建设，为公司发展贡献自己的力量。

24. 工作思考

对政策研究工作的一些思考

2012年2月

1. 关于研究对象。政策研究包括对政策本身的研究和对政策程序的研究，前者被称为"对政策的研究"，后者被称为"为政策的研究"，如我们如何参与某项政策的制定并表达意志、施加影响。对政策本身的研究包括对以前政策的研究即政策回溯研究、对当前政策的研究以及对将来政策的研究即对新政策的研究。

2. 关于研究范围。政策研究包括对公司内外相关政策的文本、执行过程以及实施效果等问题的考察、分析、评论和建设性批评，好的批评意见可以促进政策更好地制定、实施、调整和优化。

3. 关于政策研究的过程。政策研究包括四个阶段：一是确定政策议题或者说确定研究对象；二是政策制定，包括如何制定或修订政策文本，怎样解决政策议题，这是最重要的环节，开始进入决策阶段；三是政策执行，包括分析政策实施的条件、相关政策的配套和具体的政策实施；四是政策评估，研究政策效果、接受者反应以及对政策加以反馈修正，这通常是最薄弱的环节，采取什么标准、如何评估都还缺乏有效的方法。

4. 关于价值取向。政策在某种程度上就是利益的分配和调整，政策研究本质上是一种价值判断，必然带上研究者的立场、观点和喜恶，很难做到完全的"价值中立"。因此，我们在研究时要有政策敏感性、全局意识和责任感，如果不看场合，不掌握分寸，只求一吐为快，不仅不会解决问题，反而会影响大局。

5. 关于选题。反复被提到的问题就是有价值的。它往往意味着两点：一是这个问题很重要，一直被人关注；二是这个问题仍然没有解决好。一定要敏锐地抓住这些问题，深入地研究下去，不能停留在理论探讨上，而要深入到具体操作层面，提出有价值、可操作的政策建议，真正对决策的有效制定和实施起作用。

6. 关于研究角度。要从宏观、中观、微观等不同层面把握问题、设定议题，从宏大叙事中找到合适的切合点，从细小事物中找到可以提炼放大的闪光点，从看似不相关的事物中找到可以举一反三的触动点。

7. 关于科学性。政策研究应该是一个科学的过程，从这点上说，我们既要从事"可行性研究"，也要进行"不可行性研究"，后者有时比前者更重要。

8. 关于结合实际。政策研究要关注实际，了解实际，深入实际。以现实问题为出发点，对现实问题尤其是热点、难点问题有长远的、全局性的思考，努力做出科学回答。搞政策研究要杜绝自说自话、自我欣赏、闭门造车的倾向。

9. 关于创新。困难的问题之所以长期得不到解决，往往是因为传统的办法解决不了，需要有创新的思路、创新的办法。而要拥有创新的思路、创新的办法，关键就是要与时俱进，有独立的思考，提出独到的见解。

10. 关于研究与实践的关系。理论研究要深入实际，从实践中提炼思想和观点，但研究一般有自身的规范，强调概念和逻辑，注重理论的完整性和自洽，注重事实背后的一般性和规律性。实践则首先是解决眼下的问题，理论再好，面前的问题解决不了也是不行的。研究往往有理想色彩，没有理想的研究就没有生命力，而现实决策更关心可操作性。当然能不能在解决实际问题时走一步看两步想三步，则又取决于政策研究和制定者的理论水平和思想深度。

11. 关于政策评价。从某种意义上说，没有最好的政策，只有相对较好的政策。对于同一个问题，由于人们的观念不同、利益不同、认识水平不同，看法和意见也就不同。政策研究者就是要善于归纳和整合各方观点，协调折中各方利益，为政策决策者提供最佳政策方案。

12. 关于政策配套。政策不是孤立的，都是相互联系、相互影响、相互制约的，政策的变化往往会发生连锁反应，特别是处于重要节点上的政策更是"牵一发而动全身"，所以研究和制定政策时，我们既要看政策的实施环境，也要注重政策的配套跟进，没有相应的环境，再好的政策也会"水土不服"，没有必要的配套措施，再好的政策初衷也会事与愿违。

13. 关于政策的"失真"。政策实施有时会产生"失真"，这并不一定总是坏事，特别是当政策不够好时，人们在执行时会加以调整，这种"失真"其实体现了基层的智慧和政策的内在要求。

---

25. 媒体约稿

野百合也有春天

——2017年为报纸"档案专版"写的寄语

这里汇集的若干篇文章，有一个共同的主题是关于档案，它们来自总公司办公厅应"国际档案日"活动组织征文的获奖代表作品。

由档案人员撰写谈档案的文章，以前在报刊上并不多见。这并非因为档案工作不重要，相反，档案是企业发展留下的史料，是规范经营的凭据，也是企业精神传承的载体。档案工作，是为企业留存历史、存储记忆的工作，因而是一项重要的基础性工作，也是光荣的工作。

但同时，档案工作也是一项默默无闻的工作，不显山不露水，一般人想起来觉得是钻在纸堆里，谈不上有多了解。档案人员给人的印象也是寡言少语。但这次的征文作品让我吃了一惊，这些看似沉默的人，其实有着丰富的内心世界，对工作有自己独到的认知，他们的文章有故事，有感受，也有观点，并不华丽，但真切感人。

从中选择几篇文章通过这个版面刊登，是想让更多的人知道，在一个石油企业里，除了勘探钻井这样战天斗海的英雄，也有很多勤勉敬业、兢兢业业做好平凡工作的人，在一个组织里，既要有人做热的工作，也需要有人做冷的基础性工作，他们同样不可或缺。

牡丹、芍药固然开得美丽，但野百合也有春天。每一个认真负责对待自己本职工作的人，都值得尊重。我想，这就是我们公司倡导的文化，是人文化管理的应有之义。

我在与档案人员交流时，曾经分享过三个小故事：曾国藩把行军途中的文档定期运回老家妥善保管的故事；敦煌研究院为抗风化而实施壁画数字化项目，将珍贵的壁画永久留存的故事；司马光耗时19年撰写煌煌大著《资治通鉴》的故事。我认为，这正好对应了档案工作的三种境界：存档案，使物有其所；管档案，使物安其位；用档案，使物尽其用。应该说，这三个层次的工作，在我们公司都有进一步加强和改进的必要。

希望更多的档案人员看到这些刊发的文章，从中找到共鸣，体会其中展现的两种心态：甘于坐"冷板凳"的平和心态，把"冷板凳"坐热的积极心态，在平凡的岗位上做出不平凡的业绩，将工作不断推向更高的层次。

也希望更多人重视和关注档案，认识到档案工作的意义和价值。它既面向过去，存史和资政，也放眼未来，有助于发展。我们有时说，一个优秀的企业需要体系支撑，需要基础数据积累，不断提高知识管理水平，甚至有人说，数据就是未来的"石油"，那么，档案理应为企业发展做出更大贡献。

就像我们的油气，沉默在海平线和地平线以下，一旦抽取出来，就能发光发热。这其实也是档案工作乃至档案人员的写照，或许，还是更多群体的写照。

结语
"全身"投入写好公文

┃一、脚：带着脚镣跳舞

公文与文学创作不同，有一定的条条框框，不能任意为之，所以公文写作可以比喻成"带着脚镣跳舞"。

首先，公文有规定格式、法定作者和特定对象。规定格式是指公文有自己独特的行文方式和写作体例，不能像写一般文章一样，随兴而起，随心所欲。法定作者是指公文由谁来起草、谁来修改、谁来审核、谁来定稿签发，是由规章制度按照内部分工明确规定的，不按规定写作的公文是不合法的。特定对象是指公文都是写给特定的对象阅读的，有着很强的针对性。所谓的上行文、平行文、下行文就是按照公文特定对象的不同而做的分类。

其次，公文姓公，在语言文字风格上有特别的要求。公文是典型的"公对公"式应用文，因此在语言文字风格上与一般文章不同，必须体现庄重、准确、朴实、精练、严谨、规范的特点。在几种写作手法中，公文的记叙讲究平铺直叙，一目了然，明白晓畅，忌讳曲折起伏、变幻莫测；公文的议论要做到说理实在、事实无误；公文的说明根据需要做必要的补充说明即可；描写和抒情在公文中很少用到。另外，公文对于网络语言的使用一定要慎之又慎，不能与公文语言文字风格相违背。

最后，公文是职务作品，不同于个人创作。公文是典型的职务作品，归属于单位或使用者所有，如《政府工作报告》一定归属于政府所有，某单位领导出席会议时的讲话稿归属于领导所有，这与工作报告和讲话稿的写作者无关。不同于个人创作所要求的文责自负，公文的责任也由单位或使用者承担，与写作者无关。这就要求公文写作不能像文学创作一样天马行空，由着自己的灵感和想法来，成果也无法由写作者个人享有。

▌二、手：千手观音

写好公文，离不开积累，需要厚积薄发，这包括积累素材，积累观点，积累好的句子，积累框架思路，必须功夫下在平时，做一个手勤之人。

要有"上穷碧落下黄泉，动手动脚找材料"的钻劲。就具体写好一个材料而言，要广泛搜集素材，充分占有材料，给别人一滴水，自己要有一桶水，才能写出高质量的公文。我有一个体会，要写一个5000字的稿子，往往要查阅5万字甚至更多的资料，才真正够用。而这些资料可能是与主题相关的背景信息，可能是相关领域的支援知识，可能是权威报刊的理论文章，可能是自己平常积累的有用素材，还可能是网络搜索可供借鉴的资料，总之为了写出一个高质量的材料，经常要不辞辛劳地广泛搜集甚至穷尽相关信息，占有的素材够多，才谈得上去粗取精，去伪存真。

要有"博观而约取，厚积而薄发"的韧劲。除了应急储备外，公文写作者更要注重日常储备，建好自己的资料库，如此等到要用的时候才能随时征用，提高工作效率，所谓"磨刀不误砍柴工"。写作能力是一个人知识水平、学养、底蕴的综合反映，不是一朝一夕之事，而要靠长期不懈的积累。欧阳修说："无他术，惟勤读书而多为之，自工。"写好文章无非多读多写两条，在读与写中注意积累有价值、有思想、有特色的内容，并做到持之以恒，写作时便可以在分析、选择、提炼的基础上灵活运用，做到思如泉涌甚至倚马可待。

要有"好记性不如烂笔头，找度娘不如找自己"的笨劲。如今网络技术十分发达，但这并不能完全代替资料积累的笨功夫，我们要善用网络技术，而不能完全依赖网络。互联网使搜集知识更加便捷，但很容易让人陷入知识碎片当中，削弱人记忆功能的作用。很多思想大家依靠卡片收集而成为知识巨匠，因为卡片上的知识是一笔一笔书写上去的，那上面有收集者思想的体温，会打上知识收集者独特的思想烙印。相反，互联网让人变得肤浅，让人感觉从上面学了很多知识，但其实是没有经过深思的二手知识，并不能帮助人建立有价值的知识体系。

三、肩：铁肩担道义

李大钊先生曾经说，"铁肩担道义，妙手著文章"，指的是对新闻记者的要求，其实公文写作者更应如此。有句话叫"身在公门好修行"，因为公文反映的是公众的诉求，更能彰显"道义"（价值观）的作用。

坚持"以道驭术"的正确价值导向。公文写作者要明白，写作技巧不是第一位的，价值观才是第一位的。各式各样的写作技巧都是"术"，价值观是"道"，始终做到"以道驭术"，才是写好公文材料的第一法宝。"文如其人"，公文的价值观来自公文写作者，公文写作者有正确的价值观，有高尚的精神力量，起草的公文也一定具有气质、品格和感人之处。而一个品格低下的人或许偶尔也能写出让人叫绝的文章，但不会持久，总有一天会抖搂出自己的价值底牌。

保持"文章寸心事，得失千古知"的责任感。我把诗圣杜甫的诗句做了一点修改，意思是为文要对得起自己的良心，得与失就交给时间去检验。坚持真心为文，用真诚对待工作、对待自己，这是公文写作者应该坚持的原则。公文写作者要实事求是，对客观事实怀有敬畏之心，说实话，谈实情，写实事，才能写出真正有分量、有价值，经得起时间和历史检验的优秀公文。公文写作者要诚以为文，只有充满真情实意的文字，才能引起受众的共鸣，才能直面现实问题，才能指导工作实践。任何虚情假意、矫揉造作的文字，组成的只能是空话、假话、套话。

树立"书生报国无长物，唯有手中笔如刀"的抱负追求。公文写作者笔下流淌的思想和情感，是写作者本身思想人格的体现，是由写作者所秉承的价值观直接决定的。公文写作者是辛苦的，但既然选择了这个岗位，就应该让自己的笔发挥应有的作用，体现自己的人格和素养，体现自己的价值与追求，运笔如刀，激浊扬清，永远不忘初心，在岗位上发挥最大价值。

四、肚：大肚能容

公文虽然常常由个人执笔，但传达的是组织意图或者他人意图，而非公文写作者个人意图，但一些公文写作者往往不能摆正位置，长了一颗玻璃心，只能接受表扬，而不能接受意见，更不能接受批评。这是一种不正确的心态。要想让自己更快地进步，公文写作者要有大肚能容的气量。

要有求知若愚的态度。保持"空杯心态"，经常将自己归零。写文章有主见绝不等于固执自我，而是要尽量去除内心的成见、思维定式，用更开放的心胸接收外界的信息，用更客观理性的态度对待别人的意见，善于反思，敢于自我否定，这不仅是一种好的思维习惯，也是一种好的写作状态，因为只有思维无所牵绊，处于自由状态，意识才会被充分激活，甚至往往有出其不意的想法出现。

要有不惮修改的勇气。好文章是改出来的，文章不厌百回改。公文写作者要善于听取外界的意见，改变"良工不示人以璞"的固有观念，转益多师，集思广益。玉不琢不成器，提纲和初稿并不能决定文章的最后形态，修改文章的过程也是锦上添花的过程，很多新的想法都会在修改的过程中涌现出来。那种"老子文章天下第一，谁也动不得"的态度千万不能有。

要有超然淡泊的心态。建立自我、追求无我。从专业角度来说，公文写作不是个人行为，公文代表的不是个人意志而是组织意志。有思想、有主见并不等于以自我为中心，公文写作者可以提出自己的观点和主张，但不能只凭一人一己之见而为之，更不能强加自己的观点于人。好的公文应该"只见事不见人"，达到"无我"的境界。

五、臀：坐冷板凳

历史学家范文澜先生有句话说得好："板凳要坐十年冷，文章不写一句空"。公文写作是幕后工作，公文写作者是无名英雄，功夫都是下在别人看不见的地方，特别需要拥有以下两种心态。

第一种心态是甘于坐冷板凳的平和心态。像牛汉先生在诗歌《根》中所写："听不见枝头鸟鸣/感觉不到柔软的微风/但是我坦然/并不觉得委屈烦闷。/开花的季节/我跟枝叶同样幸福/沉甸甸的果实/注满了我的全部心血。"牛汉先生塑造了一个奉献者、奋斗者的形象，这正是公文写作者的真实写照。公文写作者要有甘做绿叶的精神，有默默奉献的态度，这是职业的要求，但要说是高风亮节也不为过。

第二种心态是把冷板凳坐热的积极心态。坐冷板凳并不是消极，而是要立足于学习、积累、思考，储才养望。公文写作者不能以坐冷板凳为借口就无所作为。三百六十行，行行出状元，每个专业都有自己的"牛人"，公文写作也不例外。既然坐上了这条冷板凳，公文写作者就要及时把自己调整到抗"冷"状态，始终保持一颗"热"心肠，用积极的态度对待写作，以勤为径、以恒为功，如此离成为一名公文写作高手的日子不会很远。

公文写作者要想进步和提高，就不能心浮气躁，只浮在表面上，更不能心猿意马，这山望着那山高。不屑厚积薄发，渴望"一夜成名""一举夺冠"的人，坐不热这板凳；不肯甘于寂寞，垂涎"众星捧月""前呼后拥"的人，坐不热这板凳；不能立长志，贪图"热门行业""吃香岗位"的人也坐不热这板凳。只有保持好以上两种心态，勤学苦练多总结，并能坚持不懈，才有望成为公文写作的"大手笔"。

六、心：悟乃吾之心

公文写作是创造性的智慧劳动，由于其受限制更多，其实相对文学创作难度更大，更需要写作者发挥聪明才智，善于悟。悟性对写好公文至关重要。从字面上看，悟乃吾之心，就是要用心思索、用心体悟，从中找到规律和窍门。

从悟性的内容对象来说，公文写作者要善于领会领导意图，及时捕捉思想火花。俗话说，"做事要由东"，要使自己撰写的公文准确地反映领导的要求和期望，公文写作者必须要有较强的思想敏锐性。做事不由东，累死也无功，如果你写的东西，自己觉得很好，领导却不以为然，这样的文章不能算成功。公文写作者要善于转换角色，身为兵位，心为帅谋，悟透领导真正想表达的思想。

从悟性的表现形式来说，公文写作的悟性主要体现在两个方面：颖悟与通达。一个人是否颖悟，要看他头脑是否灵光，能否一说就通、一点就透，类似于我们今天常说的智商。公文写作中的颖悟表现为推测预知、举一反三、去伪存真、触类旁通。一个人是否通达，是看他领悟生活、辨别处境，顺势而为、彻悟通畅，类似于情商。公文写作中的通达表现为能以平和豁达的心境对待自己的本职工作，有欲而不执着于欲，有求而不执着于求，思想通透，行事通达，内心通泰。

从悟性的实现载体来说，公文写作者要准确理解和把握灵感的奥秘，既要认识到灵感的客观存在，也不要把灵感神秘化，而是要认识到，灵感是自我创造性思维过程的外化，来自内部、不假外求。灵感是公文写作者反复深入的长期思考，借助外界环境给予恰当的"刺激"触发的。公文写作者要想多产生灵感，就必须多看书学习，做到举一反三，活学活用，多思考问题，做到沉潜涤虑，触类旁通。

从悟性的表达渠道来说，公文写作者要体会写作中"三次创作"的过程，让文章增色。首先是头脑思考，这是最重要也是最基础的环节；其次是手指思考，在组织语言文字的过程中，公文写作者会由于思维被激发，而不断涌现新的想法；最后是公文写作者在组织语言时会自我思考，是指公文写作者在修改完善文稿的过程中，会出现思维被内容带着走的情况。这其实是思维与语言文字产生深度互动的一种结果，也是进入良好写作状态的一种体现，是文章真正能出彩的一个重要环节。

七、脑：知识的"私有化"

写作公文需要深厚的积淀和广博的知识面，这对公文写作者提出了很高的要求。世界上的知识很多，但只有转化成自己的知识，才能有效运用，这就有一个"知识私有化"的过程。

从学习上说，重点要学好三门课，逐步建立完善的知识体系，避免知识的碎片化。哲学、逻辑学、心理学是一名优秀公文写作者的必修课，简单说，哲学是解决怎么看的问题，是认识论，公文写作就是一个运用哲学思想认识问题、分析问题、解决问题的过程，用哲学作为指引，能更好地认识事物的本质；逻辑学是解决怎么办的问题，是方法论，学好逻辑学可以提高使用概念、提出命题和进行推理的能力；心理学是解决为谁写的问题，是对象论，有一些心理学方面的知识，能够使写作出来的公文更加符合受众期待和需求。这也说明，要注重学习的系统性，零散的知识是没有力量的，构成知识体系才有威力。

从思维上说，公文写作者要有意识地进行自我训练，通过刻意学习，提高自己的思维能力。有个一万小时理论，在思维训练上也体现得很明显。公文写作者要把每一次起草的过程当成锻炼自己思维能力的过程，珍惜这种过程，而且平时要多做一些思维训练和思想演练，带着问题思考和钻研，让自己保持在学习区，让思维处于一种活跃状态，保持信息接收的灵敏度，通过阅读积累逐步搭建自己的知识平台和体系。

从积累上说，公文写作者要有本领恐慌，把压力转化为动力。从心理学角度上讲，适度的压力是一种积极的心理暗示，它可以使人产生巨大的内生动力，从而促进人思维的积极性、主动性。公文写作者要时刻保持"本领恐慌"，从"不怕写"到"写不怕"，到"怕不写"。积累重在坚持，平时要注重搜集、摘录、整理有价值的知识和观点，并使之成为习惯，从量变走向质变，逐渐形成自己的完整知识体系。

从输出上说，公文写作者要善于以写促学甚至以教促学，在消化和表达的过程中加深对知识的理解和掌握，提高深层学习能力。凡是自己思考、消化过并且亲手写过的东西，会牢牢留在自己脑海里，这与泛泛浏览资料的效果截然不同。公文写作者在写作中掌握的知识点、形成的思维逻辑、出现的思想火花，都会成为自己新的知识储备，这是一个"知识的私有化"过程，可以避免碎片化和零散化，提高知识的变现能力。

八、眼：可穷千里目

公文写作能力是一个人理论素养、思想深度、认识能力、政策水平、逻辑思维、知识储备、文字功力等全方位综合素养的集中反映，综合素养高的人，犹如登高望远，会更加眼界开阔，视野深远，眼光独到，有"更上一层楼，可穷千里目"之感。可以说，眼高可能会手低，但眼低绝对不可能手高。

为文要重视立意，赋予文章灵魂。立意好坏是决定一篇文章水平高低的关键。公文写作者要做到"意在笔先"，先确定立意再行文，使之如帅将兵。公文写作者要善于把握"时、事、势"。"时"就是时代。立意首先应在思想上与时俱进，符合时代要求。"事"就是事物，是文稿所要传达的主要信息，是表达作者观点、体现作者意图的重要载体。"势"就是趋势，只有顺应事物发展趋势的立意才有生命力，这样的公文才能正确发挥指导工作的作用。另外，公文写作者还要认真思考高度、深度、广度、角度，"四思"而后行，找到最佳立意，使其统领全文。

为文要深研事理，做到格物致知。公文表面上是由文字组成的，但本质是对事物认识的结果，所以重要的是研究"事"，而不是研究"字"。对事情了然于心，认识自然与众不同。研究事的范围包括上面的事、外面的事、下面的事和自己的事，把握好时政方针的脉搏、领导思想的脉动和现实问题的脉络。

为文要深思熟虑，善用"运思四法"。辩证思维、战略思维、全局思维、创新思维，这四种思维是公文写作者必须掌握的。辩证思维即从各个方面的相互联系中研究问题，得到系统完整的认识；战略思维讲的是要系统、创造性地思考、规划重大问题；全局思维是指从全局和长远的高度进行构思；创新思维是指用不同于常规的创新意识分析和认识问题，得到创新性结论。

为文要把握规律，能够化繁为简。俗话说，行家一伸手，就知有没有。有的人写出来的东西就让人觉得好，有的人下了很大力气，可写出来的东西还是让人不满意，很重要的一点就在于有没有把握内在规律，或者说，有没有学到真本事。这里面有个"二八"法则，就是要化繁为简，突出重点，而不是囫囵吞枣，眉毛胡子一把抓。前面说了公文写作者构思上要重点抓立意，此外，在内容上要重点抓主题，俗话说：题好一半文，主题明确，提炼精准，内涵和外延有足够的深度和广度，文章质量就有了保障。在结构上重点抓提纲，提纲为整个文稿划定了"轨道"，能起到提纲挈领、纲举目张的作用，有一份精美、准确、完整的写作提纲，文章就等于成功了一半。

九、嘴：好问则裕

古人说，非学无以致疑，非问无以广识；好学而不勤问，非真能好学者也。《尚书》有言："好问则裕，自用则小"，遇到疑难问题就向人请教，学问就会越来越渊博，公文也会越写越好。

要多问领导。在我们提出的公文写作八个环节中，与领导沟通是第一个环节。一篇好文稿是领导的思想与公文写作者的思想反复碰撞的结果，沟通讨论的过程，就是思想碰撞的过程。一旦产生了思想火花，文稿就富有新意了。有时领导在交代任务的时候，考虑得不一定非常周全，公文写作者在听的同时，对不清楚的或者不明确的，特别是有关主题或思路性的内容，要问领导，或者提出你的设想。这个过程也是一个交流、探讨、协调的过程。

要多问群众。公文写作者要把调查研究当作基本功，甘当小学生，不懂就问。习近平总书记强调："调查研究是谋事之基、成事之道，没有调查就没有发言权，没有调查就没有决策权。"对公文写作者来说，不搞调研，不问群众，就不明情况，脑子里没东西，巧妇难为无米之炊。调查研究是占有材料、写好公文的基本功，实质是深入、全面认识事物的方法和过程。不论我们阅历多么丰富，不论互联网搜索如何强大，都不能代替亲力亲为的调查研究。因为直接与事实接触，面对面地了解情况、商讨问题，获得的认识和感受与间接听汇报、看资料是截然不同的。通过调查研究，公文写作者把大量零碎的材料经过思考、分析、综合，由感性认识上升为理性认识，写出来的文稿质量才会有保障。

要多问自己。公文写作者要树立怀疑精神，增强问题意识，培养创造性思维，这些既是研究问题的"探照灯"，也是提升工作兴趣、培养职业理想的"荷尔蒙"。古人说："人非生而知之者，孰能无惑？""大疑则大进，小疑则小进，无疑则不进"。公文写作者要写好公文，就要始终保持一种旺盛的求知欲，促使自己不断地从问题出发，为了解决问题而欲罢不能，而不是为了写而写。在工作中要做"有心人"，公文写作者要多问几个为什么，努力有所发现、有所感悟、有所创造。公文写作者思考的广度与深度，决定了公文写作的广度与深度。

十、鼻：如闻芝兰

文章有没有气味？当然有。差的文章如懒婆娘的裹脚布，又臭又长，让人无法卒读。好的文章，则让人如入芝兰之室，读之馨香扑鼻，心旷神怡。所以，公文写作者的一大任务是写出好文章，杜绝烂文章。

文风上要端正，做到短、实、新。好的文章就要"求短、求实、求新"。短，就是"删繁就简三秋树"，文章力求简短精练、直截了当，要言不烦、意尽言止，观点鲜明、重点突出；实，就是"绝知此事要躬行"，文章要力求反映事物的本来面目，分析问题要客观、全面，既指出现象，更要弄清本质；阐述对策要具体、实在，有针对性和可操作性；新，就是"领异标新二月花"，力求思想深刻、富有新意。文章能不能写出新意，反映一个公文写作者的思想水平、理论水平、经验水平以及语言表达能力。

文气上要通畅，突出意气、气势与气脉。文章的意气是公文写作者个人内在素养的综合体现，公文写作者要秉持一片公心，涵养一股正气，倾注一腔热情，如此文稿自会映现这种意气。文章的气势是一种力度美，所表达的是公文写作者坚定的理念、激越的情感、强烈的感受。文章最贵气脉贯通，即思维脉络连贯畅通，结构安排紧凑顺畅，首尾一体，一气呵成，给人势如破竹之感。

文字上要干净，注重炼字、炼句与炼意。公文写作者对待文字要有工匠精神甚至文字洁癖，对不好的文字坚决不能出手。文稿的修改过程，讲究炼字、炼句与炼意。炼字和炼句即根据内容需要，精心挑选最贴切、最合适的措辞，选择合适的表达方式和语言风格，遣词造句以求最佳表达效果。这些固然重要，但公文写作者注意不要走入雕词琢句、寻章摘句的歧途，其根本目的还是"炼意"，也就是更好地表达内容。

十一、耳：音韵萦绕

好的文章不但要入眼悦目，也要入耳动听。古典文学大师刘文典教学生写作文只有五个字"观世音菩萨"，其中的"音"是指要有音韵美。有人会觉得这对公文是太高的要求，其实不然，如果把一篇公文比喻成一首乐曲，把握好以下几个要素就可以。

"音韵"铿锵，给人行云流水、金声玉振之感。公文是易碎品，但也有思想佳、形式美的公文流传千古，摆脱速朽的命运。例如，李斯的《谏逐客书》、梁启超的《少年中国说》、林肯的《葛底斯堡演讲》等，这些都是内容深刻且充满音韵美感之作。需要注意的是，形式只是内容的辅助，缺乏内容的坚实支撑，而一味追求华辞丽藻，文章也是立不起来的。

"音调"入耳，接地气，少官腔，力求生动。公文用语在准确、平实、简明的前提下，也应做到生动活泼，力求语言美，以增强其可读性，加深阅读者的具体理解，以利于贯彻执行。语言只有"接地气"才生动，与群众打成一片，学会了群众语言，写出的文章自然没了官腔，多了"地气"，显得生动形象，容易被受众理解。

"音准"合拍，有角色意识，有对象意识。俗话说："到什么山上唱什么歌"。又说："看菜吃饭，量体裁衣"。公文的语言绝不是清一色的"打官腔"，而要根据用途、对象和要求的不同灵活变化，该严肃的严肃，该活泼的活泼，该委婉的委婉，该激昂的激昂，这样才能与受众互动交流。一个没有语言风格的公文，特别是讲话稿，就像一个人说话没有升降调，是很难吸引人的。

"音符"错落，有观点创新，有点睛之笔。文贵创新，这种创新体现在打造亮点上，"千羊之皮，不如一狐之腋"。公文写作者要注意培育闪光点，用精彩的语言挖掘亮点，把它突出和烘托出来，这样讲话稿才能有深度、出思想，而不是平平的流水账，既让听的人容易记住讲话稿的中心思想，又在某一领域内叫响了一些提法。文章好写，点睛之笔难求。有时就一两个独到的观点，几十个字，就能使文章"亮"起来。

"音色"感人，语言有张力和感染力。张力即语言的活性与表现力，表面风平浪静，但内在有情感、气韵、时间、空间的流动，形成一种内容与形式的紧张感。措词练达精简，又入骨三分，节奏张弛有度，又可收可放，不拖沓不夸张，如弓之开合，给人一种蓄势待发、从容铿锵的感觉，并且留出极大的再思考空间。

十二、舌：苦后甘

有人说，从事公文写作工作好比喝咖啡，苦中带甘。如果只有苦，任何工作都没法长期坚持下去，如果只有乐，这样的工作世界上目前还没有。工作有苦有乐，关键是如何看待和对待工作中的苦与乐。

要理解公文写作者得与失的"辩证法"。得与失都是相对的，公文写作者奉献了业务时间，获得了增长知识、增长才干的机会；奉献了舒适安逸，获得了进步的压力和动力；奉献了"脑细胞"，获得了思维水平的提高；奉献了汗水，获得了工作的进步、领导和同事的认可与信任。很多在这个岗位上成长起来的领导干部都用自己的经历说明了，公文写作是一个很好的自我发展的机会，也是一个很好的锻炼、成长的机会，而且因为在领导身边，还拥有其他岗位所不具备的学习机会。

要认识公文写作苦与乐的"双重性"。文字工作一方面辛苦、清苦，熬心费力，其中的苦楚一言难尽。但公文写作者只要用心去做，真正钻研，就能从工作中找到快乐和成就感。这种成就感来自于文字水平的提高，来自于自己的建议和想法被采纳，或者推动了某项工作、解决了某个问题。公文写作者的价值就体现在这里。

要找到职业价值和职业尊严的"支撑点"。坚持专业主义，建立独立人格，保持本色，不忘初心。公文是机关工作的工具，但公文写作者不要把自己工具化，切忌成为利用公文技巧量产文字的写作"机器"，要保持自己的独立人格和独立思考。有人格、有主见、有灵魂的公文写作者，才能写出好的公文。

要练好工作与生活的"平衡术"。文字工作任务很繁重，公文写作者一定要处理好工作与生活，对待工作当然要敬业，但不要成了工作的奴隶，要付出精力在家庭上，得到家人的支持和理解。越是工作繁忙，公文写作者越要有一些爱好，特别是体育锻炼，这样可以排解压力。公文写作者要热爱生活，保持身心健康，不要把自己搞得形容枯槁，面色苍白，这样不但对不起自己，对不起家人，事实上也很难有真正好的状态做好工作。

后记

应广大读者的要求，作者对"公文高手的修炼之道"系列书籍进行修订。尽管内容有增减，但这个系列总的宗旨还是一以贯之的，就是能够更好地帮助读者，让天下没有难写的公文。

其中《公文高手的修炼之道　笔杆子的写作进阶课（第2版）》一书中增加了下篇"公文选粹"。关于编选的方针和原则，在"编撰说明"中已有述及，此处不再赘言。

这里选入的篇目，从时间跨度上超过了十年，涵盖了我从事公文写作审核工作的经历。因为要修订这本书，我打开一些久未光顾的计算机上的文件夹乃至蒙尘的硬盘时，也不由想起了那些匆匆流逝的时光。

从内容上看，也大略可以看到，在公文写作这条主线下，我的职业履历涉及了文稿写作、宣传和政策研究、行业研究等多个领域，这些选入的篇目，一些是应命文字，也有不少是自己主动为之。在我看来，公文写作者要成为多面手，学会十八般武艺，把真正的功夫都下在平时。虽然这些文字的表象不同，但都是"为公之文"，并无高下之分。

我本拟对本书每一篇文稿加以简要分析，想想还是让读者自己来体会吧。我相信读者从本书中获得的知识，会比我自己分析的更多，更能起到举一反三、触类旁通的效果。如果对照上篇以及该系列另外两本书一起阅读，感受也会更深。

由于个人水平有限，书中难免会有疏漏之处，恳请大家给予宽宥，我诚恳接受大家的批评指正。

按原来的构想，这个系列后面还有三本书，分别是《讲解公文范例》《赏读公文佳作》《公文写作问答》。同时，在编选这本书的过程中，我也萌生了新的想法，后续再编选四本《公文选粹》，分别侧重综合文稿类、应用文类、研究与决策参考类、党建和宣传类。想法虽好，但因为我工作事务繁忙，只能努力挤时间做这件事情，何时能出版还无法预料。唯有大家的支持和关注，是我的动力所在。

胡森林